La vida del buscón
llamado don Pablos

Juan de la Cuesta
Hispanic Monographs

Series: *Clásicos para estudiantes* Nº 1

La vida del buscón
llamado don Pablos

FRANCISCO DE QUEVEDO

Edited with an Introduction and Notes by

JAMES IFFLAND

Boston University

Juan de la Cuesta
Newark, Delaware

On the cover: A portrait of Quevedo
attributed to Velázquez.

Contents

Acknowledgements

First, I would like to thank Tom Lathrop for his unflagging support in bringing this project to a successful conclusion. Also deserving of my deepest thanks is Fernando Lázaro Carreter, who kindly granted permission to use the text of his renowned critical edition of *El buscón* as the basis for my edition. For supplying me with his many photocopies of materials having to do with *El buscón* I would like to thank my good friend Gonzalo Díaz-Migoyo. This courtesy on his part saved me many weeks of dreary footwork in the libraries. For spending a long (and fruitful) day with me puzzling over some of the most obscure passages of the novel I would like to thank David Kossoff, my former teacher. Last and not least, I would like to thank Bettina, my wife, for putting up with the usual chaos which surrounds the completion of a project such as this.

J. I.
Madrid, 1987

vi

Introduction

Francisco de Quevedo's *La vida del buscón llamado don Pablos* (1626) is universally considered one of the three fundamental works of the Spanish picaresque. While the significance of *Lazarillo de Tormes* (published anonymously in 1554) and Mateo Alemán's *Guzmán de Alfarache* (Part I, 1599; Part II, 1604) largely consists of the role they played in creating the prototype of the picaresque novel,[1] that of *El buscón* has been the subject of much debate. Indeed, outside of the consensus on the novel's rightful place in the "pantheon" of the picaresque, there is virtually nothing about it on which critics can fully agree. Whether focusing on the relatively straightforward matter of the date of its composition[2] or more complex ones having to do with the structure of the work or its ideological thrust, discussion of *El buscón* is ridden with controversy. This

[1] See Claudio Guillén's account of the publishing histories of the two works in "Genre and Countergenre: The Discovery of the Picaresque," in *Literature as System* (Princeton: Princeton U. Press, 1971), pp. 137-46; see also Fernando Lázaro Carreter's "Para una revisión del concepto 'novela picaresca'" ("*Lazarillo de Tormes*" en la picaresca [Barcelona: Ariel, 1972], pp. 193-229) in which he contends that all of the defining features of the picaresque appear either in *Lazarillo de Tormes* or *Guzmán de Alfarache*.

[2] Conjectures range from a very early 1603-04 (with a revision sometime between 1609 and 1614), according to Lázaro Carreter in his "Originalidad del 'Buscón'" (*Estilo barroco y personalidad creadora: Góngora, Quevedo, Lope de Vega* [Salamanca: Anaya, 1966], p. 121) and the "Estudio preliminar" in his critical edition of the work (*La vida del buscón llamado don Pablos* [Salamanca: U. of Salamanca, 1965], pp. LII-LV), to not much before 1620, as Alexander Parker suggests in his *Literature and the Delinquent: The Picaresque Novel in Spain and Europe, 1599-1753* (Edinburgh: Edinburgh U. Press, 1967), p. 57. Lázaro's arguments, accepted by many critics, are based on alleged internal evidence (see pages noted above). His reading of this data has been refuted recently (and rather convincingly) by Gonzalo Díaz-Migoyo in his "Las fechas en y de *El Buscón* de Quevedo" (*Hispanic Review*, XLVIII [1980], pp. 171-93). Earlier, S. Serrano Poncela pointed out the fundamental fact that "bien pudo el autor situar la acción novelesca en los primeros años [del siglo] sin que esto

imposing variety of opinions about nearly every aspect of the novel is clearly symptomatic of its special richness.

Rather than a general interpretation or "reading" of the sort commonly found in introductions to text-editions, the pages that follow involve an attempt to delineate several of the issues around which critical debate has revolved most intensely. This approach has been adopted with the hope of encouraging analytical reflection about matters which should prove to be points of departure for stimulating dialogue within the classroom or seminar, mainly because decisions made on them significantly affect one's evaluation of the work as a whole.[3]

II

One of the primary areas of disagreement centers on its protagonist, Pablos de Segovia. While the discussion takes on many forms, the basic issue is the degree to which he coheres as a

---

implicase coetaneidad con el año de su escritura, ya que su novela no es crónica o diario de hechos ... " ("*El Buscón*: ¿parodia picaresca?," *Insula*, XIII [1959], p. 1); Edmond Cros also points out some of the limitations of this reasoning in his *L'Aristocrate et le carnaval des gueux: Étude sur le "Buscón" de Quevedo* (Montpellier: Centre d'Études et de Recherches Sociocritiques, 1975), pp. 15-16. Lázaro, however, insists that *El buscón* possesses the characteristics of a "viva reacción" to *Guzmán de Alfarache* ("Revisión," p. 224)—again, a somewhat debatable assertion considering that the latter was still creating waves many years after its publication. Parker's reasons for placing the composition perhaps even later than 1620 are also deserving of close scrutiny: he says that its depth of insight and maturity of style are beyond the capacities of a young man (ibid., p. 57). Given that Quevedo wrote much of his profoundly moving metaphysical and religious poetry in his early thirties (see his *Heráclito cristiano*), and that his brilliantly witty satirical style was very much in operation during the first decade of the century, it would not appear that Parker's hypothesis is sound. He is completely right, though, when he says (along with Serrano Poncela, see p. 1), that stylistic characteristics are probably the best basis for dating the work. While the chronology of many of Quevedo's works continues to be unresolved, however, this task will remain acutely difficult. My own feeling is that Américo Castro's conjecture that it was composed around 1608 (see the introduction to his 1911 edition of the work [Madrid: Espasa-Calpe], p. XX) is a good one, though again any real evidence is lacking.

[3] When outlining the arguments presented by the conflicting sides, I have tried to downplay my own preferences regarding them. On occasion, though, I have commented on what I believe are misconceptions in the approach adopted by one critic or another, but only in order to help the student avoid potential pitfalls in his or her own handling of the work.

character and as the narrator of his own life. A considerable number of the most perceptive students of the work have tended to deny him complexity or depth,[4] also insisting that the story of his life does not embody any kind of psychologically plausible evolution.[5] Moreover, they point to alleged flaws in the mode of narration, ranging from the faulty reference to occurrences about which Pablos could not have known to his use of a style of wit excessively reminiscent of Quevedo's other writings;[6] from a lack

[4] Américo Castro, in the introduction to his 1911 edition of the work (see n. 2 above), refers to Pablos's "elementalísima psicología" (p. XXII); Francisco Ayala, in "Observaciones sobre el *Buscón*" (in *Cervantes y Quevedo* [Barcelona: Seix Barral, 1974]) says that "el Gran Tacaño funciona como la percha de que su autor cuelga aquellos cuentos que ha oído o que ha inventado ... y no se nos presenta nunca como una conciencia individual con la que podemos entrar en relación" (p. 222); Francisco Rico, in *La novela picaresca y el punto de vista*, 2nd ed. (Barcelona: Seix Barral, 1973), says that his only "'vida interior'" is "la puramente digestiva" (p. 124)—one of the strongest attacks on Pablos; Raimundo Lida, in "Sobre el arte verbal del *Buscón*," *Philological Quarterly*, LI (1972), affirms that "Pablos no se nos aparece como personaje novelísticamente cabal, como persona o máscara que se baste a sí mismo" (p. 255) and that it is not easy to see in him "un alma humana en su individualizado y complejo dinamismo" (p. 266); Maurice Molho, in his *Introducción al pensamiento picaresco* (Salamanca: Anaya, 1972), claims that the "aproblemático Buscón quevediano es un personaje vacío, que no tiene en el libro otra función que la de actuar y mirar" (p. 132), and later refers to him as an "autómata" (p. 155); in his aforementioned study (see n. 2) Edmond Cros says that "on constate que sa vie [interieure] est nulle, sa vie imaginative réduite au minimum, sa vie spirituelle très superficielle, pratiquement inexistante" (p. 97).

[5] Rico says that in the novel "no hay el más remoto ánimo de novelizar el ineludible tránsito de Pablos actor a Pablos autor" (p. 126); B. W. Ife, in the introduction to his edition of the work (Oxford: Pergamon, 1977), casts doubts on the way Quevedo handles Pablos's early life ("Pablos is not the product of a credible home environment," p. 16) and his leaving home, calling it "unmotivated": "Quevedo's choice of shame as the central motive for Pablos's leaving home ... cannot but seem arbitrary when looked at from the character's point of view" (ibid.). In "Pablos de Segovia y su agudeza: Notas sobre la lengua del *Buscón*" (*Homenaje a Casalduero: crítica y poesía*, ed. R.P. Sigele and G. Sobejano [Madrid: Gredos, 1972]) Lida says that the "*Buscón* requiere un 'buen lector' que no exija del protagonista ni de los otros personajes demasiada unidad de carácter, ni desarrollo demasiado coherente" (p. 289); Fernando Lázaro, in "Glosas críticas a *Los pícaros en la literatura* de Alexander A. Parker," *Hispanic Review*, XLI (1973), puts into doubt Pablos's desire to be a gentleman, asserting that he does so because "el autor lo quiere así" (p. 486).

[6] Regarding the first accusation see Francisco Rico (p. 129); regarding the second, Raimundo Lida, for example, affirms that Pablos shows "un ingenio que no logra emanciparse del de Quevedo" ("Pablos," p. 288).

of clarity about why Pablos is even writing his autobiography to lack of unity in the narrative voice.[7] The harshest of accusations characterize him as a mere pawn or empty puppet out of which emerges his "master's voice."[8] They argue, in sum, that claims about the excellence of the work cannot rest on its characterization, for it is for the most part deficient.

Another group has asserted completely the reverse: Pablos, although not the most richly intricate of literary protagonists, is on the whole cogently conceived and internally consistent. While Leo Spitzer's landmark essay "Sobre el arte de Quevedo en el *Buscón*" generally presented Pablos in a favorable light (as a kind of super-*pícaro* whose linguistic ability and wit are simply manifestations of his superiority),[9] it was Alexander Parker who first made a serious case for a Pablos whose career exhibited an internally motivated process. In his view, the novel offers us "an analysis of the pícaro's character in relation to environment" and "probes the inner motives which make the pícaro choose that manner of life than the other."[10] It does it so skillfully that in a later study he

[7]Rico makes the first point strongly (see pp. 122-24), even going so far as to say that the fact that he writes his autobiography seemingly contradicts his desire to "negar la sangre" (see p. 126); B. W. Ife is also in accord with this opinion (see p. 13). As for the second, Lida asserts the following: "ni... le preocupa [a Quevedo] el dotar a su don Pablos de una relativa unidad de voz. Si el pícaro es, además, pícaro literato, no se busque modo alguno de 'realismo' en la combinación" ("Pablos," p. 288).

[8] Again, Rico leads the charge, referring to Pablos as "poco más que un pelele, sin otro oficio que abrir camino a una desordenada caravana de sarcasmos conceptuosos" (p. 125) (which he ultimately sees as proceeding from Quevedo). He uses the phrase "la voz de su amo" to head his discussion of the novel, its specific use being in relation to those jokes which seem artificially placed in Pablos's mouth, mainly because they are at his own expense. (See also Lida's "Otras notas al *Buscón*"—in *Homenaje a Angel Rosenblatt en sus 70 años: Estudios filológicos y lingüísticos* [Caracas: Instituto Pedagógico, 1974]—where he employs the same phrase, "voz del amo," to refer to the voice of all the characters [see p. 310]). Lázaro Carreter ("Glosas," p. 489) also refers to Pablos as a "pelele," one probably lacking a soul ("lo que ocurra en el alma del pelele—pero, ¿la tiene?—le importa muy poco").

[9] Leo Spitzer, "Sobre el arte de Quevedo en el *Buscón*," trans. G. Sobejano, in *Francisco de Quevedo*, ed. G. Sobejano (Madrid: Taurus, 1978), p. 180. He also insists that "Pablos no es un títere que ha de producir acción, movimiento, sino un virtuoso del vivir antiburgués" (p. 183).

[10] "The Psychology of the 'Pícaro' in *El Buscón*," *Modern Language Review*, XLII (1947), p. 61.

designates *El buscón* "a psychological study of a delinquent ... far in advance of its time," principally because it analyzes him "without the intrusion of moral theology" (*Literature*, pp. 62 and 73, respectively).[11]

Estructura de la novela: Anatomía de "El Buscón," Gonzalo Díaz-Migoyo

As might be expected, these assessments have drawn heavy fire from the group of critics discussed above.[12] Two more recent studies have bolstered Parker's position, although their perspectives on the problem (and the novel as a whole) are far from identical. Jenaro Talens has done a close analysis of Book I of the novel and has distinguished seven separate stages which "no son sino otros tantos estadios explicitadores de la evolución sicológica del personaje";[13] furthermore, he emphasizes that this evolution is organically motivated, not just imposed by the author.[14] In his *Estructura de la novela: Anatomía de "El Buscón,"* Gonzalo Díaz-Migoyo perceptively traces a series of interlocking stages in Pablos's career, all of which are the outgrowth of the "sentimiento único, pero bifronte, de vergüenza y ambición [que] informa toda la vida de Pablos."[15] The older, narrating Pablos can be seen to be the natural extension of the younger one, partially because of the wit and wiliness of the language he uses to tell his story: he narrates this way because he has lived this way.[16]

In attempting to make up one's mind about this essential

[11] This does not mean, however, that Parker feels that there is no moral dimension to the novel, as will be noted later (see p. xv); he is mainly contrasting it with the treatment of delinquency found in *Guzmán de Alfarache*.

[12] See particularly Lázaro Carreter's "Glosas críticas," pp. 476-83. The reader should refer to Parker's prologue to the Spanish translation of *Literature and the Delinquent—Los pícaros en la literatura*, 2nd ed., trans. R. Arévalo Mackry (Madrid: Gredos, 1975), pp. 22-25—in which he responds to criticism of his interpretation by Bataillon and Rico.

[13] Jenaro Talens, "*La vida del buscón*: novela política," in *Novela picaresca y práctica de la transgresión* (Madrid: Júcar, 1975), p. 51.

[14] "No se trata de una superposición mecánica, sino justificable desde dentro" (ibid., p. 59).

[15] Gonzalo Díaz-Migoyo, *Estructura de la novela: Anatomía de "El Buscón"* (Madrid: Fundamentos, 1978), p. 55.

[16] After criticizing the tendency to attribute the language of the work to the Quevedo of flesh and blood rather than to Pablos the narrator, Díaz-Migoyo says that our author is actually conferring "al tono del lenguaje del viejo Pablos una intencionalidad caracterizadora que constituye el meollo mismo del relato" (p. 106). (The reader should consult this critic's entire chapter dedicated to the language of the work, pp. 103-30; also, the section which centers on the alleged lapses in point of view, pp. 78-83.)

question, it is imperative to rely foremost on one's own direct perception of Pablos and his narrating voice rather than on well-wrought arguments in either of the directions sketched above. Is there a fundamental unity between the voice that speaks to us and the character from which it issues or is it impossible to reconcile the two? Can we detect any uniform movement in the story of his life which seems motivated by believable psychological traits, or is he a mere marionette? Those readers familiar with Quevedo's other works may, in fact, have difficulties divorcing the sound of Pablos's voice from Quevedo's on occasion, but to do so is vital for judging the *pícaro* on his own merits.[17]

Critics on both sides of the Pablos issue almost unanimously agree that the other characters in the work rarely, if ever, transcend the status of caricature-like creatures of farce. However this may appear, we should never forget that within the frame of the fiction itself, it is *Pablos* who is responsible for the characterization, not Quevedo. All too often critics attribute the guignolesque quality of the characters to the latter, brushing aside the fact that it is Pablos who is presented as the author here, that the world of the work is a projection of the way he "sees" his life and those he has known. The result is that we end up anew with the flesh-and-blood Quevedo planted squarely in the work when he need not be at all.[18]

III

The question of structural unity is one that has always been paramount in the critical discussion of the picaresque genre. Critics have constantly emphasized its episodic quality, claiming that the presence of the protagonist is the only element which lends unity to the multifarious grab-bag of events usually narrated. Of late there has been a growing effort to refute this accusation, both with regard to individual novels and the genre as a whole. In the case of *El buscón* the debate on this issue has been

---

[17] Using Freud's theory about wit and the unconscious, I have argued in a relatively recent article—"Pablos's Voice: His Master's? A Freudian Approach to Wit in *El buscón*," *Romanische Forschungen*, XCI (1979), pp. 215-43—that Pablos's wittiness is completely in character; also, that the narrative's very *raison d'être* can be explained on examining the tendentious quality of that wit.

[18] Spitzer makes a point similar to this: "antes que de títere, el buscón tiene más bien algo de titiritero que reduce a otros a títeres" (p. 183).

characteristically lively. Differences of opinion on it parallel those
regarding Pablos as character and narrator: critics who attack him
also are inclined to maintain that the plot itself has no real
coherence. Américo Castro, for example, felt that the "relato ...
no sigue plan alguno; es una serie de cuadros, sin más cohesión que
la de ser uno solo el protagonista";[19] Rico (see p. 121) and Lázaro
Carreter (see "Originalidad," p. 138) both stress the similarity
between the novel and such satirical tracts by Quevedo as *La hora de
todos*, the *Sueños*, or the early *Vida de corte* in which a disconnected
"patchwork" of episodes and sketches prevails. Raimundo Lida
says that the "good reader" of *El buscón* will not bother searching
for an "arquitectura armoniosa" ("Pablos," p. 288), for its only real
unity is at the level of language and wordplay (see p. 297).[20]

Judgments of this type have prompted a variety of attempts to
show that there is structural unity informing what may seem to be
a potpourri of farcical episodes and satirical sketches. C. B. Morris
was one of the first to make a strong effort in this direction by
pinpointing "an orderly train of misfortunes" which connects in
such a way as to give the work "unity and coherence."[21] Working
from different angles, other critics have distinguished major
segments (usually three) into which the plot can be divided, as well
as internal divisions within these. Talens, besides identifying the
seven narrative units of the first part which correspond to stages
in Pablos's psychological development, points out a second composed of six units and a third of ten. He even suggests an orderly
progression within the part of the novel that strikes most as a
mere collection of satirical sketches, that is, Pablos's trip back to
Segovia to collect his "inheritance" (see pp. 60-65). Díaz-Migoyo's
meticulous scrutiny of the plot leads him to conclude that the
"relato es, pues, la dilatada exposición de la consecución de un
deseo" (p. 43), and that like *Lazarillo de Tormes* (as described by
Lázaro Carreter), *El buscón* is "'una construcción articulada e
internamente progresiva, con piezas subordinadas a un hecho
subordinante'" (pp. 43-44). Stressing the simplicity and clarity of
the plot, he says that it is "casi perfectamente secuencial y tiene

---

[19] See his 1911 prologue to *El buscón*, p. XXI.

[20] Lida also speaks of the "unidad de atmósfera verbal" as perhaps
forming "la más honda unidad estética del libro" ("Otras notas," p. 305).

[21] C. B. Morris, *The Unity and Structure of Quevedo's "Buscón": "Desgracias
encadenadas,"* Occasional Papers in Modern Languages No. 1 (Hull: U. of Hull,
1965), p. 6.

articulaciones causales tan evidentes que se puede decir que en ella
lo que viene después está indefectiblemente causado por lo que
viene antes" (p. 44). Indeed, Díaz-Migoyo goes so far as to compare
the structure of the work to that of a *comedia* (see pp. 58-59).[22]

On examining these contrasting views, one wonders whether
these critics can be discussing the same work. Although it is once
again up to each reader to decide whether the narrated action
forms a satisfactory whole or just a diverse, "open-ended" jumble,
one important matter should be taken into account. Discussions
about the unity of action in a work often involve major presuppositions, the first being that all works *should* embody a well-
integrated series of events which somehow lead in a given
direction. This view, however, often carries within it implicit
assumptions about reality itself, namely, that it is governed by
orderly laws which also somehow imbue the nature of human
existence. Stuart Miller has argued that the typically chaotic
quality of picaresque plots simply exemplifies a different world-
view, one in which the orderliness of the universe and human
experience is not taken for granted. The *pícaro's* topsy-turvy career
mirrors the choppy quality of life itself.[23]

To return to *El buscón*, why should we ask of Pablos's story
something it may not be able to give, that is, a teleological
development toward some aesthetically or intellectually satisfying
end? We should remember that Pablos is not constructing a plot:
he is writing his autobiography. And if his life has been notably
disjointed, why should it appear otherwise when he sets it forth on
paper?

IV

Moving to different terrain, there is conceivably no single issue
about which there has been sharper disaccord that the presence or

---

[22] Like Talèns (see p. 73), Díaz-Migoyo emphasizes the importance of
Pablos's failure to marry Doña Ana, this marking the dramatic conclusion of
his ill-starred attempt to become a gentleman. All that follows is a
"dénouement." Rather than being "open-ended," as many critics suggest,
the plot is wrapped up and concluded by Pablos's definitive vanquishment.
We do not need to know what comes after because what we already know is
paradigmatic of the rest, just as happens with *Lazarillo de Tormes* (see pp. 46-
47).

[23] Stuart Miller, *The Picaresque Novel* (Cleveland: Case Western Reserve U.
Press, 1967), pp. 9-10 (among others).

lack of a moral or didactic dimension in the fiction. The controversy, as Lázaro Carreter notes (see "Originalidad," p. 109), stretches back to when the book was first published: its censor claimed that it did, indeed, serve a moral purpose; its detractors, on the contrary, attacked it for its alleged immorality. Within our own century the point of departure for this debate probably can be considered Spitzer's essay in which he denies that Quevedo sought a didactic effect or that the book evinces one in any significant way (see pp. 124-26). A. A. Parker countered this judgment years later, saying that it would be "surprising" if the novel were "an exception to the preoccupation with the nature of morality" so prominent in seventeenth-century Spain ("Psychology," p. 59). Besides making the case for the psychological accuracy of the work, he contends that the story of Pablos's life represents a moral tragedy, indeed, that Pablos is a tragic figure: "That El Buscón is essentially a tragic work disposes of the other common judgments—that it has no moral interest" (ibid., p. 67).

Since the appearance of Parker's early essay, critics have continued to develop arguments on both sides of the issue. Lázaro Carreter disagrees with those who automatically assume that the work is ascetic in nature since the genre to which it belongs putatively is ("Originalidad," pp. 112-13). Ascribing singular importance to the date of its composition, the Spanish critic tries to show that El buscón was written when Quevedo was in his early twenties—a time at which "[n]i moralidad ni pesimismo parecen rondar por su cabeza todavía; por el contrario, desenfadada avidez intelectual" (ibid., p. 114). For this critic, the young Quevedo's overriding concern was to show off his remarkable verbal and intellectual capacity, not that of communicating any profound moral lesson: "Quevedo ni moraliza ni protesta. Es un joven de veintitres años ... " (ibid., p. 135). Years later, when rebutting Parker's further elaboration of his views on El buscón, Lázaro reiterates that "la novela, aparte dos o tres anonadinos comentarios y la frase final, no contiene reflexiones de carácter ético" ("Glosas," p. 482), and that its characters are "pretextos para el ingenio sin moralidad" (ibid., p. 489).

Other critics have lent him support in varying forms and measures. Marcel Bataillon specifically aligns himself with Lázaro Carreter in his "Défense et illustration du sens littéral," agreeing that it is "avant tout, une 'obra de ingenio.'"[24] Raimundo Lida not

[24] Marcel Bataillon, "Défense et illustration du sens littéral" (Presiden-

only casts doubt on the few, lukewarm instances of moral commentary in Pablos's mouth ("Pablos," p. 288), but suggests that the "ingenio del escritor, a lo largo de estas páginas, se ha empeñado mucho más a fondo en el alarde satírico y literario que en la denuncia moral" ("Otras notas," p. 315). Edmond Cros suggests that Pablos's persistence as a sinner (never suffering any conversion in the style of *Guzmán de Alfarache*) and the lack of an unambiguous punishment are among the clearest indications of "l'absence de toute perspective didactique" (p. 25). Like Talens (see p. 93), as we will see later, he prefers to speak of the social or political implications rather than moral ones (ibid.).

Support for the opposing view differs in the extent to which it emphasizes a specifically religious or theological cast to the novel's didactic quality. T.E. May, for example, asserts that it is possible to explain the work "as the fruit of the most unspotted religious orthodoxy,"[25] and finds various allegorically oriented episodes within it.[26] More recently, Elizabeth Boyce has gone even further in this direction, attempting to show that the Thomistic moral theology taught in Spain at the time underlies the structure and mode of characterization of the work. [27] Less theological in their approach toward the question are such critics as Peter Dunn and Richard Bjornson, who both maintain that the novel explicitly shows that Pablos is morally culpable for his actions.[28] Dunn is particularly eager to emphasize that the blame is laid squarely at Pablos's feet rather than society's (though it, too, is revealed as corrupt) (see, for example, p 379); Bjornson says that Pablos is the victim of a kind of "moral blindness"which impedes him from

tial Address of the Modern Humanities Research Assoc., 1967), p. 29. In his *Novedad y fecundidad del "Lazarillo de Tormes,"* trans. L. Cortés Vázquez (Salamanca: Anaya, 1968) he refers to *El buscón* as a "pura novela picaresca de burlas" (p. 105).

[25] T. E. May, "Good and Evil in the *Buscón*: A Survey," *Modern Language Review*, XLV (1950), p. 322.

[26] For more of this sort of analysis see his "A Narrative Conceit in *La vida del Buscón*," *Modern Language Review*, LXIV (1968), pp. 327-33.

[27] Elizabeth Boyce, "Evidence of Moral Values Implicit in Quevedo's *Buscón*," *Forum for Modern Language Studies*, XII (1976), pp. 336-53. She says, for example: "The process of moral degradation which forms the structural skeleton of the *Buscón*... reflects scholastic moral theology, just as the secondary characters do in the manner of their presentation" (p. 351).

[28] Peter N. Dunn, "El individuo y la sociedad en *La vida del Buscón*," *Bulletin Hispanique*, LII (1950), pp. 375-96; Richard Bjornson, "Moral Blindness in Quevedo's *El buscón*," *Romanic Review*, LXVII (1976), pp. 50-59.

accepting "what he cannot change" (p. 52). Having identified several possible classical antecedents, Dale Randall affirms that the last sentence of the work "is not a mere moral tag, but nothing less than *the* moral of the book," "an admonition which acquires thematic resonance because of its ancient origin."[29]

At least two commentators have warned about the dangers of a strict either/or approach to this question. B.W. Ife correctly stresses that to "regard the serious and the humorous as mutually exclusive is fundamentally to misunderstand and perilously to distort the issue" (p. 29); Joseph Chorpenning, after stressing this same point, attempts to place the work within the tradition of the Latin satirists so dear to Quevedo, authors in which "burlas" and "veras" are not mutually exclusive.[30]

We can never know, of course, what Quevedo's actual *intent* was in writing *El buscón*. The lack of digressive moralizing commentary or of a repentant or humbled protagonist do probably indicate that Quevedo was reacting against the model of the picaresque represented in Mateo Alemán's *Guzmán de Alfarache*.[31] That there were no desires on his part to convey a moral or didactic point through his work is another matter altogether. Though it may, in fact, be significant that he never made any attempt to publish the work himself (something he most likely would have done had he thought it had chances of raising his moral stature in the eyes of society), and though the work was accused of being immoral by many of his contemporaries (some of whom did so without the best of motives),[32] we still must examine closely what we find in the work itself and decide for ourselves on

[29] Dale J. Randall, "The Classical Ending of Quevedo's *Buscón*," *Hispanic Review*, XXXII (1964), pp. 102 and 108, respectively.

[30] Joseph Chorpenning, "Classical Satire and *La vida del Buscón*," *Neophilologus*, LXI (1977), pp. 212-19. See also Parker's prologue to *Los pícaros en la literatura* in which he reiterates that although he, too, sees the work as "ante todo una obra de jocosidad sarcástica," this need not be all that is involved: "Pero el que semejante obra no pueda ser sátira con finalidad seria es inadmisible en teoría y especialmente en la época de la agudeza conceptista, inadmisible también en la práctica" (p. 25).

[31] This point is made by Lázaro Carreter both in "Para una revisión del concepto de la 'novela picaresca'" (see p. 223) and "Originalidad del *Buscón*" (see p. 122), as well as by several other critics.

[32] Both of these points are stressed by Fernando Lázaro in "Glosas" (see pp. 479-80). In his study *The Picaresque Hero in European Fiction* (Madison: University of Wisconsin Press, 1977), Richard Bjornson, in a specific response to the Spanish critic, correctly argues that the "contemporary

that basis. Nor should we be excessively concerned about Quevedo's age at the time he wrote it. Even if he were only twenty three, with his serious moral works still ahead of him, it would by no means be "proof" of an absence of ascetic or moral concerns, or of a lack of pessimism, for that matter.

V

A further major focus of discussion centers on what could be called the social dimension of the work. Among the issues usually dealt with are the degree to which *El buscón* contains true social criticism or protest, the identity of the targets against which it is directed (if there is any), and the exact nature of its ideological "message." The extreme point of view on the first of these is that there really is no social censure or protest in the novel—at least with any cutting edge to it. Fernando Lázaro contrasts *El buscón* with *Guzmán de Alfarache* to illustrate this point: whereas in the latter there is a wide variety of impassioned denunciation of social abuses and injustice, *El buscón* has a tendency to trivialize, or treat merely from an aesthetic angle, those characters or moments in the work which have the potential to be used for social criticism.[33] In line with his entire vision of the work, this critic again prefers to emphasize the predominance of wordplay and "'ingenio" over all its other facets.

Virtually all other writers on the novel have seen some form of social preoccupation in it, though there is a wide array of opinions about the shape it takes. Some, like Parker, view the social criticism more from the moral perspective; he says, for example, that "this world is made grotesque in order to reveal the distortions and unreality of human social life in the self-conceit and hypocrisy of men" (*Literature*, p. 58). Others have concentrated, instead, on what they see as the attack, inspired by Quevedo's own socio-political prejudices, on certain groups and conditions—a per-

reception of any work seldom reflects the full range of its possible meanings, and elements of psychological coherence, moral significance and artistic unity are not incompatible with Quevedo's ingenious wordplays and caricatures" (pp. 268-69). One need only remember much of the early reaction to Joyce's *Ulysses*, including the obscenity trial it provoked, to recognize this.

[33] See "Originalidad," p. 135; also, his analysis of the difference between the way Alemán treats the figure of the soldier and the way Quevedo deals with it in *El buscón* (see pp. 127-29).

spective which perforce moves us into the area of the ideology of the work.

Pablos himself is most commonly seen by this group to be the special target of Quevedo's ire. His purpose in creating him, in the words of B. W. Ife, is "that of producing a representative example of the kind of villainous social upstart which Quevedo most resented and saw as the most dangerous threat to the established fabric of Spanish society" (p. 15). The element of his background which would prove especially damning (almost in the literal sense) to Quevedo is Pablos's apparent *converso* ancestry. Our author shared the prejudices against those of Semitic ancestry so prevalent in Spanish society at the time, including resentment about the way many *conversos* were still able to attain social and economic prominence at a moment when aristocrats of limited means (such as Quevedo himself) were slowly losing influence and prestige. Aside from presenting Pablos as a vile creature endowed with absurd social pretensions, the attack Quevedo makes on him is physically embodied in the trajectory of his life; that is, many critics affirm that Pablos is, in essence, predetermined by his family origins to end up a thug in the Sevillian underworld: a fictional exemplification of the Spanish maxim, "De tal palo, tal astilla." It should be noted that these critics are not suggesting that Quevedo is treating this matter from a nineteenth- or twentieth-century sociological perspective (such as the Naturalists did), one full of sympathy for the victim; rather, that he is doing so in a way strongly influenced, if not molded directly, by commonplace preconceptions of his time.[34] On reelaborating the views he expressed in the prologue to his 1917 edition of *El buscón* (in which he says that "la vida canallesca de Pablos parece impuesta por la ley de herencia"),[35] Américo Castro presents one of the more balanced interpretations of the problem:

> Además yo no he pensado nunca, al hablar de la ley de herencia en la novela picaresca, en el sentido moderno de esta expresión. [...]Quevedo se sitúa en la tradición de la novela picaresca, nacida en una sociedad que funda sus valores en las nociones de categoría y de casta. Lázaro, Guzmán y Pablos estaban previamente juzgados al exhibir su ascendencia. Para nada hacía falta

[34] Jenaro Talens (see p. 93) is somewhat of an exception to the observation just made, as will be seen below.
[35] *El buscón*, ed. A. Castro (New York: Nelson, 1917), p. VIII.

añadir "de tal palo, tal astilla." [...] Así, pues, cuando en este caso hablo de herencia, me refiero a que en la novela picaresca el personaje central aparece previamente situado mediante un hereditario determinismo, prensado dentro de una clase moral de la cual no podrá zafarse. Los actos del pícaro demuestran *a posteriori* que todo acontece como era de esperar dada su ejecutoria negativa.[36]

El buscón, then, is conceived of as a dramatization of the obvious: that the son of parents such as Clemente Pablo and Aldonza de San Pedro will end up just as they did. Many of these same critics see this as an open refutation of what is normally accepted as the thesis of *Guzmán de Alfarache*: that someone of a corrupt background (including *converso* ancestry) can escape and be saved.[37]

Analysts who see the work in moral or ethical terms reject the notion that Pablos is predetermined, either explicitly or implicitly. If Pablos's story is to have any real didactic or moralizing force to it, his unenviable outcome must be seen as the result of choices independently made, not "pre-programmed" by his parentage. Hence, T. E. May's and Peter Dunn's stress on Pablos's freedom to choose the path that he does: the responsibility for his actions rests squarely on his shoulders, not on the baseness of his origins.[38]

It is common for much of the discussion of the novel to focus also on Don Diego Coronel. Those who interpret *El buscón* in moral terms say that he serves as a kind of foil to Pablos's corruption. May, for example, says that Pablos has a "virtuous and successful *alter ego* in the person of Don Diego" ("Good and Evil," p. 322), and even goes so far as to say that the latter incarnates "the good" (ibid., p. 325) (just one aspect of his rather Neo-platonic view of the work); Parker, in agreement with May, calls him "the symbol of reality and goodness contrasted with the illusory world of delinquency" (*Literature*, p. 60). The critics who see the novel in socio-political terms assert that he is presented in this way because of Quevedo's class prejudices. Don Diego, they suggest, repre-

[36] A. Castro, "Perspectiva de la novela picaresca" in *Semblanzas y estudios españoles* (Princeton: 1956), p. 78.

[37] See, for example, Antonio Prieto's interesting essay, "De un símbolo, un signo y un síntoma," in *Ensayo semiológico de sistemas literarios* (Barcelona: Planeta, 1972), pp. 58-59, and Edmond Cros's *L'Aristocrate*, p. 95.

[38] See "Good and Evil," p. 323, and "El individuo y la sociedad," pp. 379 and 382 (among others).

sents the landed aristocracy,[39] and consequently stands head and shoulders above the other characters—a kind of "superhombre" who serves to accentuate the vile triviality of Pablos's *arrivisme* (see Molho, *Pensamiento*, p. 151). Especially symbolic of his function in the work is his brutal and decisive unmasking of the *pícaro*, an act which bars the latter once and for all from gaining entry to the sacrosanct world of the *caballeros*.

Different variations of these essentially complementary modes of viewing Don Diego have prevailed until recently. Problems have arisen, though, as other critics not only took a closer look at the way he behaves in the novel, but also discovered a possible historical basis for his creation. Carroll Johnson's article, "*El Buscón*: D. Pablos, D. Diego y D. Francisco,"[40] delivers a major blow to the notion of Don Diego as either an example of virtue or symbol of the unblemished aristocracy. After carefully examining Don Diego's behavior in the early chapters, Johnson arrives at the conclusion that the relationship between the aristocrat and Pablos is based on selfishness on *both* sides, given that "Pablos existe para don Diego como un juguete o bufón, en fin: un objeto explotable" (p. 3). The episodes involving Pablos's courting of Doña Ana show that she is in essence of the same ilk as the *pícaro* himself (see p. 6), therefore putting into question the idea of Don Diego as an "altivo caballero" protecting the altar of his family's honor. The way he rids himself of Pablos also darkens his image, partly because one of

---

[39] E. g., Michel and Cécile Cavillac's "A propos du *Buscón* et de *Guzmán de Alfarache*," *Bulletin Hispanique*, LXXV (1973), pp. 114-31, in which they refer to him as the "incarnation des vertus héréditaires de la caste aristocratique et garant de l'ordre établie" (p. 124).

[40] Carroll B. Johnson, "*El Buscón*: D. Pablos, D. Diego y D. Francisco," *Hispanófila*, LI (1974), pp. 1-26. Virtually simultaneous with the publication of this important article was Augustin Redondo's reading of his paper entitled "Del personaje de don Diego Coronel a una nueva interpretación de *El Buscón*" at the fifth congress of the Asociación Internacional de Hispanistas (see *Actas del Quinto Congreso de la Asociación Internacional de Hispanistas*, ed. Chevalier, M. F. López, J. Pérez, N. Salomon [Bordeaux: Instituto de Estudios Ibéricos e Iberoamericanos, 1977], II, pp. 699-711). In it Redondo arrives at conclusions which parallel Johnson's, based on essentially the same historical data. Though I have chosen to outline the latter's views in the paragraphs that follow (mainly because of their earlier appearance in print), the reader should consult Redondo's excellent work, particularly because it does contain information and suggestive interpretations not found in Johnson (e.g., his hypothesis that aspects of the work have as their target Rodrigo Calderón, the *privado* of the Duke of Lerma).

the beatings the *pícaro* receives was really meant for the young
noble himself—the result of an act of revenge having to do with the
latter's involvement with a whore. Johnson ends his analysis of the
novel *per se* by rejecting Molho's designation of Don Diego as a
"superhombre": "don Diego revela por su comportamiento ser tan
pícaro como Pablos" (p. 9).

These doubts about Don Diego's being what other critics have
described him as inspired Johnson to search for a possible historical model for him. On researching the family name Coronel, he
uncovered extremely interesting data which would seem to damage the interpretation of him as the archetypal aristocrat. While it
originally *was* a name that belonged to an illustrious noble family
(albeit one which fell into disgrace), it eventually was adopted by a
very prominent *converso* family from, significantly, Segovia itself.
As Johnson shows, it would have been nearly impossible for
Quevedo not to have known the story of this family; moreover,
several of its members were enrolled at the University of Alcalá
exactly at the same time he was studying there. In view of his
sentiments toward *conversos* who by one means or another managed to "infiltrate" the aristocracy, it would not seem at all
impossible that Quevedo is also taking aim at Don Diego in the
work: "La creación y elaboración de don Diego Coronel en el *Buscón*
responde ... a la ambigüedad en la historia de los Coroneles con
quienes Quevedo convivía" (p. 26). Instead of a "dechado de
nobleza y virtud," Quevedo makes of him "una especie de advertencia a los Coroneles reales y sus semejantes" (p. 26).

Jenaro Talens also scrutinizes the episodes involving Don
Diego and his family (especially Pablos's courting of Doña Ana),
and comes to conclusions similar to Johnson's. Don Diego really
belongs to the same caste ("casta") as Pablos himself, considering
that he probably has *converso* blood; setting such an enormous
distance between them is money:

> Su diferencia reside únicamente en la distinta potencialidad
> económica, determinante básico, en última instancia, de la
> *diferencia social de clases*. La *casta* determina, pero en segundo plano.
> El dinero (poder) salva siempre las distancias ... y la familia
> Coronel lo poseía en abundancia. (p. 97)

Also referring to research carried out about the Coronel family of
Segovia, he ends up attacking without reservation the notion that,

through Don Diego, Quevedo is vicariously protecting the interests of his class (and caste).[41]

The question of the way we are to interpret Don Diego is, indeed, a significant one. It is true that, comparatively speaking, he is one of the few characters that do not come off as grotesque. On the other hand, when there is textual evidence which shows that his own behavior is not as impeccable as some have said, and that his relatives are as manipulative and duplicitous as Pablos himself, we should definitely be careful about declaring him an exception to the otherwise thoroughly negative vision of human society the novel projects. As for the possible historical roots of Don Diego, it is, of course, defensible to take into account the connotations his name probably did possess for the contemporary reader, but we should avoid making a decision about him solely on that basis. We can never be sure whether Quevedo was truly modelling him on the historical Coronel family, even despite some fairly convincing indications to that effect. Again, it is much more preferable to examine him and his family as they appear in the text (as several of

---

[41] In light of the research into the Coronel family by Johnson and Redondo, Maurice Molho—in his "Cinco lecciones sobre el *Buscón*" *(Semántica y poética (Góngora y Quevedo)* [Barcelona: Editorial Crítica, 1978])—has changed his original conception of Don Diego. After an analysis of the scene in the "venta de Viveros" and the courting of Doña Ana (much in the style of Taléns), he too feels that Don Diego is probably conceived of as a typical example of a person of *converso* blood whose family has managed to gain entrance to the nobility through money. For him, the relationship between Don Toribio (the impoverished *hidalgo* with whom Pablos goes to Madrid) and Don Diego may be the key to the novel:

Esta relación contrastativa última, muy bien podría ser la clave del *Buscón*. Don Toribio representa una nobleza no-potente (por carencia de dinero), oponiéndose a don Diego, representativo de una no-nobleza potente (por dinero), acogido ya en el estamento al que aspira. (p. 113)

It should be noted, however, that Molho still says that Don Diego is presented much less negatively than Pablos (see p. 106). Edmond Cros is yet another critic who has felt obliged to modify his interpretation of Don Diego on the basis of the Johnson-Redondo discoveries. In his brilliant *Ideología y genética textual: El caso del "Buscón"* (Madrid: Cupsa, 1980)—essentially an extension of the sociocritrical approach first elaborated in *L'Aristocrate*—the French critic views the figure of Pablos's erstwhile protector within a complex problematic arising from the tense and ambiguous relationship between the landed aristocracy and certain sectors of the merchant class (see pp. 94-98).

the critics above have done), and decide for ourselves what sign—be it positive or negative—Quevedo has attached to him.[42]

This brings us, at last, to the socio-political or ideological tenor of the work. The overriding consensus of most of those who have commented on this aspect of *El buscón* is that it is fundamentally conservative in its implications. Whereas *Lazarillo de Tormes* and *Guzmán de Alfarache* open the door to a serious treatment of members of the lower social classes, and incarnate—in distinct measures—a critique of certain values and notions held dear by the aristocracy, *El buscón* reinforces the latter and treats Pablos and his dilemma as farce. In essence, it is a reactionary return to the classical rules of literary *decorum*, which dictate that members of the lower classes are fit only for comic treatment—in this case tendentious, since it is employed in an effort to "teach a lesson":

> El libro no es sólo la condena total de toda sangre abyecta, sino también una invectiva contra la pretensión del pícaro de salirse de su estado. (Molho, "Cinco lecciones," p. 102) ... los infortunios de Pablos de Segovia no son sino el sueño triunfalista de una sociedad estamental que, sintiéndose en crisis y, por la crisis, en peligro de desestructuración, se petrifica, vedando todo paso promocional de un estamento al otro. (ibid., p. 103)

It is a fact that Pablos has very few (if any) saving graces, and that his career seems to be, in the main, an ill-fated and ludicrous essay at social-climbing. It is also true that Quevedo's socio-political orientation, as manifest in the totality of his works, does tend to be conservative, if not completely reactionary in many respects. Consequently, there is a natural temptation to conceive of the character as the product of the latter, or at least to see the two in terms of each other. We should not forget, however, that some interpret Pablos's fall as the result of his individual responsibility as a sinner rather than as being preordained by Quevedo's social prejudices.[43] Nor should we forget that our author—despite

---

[42] It does seem that Pablos is rather small fish to fry, considering the remote chances he would ever have to gain access to the nobility. Don Diego, on the other hand, represents a much more real danger for someone like Quevedo, obsessed as he was by the inexorable undermining of his class by "Don Dinero." If Quevedo does have a target in writing the work, it would make more sense if it were "big game" such as Don Diego rather than such a pitiful creature as Pablos. (This is why I find it somewhat difficult to accept such characterizations of Pablos as Ife's, see p. xix above.)

[43] Indeed, all interpretations which emphasize the didactic or theological

his frequent role as self-appointed spokesman for his class—was by no means a completely uncritical social conformist, and that his works can often give contradictory impressions.[44] To assume automatically that *El buscón* will convey a conservative "message" is, in view of Quevedo's own equivocations, somewhat dangerous. In addition, even had he intended to write a work which would confirm his own views on class structure, which we will assume to be conservative, this does not necessarily mean that the ultimate meaning of *El buscón* is in line with them.

As stressed repeatedly here, we must go back to the work itself and decide about the question on the basis of what we find within it, no matter what ideology we find in the totality of Quevedo's *oeuvre*. On doing this, Jenaro Talens has come to a conclusion completely the reverse of that forwarded by the critics who see it as essentially conservative. For him, the novel is "en definitivo la Historia vista no desde el opresor, sino desde el oprimido" (p. 98)— in sum, a work which is, in the last analysis, sympathetic to Pablos's plight. Although he believes that Quevedo's politics were less conservative at the beginning of his life than at the end, it actually makes little difference in terms of his reading of *El buscón*:

> ... el que Quevedo fuese o no un reaccionario cuya única misión hubiese sido ridiculizar el simple intento de movilidad ascendente extra-clase (que no lo es), ello no transformaría en reaccionaria su novela, por cuanto el sentido final del libro como estructura significante neutraliza y niega desde la *textualidad narrativa* tan hipotético presupuesto. Si Pablos realiza su rebeldía como marginación es por la sencilla razón de que no pretende (no puede) cambiar el orden social. (p. 104)

His point, as noted above, is a valid one: we must examine "el sentido final del libro como estructura significante," in isolation from what we *presume* to be Quevedo's ideological orientation when he sat down to write it. While those who have proclaimed the work to be conservative have done so, on the whole, after an

dimension of the work are more or less in conflict with the socio-political reading of it, though their authors would probably agree about Quevedo's conservatism.

[44] See Taléns's comments on Quevedo's role as an "intelectual discrepante" (pp. 101-106); also, my article entitled "'Antivalues' in the Burlesque Poetry of Góngora and Quevedo," *Neophilologus*, LXIII (1979), pp. 220-37, as well as "Apocalypse Later: Ideology and Quevedo's *La hora de todos*," *Revista de Estudios Hispánicos*, VII (1981), pp. 87-132.

internal analysis of it, it is significant to note that a critic like Talens, confronted by the same data, has arrived at a completely opposite point of view.

VI

Considering the panorama of pervasive disagreement on near-ly every facet of *El buscón*, it comes as no surprise that there be a wide divergency of opinions about the sources of its enduring value. Most students of the work would probably agree that its verbal brilliance is, largely, what earns it its distinguished place within the history of the picaresque. From here, however, critical views begin to branch out in a bewildering array of directions. Lázaro Carreter claims that its major contribution to the picar-esque is its return to the "pureza épica" of the *Lazarillo* as opposed to the digressive, moralizing model represented by the *Guzmán* (see "Revisión," p. 225); its source of originality, for him is its lack of "protesta social y didacticismo" ("Originalidad," p. 136). For Díaz-Migoyo the "valiosa novedad del *Buscón*, su más notable contribu-ción al género, [es]el reducir a cero la distancia entre biografiante y biografiado": the novel, rather than being a "relato de picardía" is a "relato pícaro," full of intriguing narrative complexities.

Jumping to an entirely different realm, Spitzer's landmark essay concludes that Quevedo's "arte supremo" was the way he embodied in the work the typically Baroque tension, in his view, between *Weltsucht* and *Weltflucht*, that is, an equally profound attraction toward and rejection of humanity's existence in this world. Parker, as we saw, feels, on the one hand, that its importance resides in the "combination of its psychological signifi-cance with the brilliance of its wit and style" ("Psychology," p. 68), that it is a "psychological study of delinquency far in advance of its time" (*Literature*, p. 62); on the other, that the "triumph of Que-vedo"—that which makes *El buscón* the zenith of the picaresque—is that "the values of morality are intrinsic to the narrative" (ibid.) (rather than being superimposed in explicit form as in the *Guz-mán*).[45]

Before turning over to the reader the task of deciding for him or herself where the value of the novel really lies, I would like to

---

[45] We should not forget, of course, those critics who take a completely opposite tack from their colleagues, charging that *El buscón* represents a step backward for varying reasons. In his valuable study on point of view in the picaresque novel, Francisco Rico claims that Quevedo overlooked the significant advances made by the *Lazarillo* and the *Guzmán* in this area (which

make some concluding remarks regarding my own feelings on the subject. First, I thoroughly agree with those who emphasize the purely verbal magnificence of the work—that marvelously ludic approach to language which in many ways prefigures Joyce's. It alone suffices to place *El buscón* at the very summit of the picaresque, both within and outside Spain. Unfortunately, however, its verbal intricacies also make the work almost inaccessible to the less advanced student (as well as impervious to translation). Hence, the abundant supply of notes in this edition. Although they may prove distracting for some, their only goal is that of helping the reader to gain access to a major part of the true riches of the work. If read only for the story, it becomes much less of a masterpiece.

But the importance of *El buscón* does not rest exclusively on the wealth of the language. After having read a substantial number of novels which fall under the rubric of the picaresque, most readers will concur that there is something about *El buscón* that places it at the very core of the genre, that the very essence of the picaresque is somehow distilled within its pages. Difficult as it is to pin down in precise terms, what I am referring to could be described as a particular atmosphere of mind (made manifest in the use of first-

---

represents progress in the art of narrative in general); thus, while he admits that *El buscón* is a "libro genial," he also says that it is a "pésima novela picaresca" (p. 120). Maurice Molho makes similar observations in his *Introducción al pensamiento picaresco*, although in his case it is the novel's reactionary treatment of the problematic of "anti-honor" that provokes this judgment. In his view, the novel's return to the traditional code of literary *decorum* represents "si no la definitiva disolución del picarismo, sí la del pensamiento picaresco" (p. 132). While the opinions of these two insightful critics clearly deserve the attention of any serious student of *El buscón*, caution should be taken—I feel—with certain presuppositions of their approach. To choose one or another element related to content or form as somehow being the key defining factor of the entire picaresque genre, and then to proceed either to include or exclude (praise or condemn) individual members of it can become a potentially dangerous practice. In Molho's case, it leads to a picaresque genre with roughly four constituent members; in Rico's, to the use of the term in an almost honorific sense (the "real" picaresque novels are those which take full advantage of the supposedly novel contributions of *Lazarillo de Tormes* and the *Guzmán* in the handling of point of view), and the rather idiosyncratic relegation of *El buscón* to the category of "pésima novela picaresca." Considerably more flexibility would seem to be necessary in establishing the boundaries of such a varied phenomenon as the picaresque. (For a very incisive commentary on the whole question, see Peter Dunn's "Problems of a Model for the Picaresque and the Case of Quevedo's *Buscón*," *Bulletin of Hispanic Studies*, LIX [1982], pp. 95-104).

person narration) and its interaction with a certain segment of reality. Somehow the cynically shrewd spirit Pablos transmits through his narration, the savagely callous vision of humanity his perspective exhibits, its lack of even the slightest measure of real sentiment—all coact with an unmitigatedly sordid and grotesque world in such a way as to precipitate a formula paradigmatic of the picaresque. While there are any number of formal features critics may choose as being essential to defining the picaresque, if not coupled with a certain milieu and certain vision of that milieu, we inevitably find ourselves drifting out toward the periphery of the genre.[46] Both of these are present in nearly "clinically pure" form in *El buscón*.

This brings me to my final observation regarding the novel, one intimately related to those just made. The late Raimundo Lida was never more typically acute than when he associated *El buscón* with the works of such twentieth-century authors as Miller, Céline and Donleavy.[47] I think it fair to say that perhaps more than any other work of the picaresque (and not just the Spanish), Quevedo's novel points straight toward the darker side of the literature of our own century. Most readers will be struck by the "modern" quality of *El buscón*, by the resemblance its world bears not only to those of the authors cited by Lida, but to those of Valle-Inclán, Grass, Beckett, Burroughs, John Hawkes, and so on. This is not only due to the lack of moralizing or didacticism mentioned by Lázaro Carreter, but to that pitilessly desolate vision of a cosmos falling apart at the seams—not in tragic fashion, but one that borders on farce; nor from the perspective of a wise sage, but from that of just another clown who has the misfortune of participating in this sad circus.[48]

[46] Such is the case, for example, with works like *Marcos de Obregón* or *Roderick Random*, where we have a more or less conventionally heroic protagonist (especially in the latter instance) cast into a picaresque world.

[47] Raimundo Lida, "Tres notas al *Buscón*," in *Estudios literarios de hispanistas norteamericanos dedicados a Helmut Hatzfeld con motivo de su 80 aniversario*, eds. Sola-Solé, Josep A., and B. Damiani (Barcelona: Hispam, 1974), p. 459.

[48] Jenaro Talens has this to say about the obvious ties with Valle-Inclán:

> Quevedo y su *Buscón* se nos presentan, pues, como testimonio de uno de los primeros y más violentos alegatos de la literatura española, por aquella vía de la deformación y del sarcasmo que tres siglos más tarde proclamaría como única posible el valleinclanesco Don Estrafalario de *Los cuernos de don Friolera*. De ahí la importancia de la novela quevedesca, y su modernidad. (pp. 105-06)

For a full treatment of the use of the grotesque in Quevedo, see my *Quevedo and the Grotesque*, 2 vols. (London: Tamesis, 1978 and 1983).

Supplementary Bibliography

Listed below are works which will be of interest to those intending to pursue their study of *El buscón* further. (For reasons of space, I have not repeated those already cited in the critical introduction.) For an exhaustive bibliography of studies on *El buscón* through 1976, the reader should sonsuly James O. Crosby's invaluable *Guía bibliográfica para el estudio crítico de Quevedo* (London: Grant and Cutler, 1976); items published since then can be found in the appropriate MLA bibliographies or the *Year's Work in Modern Language Studies*.

General Works on the Picaresque

Dunn, Peter N. *The Spanish Picaresque Novel*. Boston: Twayne, 1979.

Monte, Alberto del. *Itinerario de la novela picaresca española*. Trans. E. Sordo. Barcelona: Lumen, 1971.

Sieber, Harry. *The Picaresque*. London: Methuen, 1977.

Works on *El buscón*

Ebersole, A. V. "El fenómeno de los juegos de palabras en el *Buscón* de Quevedo." *Hispanófila*, LXII (1978), pp. 49-63.

Iventosch, Herman. "Onomastic Invention in the *Buscón*." *Hispanic Review*, XXIX (1961), pp. 15-32.

McGrady, Donald. "Tesis, réplica y contrarréplica en el *Lazarillo*, el *Guzmán* y el *Buscón*." *Filología*, XIII (1968-69), pp. 237-49.

Price, R. M. "On Religious Parody in the *Buscón*." *MLN*, LXXXVI (1971), pp. 273-79.

Rothe, Arnold. "Comer y beber en la obra de Quevedo." In *Quevedo in Perspective: Eleven Essays for the Quadricentennial*, pp. 181-225. Ed. James Iffland. Newark, Delaware: Juan de la Cuesta (Hispanic Monographs), 1982.

Schalk, Fritz. "Über Quevedo und *El Buscón.*" *Romanische Forschungen*, LXXIV (1962), pp. 11-30.

Sieber, Harry. "Apostrophes in the *Buscón*: An Approach to Narrative Technique." *MLN*, LXXXIII (1968), pp. 178-211.

Vilanova, Antonio. "Quevedo y Erasmo en el *Buscón.*" In *Quevedo in Perspective: Eleven Essays for the Quadricentennial*, pp. 139-79.

Williamson, Edwin. "The Conflict between Author and Protagonist in Quevedo's *Buscón.*" *Journal of Hispanic Philology*, II (1977), pp. 45-60.

Zahareas, Anthony. "Quevedo's *Buscón*: Structure and Ideology." In *Homenaje a Julio Caro Baroja*, pp. 1055-89. Eds, Antonio Carreira, J. A. Cid, M. Gutiérrez Esteve, and R. Rubio. Madrid: Centro de Investigaciones Sociológicas, 1978.

Biography of Quevedo

As yet there has been no full-scale biography of Quevedo which is completely trustworthy. Luis Astrana Marín's *La vida turbulenta de Quevedo* (Madrid, 1945) is a highly romanticized version of our author's life which most scholars do not take too seriously. The best short biographical account is still found in José M. Blecua's introduction to *Poesía original* (Barcelona: Planeta, 1963).

A Note on the Text

The text of the novel reproduced here is that established by Fernando Lázaro Carreter's landmark critical edition (see n. 2 of the Introduction). Utilizing an essential manuscript unavailable to previous editors (the so-called "Bueno" manuscript),[1] and employing a methodology substantially more scientific than theirs, this eminent Spanish critic was able to put together a version of the work manifestly superior to the existing ones. This is not to say, of course, that all the criteria he has used in the editing process are necessarily beyond question; rather, that until either new evidence is discovered or a more convincing way of dealing with what is already accessible is developed, his text will stand as the best.

While I will not discuss the enormous complexities of Lázaro's editorial effort, the student should be apprised of the nature of the text he or she will be reading. Lázaro has not used the *princeps* edition of 1626 as his basis, for it was published without Quevedo's permission by Roberto Duport in Zaragoza. It undoubtedly was derived from one of the numerous manuscript versions of the work circulating at the time, and therefore should not enjoy any special authority. Nor does he base himself on the aforementioned Bueno manuscript, which he accepts as very probably the first version of the novel, conceivably even an apograph. This is because he believes that Quevedo reworked this early effort into a second version, one from which was derived not only the manuscript used for the *princeps* edition, but the so-called "Santander" and "Córdoba" manuscripts—also essential for the task of editing the work. Through a careful

---

[1] Page numbers found after quotations from this manuscript in my notes correspond to the Lázaro edition, where it is reproduced in its entirety.

analysis and collation of the four important sources, Lázaro has tried to approximate that second, revised version of *El buscón*.

The crucial question in all this is whether the one responsible for the changes was truly Quevedo himself. The only foundation, perhaps a fragile one, for saying so relates to style: "Es imposible probar con hechos objetivos que esas rectificaciones son obra de Quevedo; sin embargo, cualquier lector habituado a su estilo, advertiría en ellas rasgos inequívocamente suyos" (p. XLVIII). Until others marshal new data or solid arguments to the contrary, Fernando Lázaro's conclusions will prevail.

A Note on Linguistic Difficulties

Rather than burdening the text with notes explaining each case in which the novel's language differs from contemporary usage, I have opted for providing this brief orientation regarding the major trouble areas. While the student who has had some experience with Golden Age works will already be familiar with them, the newcomer to this literary period would be well-advised to study this section before embarking on a reading of the novel. The advanced student interested in pursuing further the peculiarities of Golden Age Spanish should consult Hayward Keniston's classic study, *The Syntax of Castilian Prose: The Sixteenth Century* (Chicago: University of Chicago Press, 1937).

Verbs

1.) The future subjunctive has fallen out of use in modern Spanish. In Quevedo's time its use was restricted to indefinite or hypothetical clauses where today the present subjunctive is found: "mientras estemos en Madrid," "lo que quieras," etc. It is formed by dropping *-on* from third-person plural preterite forms and adding *e, es, e, emos, eis, en*. A typical example from our text would be the following: "'Cierto que no hay tal cosa como la olla, digan lo que dijeren...'" (see p. 19).

2.) The endings of the second-person plural of the imperfect indicative and the future and imperfect subjunctive sometimes appear as *ades, edes* and *ides* instead of *ais*, and *eis*, as seen, for example, in the following: "'Si no confesábades, ¿era por vuestro ánimo o por las bebidas que yo os daba?'" (see p. 9).

3.) Originally the Spanish future indicative was formed by placing forms of *haber* after an infinitive; an object pronoun could be attached to the infinitive if the latter was stressed: "'Señor, perderse ha v. m. si hace eso...'" (see p. 47). While the use of the "split future," as this construction is called, was on its way out by the end of the sixteenth century, it does still appear occasionally in seventeenth-century texts.

Pronouns

1.) Although the subleties of usage of the second-person pronouns may prove difficult for the modern reader (particularly the English-speaking one), a few basic rules can help:

a.) *Tú* was used with persons of socially inferior status or with equals in familiar or intimate contexts (that is, much as it is used today).

b.) *Vos*, followed by the second-person plural form of the verb (*habláis, coméis*, etc.), is used when addressing equals in more formal contexts, in addressing a superior with due respect or when an individual of higher rank wishes to treat an inferior with consideration. *Os* is the object form of this pronoun.

c.) *Vuessa* or *vuestra merced* (abbreviated as *v.m.*), from which our present-day *usted* developed, is utilized when one addresses a person of superior social rank with deference, or when one wishes to be very courteous to a person of equal status. It is followed by the third-person form of the verb.

2.) While those familiar with contemporary Peninsular Spanish usage will not be surprised by the use of *le* and *les* instead of *lo* and *los* when male human beings are the direct object of a verb (so-called *leísmo*), it should be noted that in Quevedo's time *le* could also be used to refer to a non-human direct object. The use of *la* and *las* instead of *le* and *les* for feminine indirect objects is also found (as it can be today in Madrid and other parts of Spain, though its use is discouraged by the Spanish Academy).

3.) Generally speaking, object pronouns—direct, indirect, reflexive—are enclitic (that is, they are attached to the end of the verb) in the language of the period: "Sentábame el maestro junto a sí, ganaba la palmatoria los más días por venir antes, y íbame el postrero por hacer algunos recados de 'señora'... Teníalos a todos con semejantes caricias obligados" (see p. 10). They only precede the verb when there is some other stressed element in the same breath-group (e.g., the subject, the object, an interrogative pronoun, etc.). It should be noted that the pronoun can even be attached to the past participle in a compound verb: "'...yo os he sustentado a vos, y sacádoos de las cárceles con industria, y mantenídoos en ellas con dinero'" (see p. 9).

4.) The pronoun *él* and *ella* (as well as their plural forms) are often seen in contractions with *de: dél, dellos, della, dellas*. Similar contractions are seen with the demonstratives *este* and *estos, esta* and *estas: deste, destos, desta*, and *destas*. Respective examples from our text would be the following: "...considerando lo poco que había de entrar en mi cuerpo, no osé, aunque tenía gana, echar nada dél" (p. 21); "...moriscos los llaman en el pueblo, que hay muy grande cosecha desta gente..." (p. 33).

Abbreviations

Alcina Franch: F. de Quevedo, *El buscón*, ed. J. Alcina Franch (Barcelona: Juventud, 1968).

Autoridades: Diccionario de Autoridades (Madrid, 1726-39), facs. ed. (Madrid: Gredos, 1971), 3 vols.

Castro: F. de Quevedo, *El buscón*, ed. A. Castro (Madrid: Clásicos Castellanos, 1973).

coll.: colloquial.

Correas: Gonzalo Correas, *Vocabulario de Refranes y Frases proverbiales* (1627), ed. L. Combet (Bordeaux: 1967).

Covarrubias: Sebastián de Covarrubias, *Tesoro de la lengua castellana* (Madrid: 1611), ed. M. de Riquer (Barcelona: 1943).

Ife: F. de Quevedo, *El buscón*, ed. B. W. Ife (Oxford: Pergamon, 1977).

Lázaro: F. de Quevedo, *El buscón*, ed. F. Lázaro Carreter (Salamanca: University of Salamanca, 1965).

Obras completas: F. de Quevedo, *Obras completas*, ed. F. Buendía (Madrid: Aguilar, 1961), 2 vols.

Obra poética: F. de Quevedo, *Obra poética*, ed. J. M. Blecua (Madrid: Castalia, 1969-71), 3 vols.

Sueños y discursos: F. de Quevedo, *Sueños y discursos*, ed. F. Maldonado (Madrid: Castalia, 1972).

Ynduráin: F. de Quevedo. *El buscón*, ed. D. Ynduráin (Madrid: Cátedra, 1980).

La vida del buscón

llamado don Pablos

Al lector[1]

Qve desseoso te considero Lector, o oydor (que los ciegos no pueden leer) de registrar lo gracioso de don Pablos Principe de la vida Buscona.[2] Aqui hallaras en todo genero de Picardia (de que pienso que los mas gustan) sutilezas, engaños, inuenciones, y modos, nacidos del ocio para viuir a la droga,[3] y no poco fruto podras sacar del si tienes atencion al escarmiento; y quando no lo hagas, aprouechate de los sermones, que dudo nadie compre libro de burlas para apartarse de los incentiuos de su natural deprauado.[4] Sea empero lo que quisieres, dale aplauso, que bien lo merece, y quando te rias de sus chistes, alaba el ingenio de quien sabe conocer, que tiene mas deleyte, saber vidas de Picaros, descritas con gallardia, que otras inuenciones de mayor ponderacion: Su Autor, ya le sabes, el precio

[1] *Al lector*: Lázaro Carreter, along with most recent critics, does not think this piece (or the rather shoddy poem which follows) is by Quevedo, though whoever did write it—probably Duport himself—makes a decent attempt at imitating the style of Don Francisco. He does feel, however, that the "Carta dedicatoria" found in the Córdoba and Santander manuscripts may actually be by our author (see p. LXXVII.) (I have followed Lázaro Carreter's practice of not modernizing the spelling of this prologue or the poem by "Luciano.")

[2] *Buscona*: adjective derived from the verb *buscar*, which *Autoridades* defines as meaning "Hurtar rateramente, o con industria" in the language of *pícaros* and thieves. In view of the full range of its usage, however, a rough modern equivalent might be "to hustle."

[3] *droga*: "Metaphóricamente vale embuste, mentira disfrazada y artificiosa, pretexto engañosamente fingido y compuesto: y assí del que no trata verdad, y está en mala opinión, se dice, que quanto habla o hace es una pura droga" (*Autoridades*).

[4] *aprouechate... deprauado*: this may be a dig at Mateo Alemán's *Guzmán de Alfarache*, which abounds in didacticizing digressions. The author (whether Duport or Quevedo himself) is saying that the real reason people buy this type of fiction is for entertainment, not to be morally edified.

del libro no le ignoras, pues ya le tienes en tu casa, sino es que en la del Librero le hojeas, cosa pesada para el, y que se auia de quitar con mucho rigor, que ay gorrones[5] de libros, como de almuerços; y hombre que saca cuento leyendo a pedaços, y en diuersas vezes, y luego le zurze; y es gran lastima que tal se haga, porque este mormura sin costarle dineros,[6] poltroneria vastarda, y miseria no hallada del Cauallero de la Tenaza.[7] Dios te guarde de mal libro, de Alguaziles, y de muger rubia, pedigueña, y cariredonda.[8]

---

[5] *gorrones*: "spongers."

[6] *porque... dineros*: that is, this type of reader has a chance to backbite without even having bought the book.

[7] *Caballero de la Tenaza*: the protagonist of Quevedo's burlesque *Epístolas del Caballero de la Tenaza* (*Obras completas*, I, pp. 77-86), a work which instructs the reader on how to prevent women from extracting money from him.

[8] *cariredonda*: being roundfaced was considered a trait of "born" jokesters and other sly or cunning types. (See the description of Sansón Carrasco in *Don Quijote*, ed. M. de Riquer [Barcelona: Juventud, 1968]: "tendría hasta veinte y cuatro años, carirredondo, de nariz chata y de boca grande, señales todas de condición maliciosa y amigo de donaires y burlas... "[p. 558].)

A DON FRANCISCO DE QUEUEDO

Luciano su amigo

Don Francisco en ygual peso
veras y burlas tratays
acertado aconsejays   5
y a Don Pablo hazeys trauiesso:
Con la Tenaza[1] confiesso,
que sera Buscon de traça,[2]
el lleuarla no embaraça
para su conseruacion,   10
que fuera espurio Buscon
si anduuiera sin Tenaza

[1] *Tenaza*: see n. 7 above.

[2] *Buscón de traça*: since "traça" can mean a plan or design for something to be built, it seems that the author is saying that properly equipped with a "tenaza" (for keeping a grip on his money), Pablos would be the "prototype" of a *buscón*. But "traza" also means "plan" in the sense of "scheme" or "idea," sometimes in the sense of "machination." *Autoridades* explains the proverb "Hombre pobre todo es trazas" in the following way: "enseña que la pobreza por lo común es ingeniosa, aplicándose a buscar, y poner en práctica todos aquellos medios, que discurre possibles para su alivio." Clearly this meaning ties in with the sense of these verses.

3

Carta dedicatoria[1]

Habiendo sabido el deseo que v. m. tiene de entender los varios discursos[2] de mi vida, por no dar
lugar a que otro (como en ajenos casos) mienta, he
querido enviarle esta relación, que no le será pequeño alivio para los ratos tristes. Y porque pienso
ser largo en contar cuán corto he sido de ventura,
dejaré de serlo ahora.

[1] *Carta dedicatoria*: clearly inspired by the prologue of *Lazarillo de Tormes*,
where the whole project of the *pícaro*'s writing his life is justified by the
request of an unnamed "vuestra merced" that he do so. Without such a
framing device, the very idea of Lazarillo drafting his autobiographical
account would have seemed outlandish. (For discussions of the function of
the "Carta dedicatoria," see Díaz-Migoyo, *Estructura de la novela*, pp. 72-78;
Talens, p. 92; and Prieto, p. 60.)

[2] *discursos*: here, "La carrera, el camino que se hace a una parte y a otra
parte, siguiendo algún rumbo" (*Autoridades*).

Libro Primero

Capítulo I

En que cuenta quién es y de dónde

O, SEÑOR,[1] SOY de Segovia. Mi padre se llamó Clemente Pablo,[2] natural del mismo pueblo; Dios le tenga en el cielo.[3] Fue, tal como todos dicen, de oficio barbero; aunque eran tan altos sus pensamientos, que se corría de que le llamasen así,[4] diciendo que él era tundidor de mejillas y sastre de barbas.[5] Dicen que era de muy buena cepa,[6] y, según él bebía, es cosa para creer.

Estuvo casado con Aldonza de San Pedro, hija de Diego de San

[1] *señor*: refers to the person to whom Pablos is sending the autobiographical account of his life (see the "Carta dedicatoria"). Later on, Pablos will address him simply as "v. m." ("vuestra merced"). (It is interesting to note that the Bueno manuscript reads "señora" rather than "señor"—see p. 15.)

[2] A. Redondo points out that Pablo was a name considered typical of Jews and *conversos* in Spain at this time (see "Nueva interpretación," p. 704). The added "s" of his son's name gives it an unmistakably popular ring; indeed, Aurora Egido suggests that the name comes from "la poesía de pliegos sueltos" (see her "Retablo carnavalesco del buscón don Pablos," *Hispanic Review*, XLVI [1978], 194).

[3] *Dios... cielo*: "may God preserve him in heaven."

[4] *que se corría... así*: "that he was embarrassed that they should call him this" ("correrse de"—"to be embarrassed about").

[5] *tundidor... sastre de barbas*: not only was Clemente Pablo's actual profession one commonly practiced by *conversos*, but also those he uses to describe it metaphorically (see Redondo, p. 704). This makes the play on "cepa" that immediately follows even funnier.

[6] *de... cepa*: "of very good stock." The phrase which follows—"y, según bebía, es cosa para creer"—involves a pun on "cepa" in its literal sense, i.e., "grapevine" or "grapevine stock."

Juan y nieta de Andrés de San Cristóbal.[7] Sospechábase en el pueblo
que no era cristiana vieja,[8] aunque ella, por los nombres y sobrenom-
bres de sus pasados, quiso esforzar que era decendiente de la letanía.
Tuvo muy buen parecer, y fue tan celebrada, que, en el tiempo que
5 ella vivió, casi todos los copleros[9] de España hacían cosas sobre ella.

Padeció grandes trabajos recién casada, y aun después, porque
malas lenguas daban en decir que mi padre metía el dos de bastos
para sacar el as de oros.[10] Probósele que, a todos los que hacía la
barba a navaja, mientras les daba con el agua, levantándoles la cara
10 para el lavatorio, un mi hermanico de siete años les sacaba muy a su
salvo[11] los tuétanos de las faldriqueras.[12] Murió el angelico de unos
azotes que le dieron en la cárcel. Sintiólo mucho mi padre, por ser tal
que robaba a todos las voluntades.

Por estas y otras niñerías, estuvo preso: aunque, según a mí me
15 han dicho después, salió de la cárcel con tanta honra, que le acompa-
ñaron docientos cardenales[13] sino que a ninguno llamaban "señoría."
Las damas diz que salían por verle a las ventanas, que siempre pare-

----

[7] *de San Pedro... de San Juan... de San Cristóbal*: it was very common for
Jewish converts to adopt the names of saints as surnames. The entire string
of them associated with Aldonza's family background would have been
more than enough to provoke the suspicions referred to in the next
sentence. (Marcel Bataillon, in *Pícaros y picaresca* [Madrid: Taurus, 1969] says
that these names were "malignamente elegidos por su semejanza con
apellidos conocidos de judíos conversos" [p. 233].) It should be noted that the
names were changed in the *princeps* edition, where she appears as "Aldonza
Saturno de Rebollo, hija de Octavio de Rebollo Codillo y nieta de Lépido
Ziuraconte."

[8] *cristiana vieja*: a Christian with no Jewish or Moorish ancestry. Those
who did have such blood-ties are referred to as "cristianos nuevos," and
suffered from a great variety of legal sanctions and social discrimination.

[9] *copleros*: writers of "coplas" (colloquially, "verse"). The term usually
referred to ballad sellers or poets of a more popular nature (*Autoridades*
defines it as "El que hace coplas, y ordinariamente se entiende que las
malas"). Note the scurrilous ambiguity of "hacían cosas sobre ella" ("did
things on her").

[10] *metía... oros*: implies that Clemente Pablo was a pickpocket. "Bastos" is
a suit in the Spanish deck of playing cards, represented by wooden
clubs;"oros," another suit, is represented by gold coins. The "dos de bastos"
metaphorically refers to the two fingers he inserts in his customers' purses
to extract their money ("as de oros").

[11] *a su salvo*: "with ease," "without any problem."

[12] *tuétanos... faldriqueras*: "marrow of their pockets" (i.e., their money).

[13] *cardenales*: both "cardinals" and "bruises" (in Clemente's case, of course,
it was the latter).

ció bien mi padre a pie y a caballo. No lo digo por vanagloria, que bien saben todos cuán ajeno soy della.

Mi madre, pues, ¿no tuvo calamidades?[14] Un día, alabándomela una vieja que me crió, decía que era tal su agrado, que hechizaba a cuantos la trataban. Sólo diz que se dijo no sé que de un cabrón[15] y volar,[16] lo cual la puso cerca de que la diesen plumas con que lo hiciese en público.[17] Hubo fama que reedificaba doncellas,[18] resucitaba cabellos encubriendo canas. Unos la llamaban zurcidora de gustos;[19] otros, algebrista de voluntades desconcertadas,[20] y por mal nombre alcagüeta. Para unos era tercera, primera para otros, y flux para los dineros de todos.[21] Ver, pues, con la cara de risa que ella oía esto de todos, era para dar mil gracias a Dios.

No me detendré en decir la penitencia que hacía. Tenía su

[14] *Mi madre... calamidades*: the Bueno manuscript is the only version which presents this as a question. Although Lázaro Carreter rejects this reading (p. 17), I would submit that this is best understood as a rhetorical question rather than as an ironical statement, and therefore concur with B. W. Ife (p., 195).

[15] *cabrón*: it was believed that Satan took on the form of a goat during witches' ceremonies.

[16] *volar*: just as in our own day, people attributed to witches the ability to fly.

[17] *la puso... público*: tarring and feathering was a common punishment for witches at the time.

[18] *reedificaba doncellas*: refers to the common practice of restoring the semblance of a maidenhead to those girls who had already lost it.

[19] *zurcidora de gustos*: "darner of desires (or pleasures)."

[20] *algebrista... desconcertadas*: an "algebrista" was a doctor specializing in broken bones and dislocations. Using this exact phrase as an example, *Autoridades* defines "voluntad" as "amor, cariño, afición, benevolencia, u afecto." "Algebrista de voluntades desconcertadas" refers, then, to her activity as a go-between (or "alcagüeta," as Pablos proceeds to clarify).

[21] *Para... todos*: a string of puns involving card games. "Tercera," in a card game called "los cientos," is a hand composed of "tres cartas de un palo, seguidas por su orden, y se denomina de la carta superior: como tercera mayor, la que empieza por el as: real, la que empieza por el rey, etc." (*Autoridades*). But "tercero" is also "el que media entre dos para el ajuste, o convenio de cosa buena o mala" (*Autoridades*)—another term for "go-between" in this instance. "Primera" refers to a "juego de naipes, que se juega dando quatro cartas a cada uno"(*Autoridades*), but here again it has sexual connotations: she was the "first one" for many. "Flux"—"flush"—is the best hand possible in the game of "primera" ("son quatro cartas de un palo"), therefore explaining why she "won" everyone's money. *Autoridades* defines "hacer flux" as a "phrase metaphórica con que se explica que alguno consumió y acabó enteramente con alguna cosa: como su hacienda, o la ajena, quedándose sin pagar a nadie"; hence, "flux para los dineros de todos."

aposento—donde sola ella entraba y algunas veces yo, que, como era
chico, podía—, todo rodeado de calaveras que ella decía eran para
memorias de la muerte,[22] y otros, por vituperarla, que para voluntades de la vida.[23] Su cama estaba armada sobre sogas de ahorcado,[24] y
5   decíame a mí: —"¿Qué piensas? Estas tengo por reliquias, porque los
más déstos se salvan."[25]

Hubo grandes diferencias entre mis padres sobre a quién había
de imitar en el oficio, mas yo, que siempre tuve pensamientos de
caballero desde chiquito, nunca me apliqué a uno ni a otro. Decíame
10   mi padre: —"Hijo, esto de ser ladrón no es arte mecánica sino libe-
ral." Y de allí a un rato, habiendo suspirado, decía de manos:[26] —
"Quién no hurta en el mundo, no vive. ¿Por qué piensas que los
alguaciles y jueces nos aborrecen tanto? Unas veces nos destierran,
otras nos azotan y otras nos cuelgan, aunque nunca haya llegado el
día de nuestro santo.[27] No lo puedo decir sin lágrimas" —lloraba

[22] *memorias de la muerte*: refers to the skulls which commonly adorned the
cells of monks, hermits, etc. to remind them of their mortality (the so-called
"memento mori"). They often appeared in paintings depicting the habitats
of saints.
[23] *para ... vida*: roughly, "for winning over the wills of the living" (i.e., for
casting spells).
[24] *Su cama ... ahorcado*: mattresses were suspended over interlaced ropes
attached to the bed frame. Hangmen's ropes were used in the preparation of
love spells: "las hechizeras dizen que para la bien querencia se aprovechan de
estas sogas" (Covarrubias).
[25] *porque ... salvan*: an allusion to Matthew 5:10, which in Spanish reads
"Bienaventurados los que padecen persecución por causa de la justicia,
porque de ellos es el reino de los cielos." Lazarillo puns on "justicia" (both
"justice" or "righteousness" and "legal authorities") in the ironic defense of
his father's stealing: "... por lo cual fue preso, y confesó, y no negó, y
padesció persecución por justicia. Espero en Dios que está en la Gloria, pues
el Evangelio los llama bienaventurados" (*Lazarillo de Tormes*, ed. A. Blecua
[Madrid: Castalia, 1972], p. 92). It would seem that Aldonza is also
exploiting the pun in this defense of her odd bed.
[26] *de manos*: Castro interprets the phrase as "juntando las manos,"
implying that Clemente Pablo is speaking in a tone of hypocritical humility
or piety (which fits with the mention of sighs and tears in the passage) (see p.
19). *Autoridades*, however, defines "hombre de manos" as "el hombre valiente y
diestro en las armas," which would lead one to think that the phrase might
best be translated as "courageously." The reading we choose will depend on
how we imagine Clemente Pablo is delivering this part of his oration to his
son, that is, as a bold sally or as a kind of world-weary declaration on "the way
things are."
[27] *nos cuelgan ... santo*: a pun on "colgar" as "to hang" and "to give
someone a gift on his saint's day" (archaic) (see Castro, p. 19).

como un niño el buen viejo, acordándose de las veces que le habían
bataneado las costillas—; "porque no querrían que, adonde están,
hubiese otros ladrones sino ellos y sus ministros. Mas de todo nos
libró la buena astucia. En mi mocedad, siempre andaba por las iglesias,[28] y no de puro buen cristiano. Muchas veces me hubieran llo-   5
rado en el asno, si hubiera cantado en el potro.[29] Nunca confesé sino
cuando lo mandaba la Santa Madre Iglesia. Y así, con esto y mi oficio,
he sustentado a tu madre lo más honradamente que he podido."

—" ¡Cómo a mí sustentado!" —dijo ella con grande cólera, que le
pesaba que yo no me aplicase a brujo—; "yo os he sustentado a vos, y   10
sacádoos de las cárceles con industria, y mantenídoos en ellas con
dinero. Si no confesábades, ¿era por vuestro ánimo o por las bebidas
que yo os daba? ¡Gracias a mis botes![30] Y si no temiera que me
habían de oír en la calle, yo dijera lo de cuando entré por la chimenea
y os saqué por el tejado."   15

Más dijera, según se había encolerizado, si con los golpes que
daba no se le desensartara un rosario de muelas de difuntos[31] que
tenía. Metílos en paz, diciendo que yo quería aprender virtud resuel-
tamente, y ir con mis buenos pensamientos adelante. Y así, que me
pusiesen a la escuela, pues sin leer ni escribir, no se podía hacer nada.   20
Parecióles bien lo que yo decía, aunque lo gruñeron un rato entre los
dos. Mi madre tornó a ocuparse en ensartar las muelas, y mi padre
fue a rapar a uno —así lo dijo él—no sé si la barba o la bolsa. Yo me
quedé solo, dando gracias a Dios porque me hizo hijo de padres tan
hábiles y celosos de mi bien.   25

---

[28] *andaba . . . iglesias*: civil authorities were not allowed to arrest anyone in
churches; criminals were thus able to use them as sanctuaries. (See Castro's
extensive note on this practice, p. 20.)

[29] *Muchos . . . potro*: criminals were paraded about on the backs of donkeys
as part of their punishment; the "potro" was the "rack" (i.e., the instrument
of torture). "Cantar" is the slang word for confessing under interrogation
(similar to the slang use of the same verb in English).

[30] *botes*: "jars" (in this case, full of substances used for witchcraft).

[31] *muelas de difuntos*: commonly associated with witchcraft (e.g., the first
act of Lope's *El caballero de Olmedo* where Fabia extracts teeth from a criminal
on the gallows).

Capítulo II

TRO DÍA, ya estaba comprada cartilla[1] y hablado el maestro.[2] Fui, señor, a la escuela; recibióme muy alegre, diciendo que tenía cara de hombre agudo y de buen entendimiento. Yo, con esto, por no desmentirle, di muy bien la lición aquella mañana. Sentábame el maestro junto a sí, ganaba la palmatoria[3] los más días por venir antes, y íbame el postrero por hacer algunos recados de "señora," que así llamábamos la mujer del maestro. Teníalos a todos con semejantes caricias obligados. Favorecíanme demasiado y con esto creció la envidia en los demás niños. Llegábame, de todos, a los hijos de caballeros y personas principales, y particularmente a un hijo de don Alonso Coronel de Zúñiga, con el cual juntaba meriendas. Ibame a su casa a jugar los días de fiesta, y acompañábale cada día. Los otros, o que porque no les hablaba o que porque les parecía demasiado punto[4] el mío, siempre andaban poniéndome nombres tocantes al oficio de mi padre. Unos me llamaban don Navaja, otros don Ventosa;[5] cuál decía, por disculpar la invidia, que

[1] *cartilla*: "reading primer."
[2] *hablado el maestro*: "the schoolmaster was spoken to."
[3] *ganaba la palmatoria*: refers to the custom of rewarding the first pupil to arrive at school with the job of administering the rod ("palmeta") to his peers as punishment for their misbehavior.
[4] *punto*: "pride."
[5] *Ventosa*: "cupping glass" (a glass jar with a narrow neck which was attached to the skin of a patient by suction—a practice reputedly therapeutic in its effects). Since barbers often performed minor medical treatment, such as blood-letting, this—like "Don Navaja"—is an allusion to his father's lowly occupation. It might also refer, however, to his other "occupation" (i.e.,

me quería mal porque mi madre le había chupado dos hermanitas pequeñas, de noche;[6] otro decía que a mi padre le habían llevado a su casa para que la limpiase de ratones, por llamarle gato.[7] Unos me decían "zape"[8] cuando pasaba, y otros "miz."[9] Cuál decía:—"Yo le tiré dos berenjenas a su madre cuando fue obispa."[10]

Al fin, con todo cuanto andaban royéndome los zancajos,[11] nunca me faltaron, gloria a Dios. Y aunque yo me corría, disimulábalo. Todo lo sufría, hasta que un día un muchacho se atrevió a decirme a voces hijo de una puta y hechicera; lo cual, como me lo dijo tan claro—que aún si lo dijera turbio no me pesara—agarré una piedra y descalabréle. Fuime a mi madre corriendo que mi escondiese, y contéla el caso todo, a lo cual me dijo:—"Muy bien hiciste: bien muestras quién eres; sólo anduviste errado en no preguntarle quién se lo dijo." Cuando yo oí esto, como siempre tuve altos pensamientos, volvíme a ella y dije:—"Ah, madre, pésame sólo de que ha sido más misa que pendencia la mía." Preguntóme que por qué, y díjela que porque había tenido dos evangelios.[12] Roguéla que me declararse si le podía desmentir con verdad: o que me dijese si me había concebido a escote[13] entre muchos o si era hijo de mi padre. Rióse y dijo: "Ah, noramaza,[14] ¿eso sabes decir? No serás bobo: gracia tienes. Muy bien hiciste en quebrarle la cabeza, que esas cosas, aunque sean

thievery), since "pegar una ventosa" means "sacarle a alguno con artificio, u engaño el dinero, u otra cosa," and "ventoso" in "la Germanía [underworld] significa el que hurta por la ventana" (*Autoridades*).

6 *mi madre ... de noche*: it was believed that witches sucked blood from their victims.

7 *gato*: "thief" (coll.).

8 *zape*: sound used to scare away cats. Pablos's schoolmates make the sound when he comes by to allude to his father's being a thief ("gato").

9 *miz*: sound used to call a cat.

10 *obispa*: alludes to the mitre-like hat worn by those being punished by the Inquisition.

11 *royéndome los zancajos*: i.e., "gossiping about me," "backbiting me ."

12 *más misa ... evangelios*: Pablos uses "evangelios" to mean "truths" (in reference to the two accusations—"puta y hechicera"—made by his schoolmate) or "good news" (the original Greek meaning of "evangelio," here used ironically). This use of "evangelios" justifies the previous reference to "misa."

13 *a escote*: Covarrubias defines escote as "la cantidad que por rata cabe a cada uno de los que han comido de compañía, repartiendo entre todos, por partes iguales, lo que se ha gastado." Pablos is asking whether he was conceived "collectively."

14 *noramaza*: noramala ("unfortunately").

verdad, no se han de decir." Yo, con esto, quedé como muerto, determinado de coger lo que pudiese en breves días, y salirme de casa de
mi padre: tanto pudo conmigo la vergüenza. Disimulé, fue mi padre,
curó al muchacho, apaciguólo y volvióme a la escuela, adonde el
5 maestro me recibió con ira, hasta que, oyendo la causa de la riña, se
le aplacó el enojo, considerando la razón que había tenido.

En todo esto, siempre me visitaba aquel hijo de don Alonso de
Zúñiga, que se llamaba don Diego, porque me quería bien natural-
mente, que yo trocaba con él los peones[15] si eran mejores los míos,
10 dábale de lo que almorzaba y no le pedía de lo que él comía, comprá-
bale estampas, enseñábale a luchar, jugaba con él al toro, y entrete-
níale siempre. Así que, los más días, sus padres del caballerito, viendo
cuánto le regocijaba mi compañía, rogaban a los míos que me dejasen
con él a comer y cenar y aun a dormir los más días.

15 Sucedío, pues, uno de los primeros que hubo escuela por Navi-
dad, que viniendo por la calle un hombre que se llamaba Poncio de
Aguirre, el cual tenía fama de confeso,[16] que el don Diaguito[17] me
dijo:—"Hola, llámale Poncio Pilato y echa a correr." Yo, por darle
gusto a mi amigo, lláméle Poncio Pilato. Corríóse[18] tanto el hombre
20 que dio a correr tras mí con un cuchillo desnudo para matarme, de
suerte que fue forzoso meterme huyendo en casa de mi maestro,
dando gritos. Entró el hombre tras mí, y defendióme el maestro de
que no me matase, asegurándole de castigarme. Y así luego—aunque
señora le rogó por mí, movida de lo que yo la servía, no aprovechó—,
25 mandóme desatacar, y azotándome, decía tras cada azote:—"¿Diréis
más Poncio Pilato?" Yo respondía:—"No, señor;" y respondílo veinte
veces, a otros tantos azotes que me dio. Quedé tan escarmentado de
decir Poncio Pilato, y con tal miedo, que mandándome el día siguiente decir, como solía, las oraciones a los otros, llegando al Credo—
30 advierta v.m. la inocente malicia—, al tiempo de decir "padeció so[19] el
poder de Poncio Pilato," acordándome que no había de decir más
Pilatos, dije: "padeció so el poder de Poncio de Aguirre." Diole al
maestro tanta risa de oír mi simplicidad y de ver el miedo que le
había tenido, que me abrazó y dio una firma[20] en que me perdonaba
35 de azotes las dos primeras veces que los mereciese. Con esto fui yo
muy contento.

15 *peones*: "tops" (i.e., the child's toy).
16 *confeso*: "el que deciende de padres judíos o conversos" (Covarrubias).
17 *Diaguito*: *Dieguito* ("Diago" was the older form of the name, not
commonly used in Quevedo's time).
18 *Corríóse*: see Chapt. I, n. 4.
19 *so*: *bajo*.
20 *firma*: i.e., a signed statement.

Llegó—por no enfadar—el tiempo de las Carnestolendas,[21] y, trazando el maestro de que se holgasen sus muchachos, ordenó que hubiese rey de gallos.[22] Echamos suertes[23] entre doce señalados por él, y cúpome a mí. Avisé a mis padres que me buscasen galas.[24]

Llegó el día, y salí en un caballo ético[25] y mustio, el cual, más de manco que de bien criado, iba haciendo reverencias. Las ancas eran de mona, muy sin cola; el pescuezo, de camello y más largo; tuerto de un ojo y ciego del otro; en cuanto a edad, no le faltaba para cerrar sino los ojos; al fin, él más parecía caballete de tejado que caballo,[26] pues, a tener una guadaña, pareciera la muerte de los rocines.[27] Demostraba abstinencia en su aspecto y echábansele de ver las penitencias y ayunos: sin duda ninguna, no había llegado a su noticia la cebada ni la paja. Lo que más le hacía digno de risa eran las muchas calvas que tenía en el pellejo, pues, a tener una cerradura, pareciera un cofre vivo.[28]

Yendo, pues, en él, dando vuelcos a un lado y otro como fariseo en ˙paso,[29] y los demás niños todos aderezados tras mí—que, con suma majestad, iba a la jineta[30] sobre el dicho pasadizo con pies—,[31] pasamos por la plaza (aun de acordarme tengo miedo), y llegando cerca de las mesas de las verduras (Dios nos libre), agarró mi caballo un repollo a una, y ni fue visto ni oído cuando lo despachó a las tripas, a las cuales, como iba rodando por el gaznate, no llegó en mucho tiempo.

La bercera[32]—que siempre son desvergonzadas—empezó a dar

[21] *Carnestolendas*: "Carnival" (i.e., the week-long festivities just before Lent).

[22] *rey de gallos*: a Carnival game in which a boy dressed as a king and on horseback would attempt to decapitate a chicken hanging by its feet from a cord.

[23] *Echamos suertes*: "We drew lots."

[24] *galas*: "festive costumes."

[25] *ético*: *hético* ("consumptive," "emaciated").

[26] *caballete de tejado*: "ridge of a roof."

[27] *a tener ... rocines*: alludes to the common depiction of Death as the "Grim Reaper," armed with a scythe ("guadaña") with which he "harvests" lives.

[28] *a tener ... vivo*: chests were often covered with, or made out of, horsehide.

[29] *fariseo en paso*: alludes to the figures of the Pharisees which were (and still are) often a part of the religious scenes carried atop floats during Holy Week.

[30] *a la jineta*: a style of riding with short stirrups.

[31] *pasadizo con pies*: "corridor with feet" (i.e., his horse).

[32] *bercera*: "vegetable vendor." Pablos's comment regarding their being

voces; llegáronse otras y, con ellas, pícaros, y alzando zanorias garrofales,[33] nabos frisones,[34] berenjenas y otras legumbres, empiezan a
dar tras el pobre rey. Yo, viendo que era batalla nabal,[35] y que no se
había de hacer a caballo, comencé a apearme; mas tal golpe me le
dieron al caballo en la cara, que, yendo a empinarse, cayó conmigo en
una—hablando con perdón—privada.[36] Púseme cual v.m. puede imaginar. Ya mis muchachos se habían armado de piedras, y daban tras
las revendederas,[37] y descalabraron dos.

Yo, a todo esto, después que caí en la privada, era la persona más
necesaria[38] de la riña. Vino la justicia, comenzó a hacer información,
prendió a berceras y muchachos, mirando a todos qué armas tenían
y quitándoselas, porque habían sacado algunos dagas de las que
traían por gala, y otros espadas pequeñas. Llegó a mí, y viendo que
no tenía ningunas, porque me las habían quitado y metídolas en una
casa a secar con la capa y sombrero, pidióme como digo las armas, al
cual respondí, todo sucio, que, si no eran ofensivas contra las narices,
que yo no tenía otras. Y de paso quiero confesar a. v. m. que, cuando
me empezaron a tirar las berenjenas, nabos, etcétera, que, como yo
llevaba plumas en el sombrero, entendí que me habían tenido por mi
madre y que la tiraban, como habían hecho otras veces; y así, como
necio y muchacho, empecé a decir:—"Hermanas, aunque llevo plumas,[39] no soy Aldonza de San Pedro, mi madre," como si ellas no lo
echaran de ver por el talle y rostro. El miedo me disculpa la ignorancia, y el sucederme la desgracia tan de repente.

Pero, volviendo al alguacil, quísome llevar a la cárcel, y no me
llevó porque no hallaba por dónde asirme: tal me había puesto del

"desvergonzadas" is corroborated by Covarrubias: "las quales estando unas
cerca de otras, suelen reñir y tratarse muy mal de palabra."

[33] *garrofales*: "este epícteto dan a cierto género de guindas, que llaman
garrofales; son mayores que las ordinarias y no tienen tanto agrio. [...]
Dezimos garrofal todo aquello que excede de su ordinaria forma y cantidad,
aludiendo a estas guindas, como mentira garrofal, huvas garrofales" (Covarrubias).

[34] *frisones*: refers to Frisian horses, a breed renowned for its large size.
Quevedo uses "frisón" often as a synonym for "huge."

[35] *nabal*: a word invented by Pablos which permits the pun "naval"—
"nabal." (See F. Ayala's "La batalla nabal" in *Cervantes y Quevedo* [Barcelona:
Seix Barral, 1974], pp. 273-82.)

[36] *privada*: a pile of garbage and excrement.

[37] *revendederas*: "retailers" (i.e., the "berceras").

[38] *más necesaria*: a play on "necesaria" involving its meaning as "privy."

[39] *aunque ... plumas*: see Chapter I, n. 17.

lodo. Unos se fueron por una parte y otros por otra, y yo me vine a mi casa desde la plaza, martirizando cuantas narices topaba en el camino. Entré en ella, conté a mis padres el suceso, y corriéronse tanto de verme de la manera que venía, que me quisieron maltratar. Yo echaba la culpa a las dos leguas de rocín esprimido que me dieron. Procuraba satisfacerlos, y, viendo que no bastaba, salíme de su casa y fuime a ver a mi amigo don Diego, al cual hallé en la suya descalabrado, y a sus padres resueltos por ello de no le inviar más a la escuela. Allí tuve nuevas de cómo mi rocín, viéndose en aprieto, se esforzó a tirar dos coces, y, de puro flaco, se le desgajaron las ancas, y se quedó en el lodo bien cerca de acabar.

Viéndome, pues, con una fiesta revuelta, un pueblo escandalizado, los padres corridos, mi amigo descalabrado y el caballo muerto, determinéme de no volver más a la escuela ni a casa de mis padres, sino de quedarme a servir a don Diego o, por mejor decir, en su compañía, y esto con gran gusto de sus padres, por el que daba mi amistad al niño. Escribí a mi casa que yo no había menester más ir a la escuela porque, aunque no sabía bien escribir, para mi intento de ser caballero lo que se requería era escribir mal,[40] y que así, desde luego, renunciaba la escuela por no darles gasto, y su casa para ahorrarlos de pesadumbre. Avisé de dónde y cómo quedaba, y que hasta que me diesen licencia no los vería.

---

[40] *aunque ... mal*: a reference to the poor handwriting common among gentlemen, to the point that many trying to pass for aristocrats would write badly on purpose. (See Quevedo's *Premáticas y aranceles generales* in *Obras completas*, I, p. 73).

Capítulo III

DE CÓMO FUI A UN PUPILAJE POR CRIADO DE DON DIEGO CORONEL

ETERMINÓ, PUES, DON Alonso de poner a su hijo en pupilaje, lo uno por apartarle de su regalo,[1] y lo otro por ahorrar de cuidado. Supo que había en Segovia un licenciado Cabra, que tenía por oficio el criar hijos de caballeros, y envió allá el suyo, y a mí para que le acompañase y sirviese.

Entramos, primer domingo después de Cuaresma, en poder de la hambre viva, porque tal laceria no admite encarecimiento.[2] El era un clérigo cerbatana,[3] largo[4] sólo en el talle, una cabeza pequeña, pelo bermejo (no hay más que decir para quien sabe el refrán),[5] los ojos avecindados en el cogote, que parecía que miraba por cuévanos,[6] tan hundidos y escuros, que era buen sitio el suyo para tiendas de mercaderes;[7] la nariz, entre Roma y Francia,[8]

---

[1] *regalo:* "indulgence."

[2] *porque tal ... encarecimiento:* roughly, "because such misery ('laceria') could never be exaggerated."

[3] *cerbatana:* "culverin" (a type of cannon with a long thin barrel).

[4] *largo:* "long" as well as "generous" (archaic).

[5] *pelo bermejo:* "red-headed." The saying referred to is found in the *princeps* edition in the following form: "ni gato ni perro de aquella color." This relates to the popular belief that Judas Escariot was red-headed; a person with red hair was consequently taken as a bad omen.

[6] *cuévanos:* large baskets for gathering grapes. This is one of Quevedo's favorite metaphors for describing deep-set eyes (e.g., the portrait of the "Dueña Quintañona" in the *Sueño de la Muerte, Sueños y discursos,* p. 223).

[7] *tan hundidos ... mercaderes:* most likely an allusion to dishonest practices of merchants, facilitated by the lack of light in their establishments (see also "Pintura de la mujer de un abogado, abogada ella del demonio" in *Obra poética,* II, p. 510, where we also find another example of the "cuévanos" image.)

[8] *entre ... Francia:* witticism based on a pun, "romo" meaning "pug-

porque se le había comido de unas búas[9] de resfriado, que aun no
fueron de vicio porque cuestan dinero;[10] las barbas descoloridas de
miedo de la boca vecina, que de pura hambre, parecía que amenazaba
comérselas; los dientes, le faltaban no sé cuántos, y pienso que por
holgazanes y vagamundos se los habían desterrado;[11] el gaznate   5
largo como de avestruz, con una nuez tan salida, que parecía se iba a
buscar de comer forzada de la necesidad; los brazos secos, las manos
como un manojo de sarmientos[12] cada una. Mirado de medio abajo,
parecía tenedor o compás, con dos piernas largas y flacas. Su andar
muy espacioso;[13] si se descomponía algo, le sonaban los güesos como   10
tablillas de San Lázaro.[14] La habla ética;[15] la barba grande, que nunca
se la cortaba por no gastar, y él decía que era tanto el asco que le daba
ver la mano del barbero por su cara, que antes se dejaría matar que
tal permitiese; cortábale los cabellos un muchacho de nosotros. Traía
un bonete[16] los días de sol, ratonado con mil gateras[17] y guarniciones 15

nosed," and an allusion, "Francia" being used to evoke the "mal francés" (i.e.,
syphilis). The Bueno manuscript also contains the following phrase: "de
cuerpo de santo, comido el pico" (p.33). Pablos could be referring to the
skulls of saints, often kept as relics, or to the tendency of statues (in this
case, those in churches) to lose their noses through erosion (or vandalism).
Its obviously offensive implications no doubt led to its being removed from
later versions. (The image can also be found in the "Romance de la
roma,"*Obra poética*, III, p. 210.)

[9] *búas: bubas* ("buboes"). Cabra's nose has seemingly suffered from
infarction (death of the tissue) caused by severe or chronic colds.

[10] *que aun ... dinero*: Pablos says that the damage suffered by Cabra's nose
is not actually because of syphilis, since he is too avaricious to have ever
contracted the services of a prostitute.

[11] *pienso ... desterrado*: refers to the practice, common in Spain and
elsewhere in Europe, of expelling *pícaros* and similar socially undesirable
types from towns and cities. To explain Cabra's scanty number of teeth,
Pablos suggests that they have been "banished" for not performing a useful
function (i.e., chewing food).

[12] *manojo de sarmientos*: "bundle of vineshoots."

[13] *espacioso*: "slow," "deliberate."

[14] *tablillas de San Lázaro*: a kind of wooden clapper or noisemaker employed
by those asking for alms for the charitable hospitals which took care of
lepers.

[15] *ética*: see Chapt. II, n. 25.

[16] *bonete*: an ecclesiastical biretta and a part of the outer works of a
fortification.

[17] *ratonado ... gateras*: wordplay based on the respective roots—"rata" and
"gato"—of the words used: "ratonado" ('nibbled') and "gatera" ('cat-hole').
Since the holes for cats to enter were often in the roof area of the house (see
Autoridades), the reference to the holes in Cabra's biretta in these terms is
especially appropriate.

de grasa;[18] era de cosa que fue paño, con los fondos[19] en caspa. La
sotana, según decían algunos, era milagrosa, porque no se sabía de
qué color era. Unos, viéndola tan sin pelo, la tenían por de cuero de
rana; otros decían que era ilusión; desde cerca parecía negra, y desde
lejos entre azul.[20] Llevábala sin ceñidor; no traía cuello ni puños.
Parecía, con los cabellos largos y la sotana mísera y corta, lacayuelo[21]
de la muerte. Cada zapato podía ser tumba de un filisteo.[22] Pues su
aposento, aun arañas no había en él. Conjuraba los ratones[23] de
miedo que no le royesen algunos mendrugos que guardaba. La cama
tenía en el suelo, y dormía siempre de un lado por no gastar las
sábanas. Al fin, él era archipobre y protomiseria.[24]

A poder déste, pues, vine, y en su poder estuve con don Diego, y
la noche que llegamos nos señaló nuestro aposento y nos hizo una
plática corta, que aun por no gastar tiempo no duró más; díjonos lo
que habíamos de hacer. Estuvimos ocupados en esto hasta la hora de
comer.   Fuimos allá. Comían los amos primero, y servíamos los
criados.

El refitorio era un aposento como un medio celemín.[25] Sentá-
banse a una mesa hasta cinco caballeros. Yo miré lo primero por los
gatos, y como no los vi, pregunté que cómo no los había a un criado
antiguo, el cual, de flaco, estaba ya con la marca del pupilaje.
Comenzó a enternecerse, y dijo: —"¿Cómo gatos? Pues ¿quién os ha

[18] *guarniciones de grasa*: "trimmings of grease." It should also be noted,
however, that "guarniciones" means "garrisons," which would relate to
"bonete" in its military sense.

[19] *fondos*: "en las telas es el campo sobre que están texidas, bordadas o
pintadas las labores que la hermosean" (*Autoridades*). Within a military
context, however, it also refers to "el espacio que ocupa la gente, formada o
acampada desde la primer fila, que es la frente, hasta la última: y así se dice,
que en un esquadrón hai tantos soldados de fondo" (ibid.). Thus, yet another
in the series of military allusions being developed here.

[20] *entre azul*: "bluish."

[21] *lacayuelo*: *lacayo* plus the diminutive ending *uelo*.

[22] *tumba ... filisteo*: Covarrubias says that the Philistines "eran de estatura
de gigantes tan terribles que de sólo mirarlos espantauan a las gentes";
hence, this is not simply a reference to Goliath. Covarrubias goes on to say:
"Quando queremos encarecer la estatura grande de un hombre dezimos que
es un filisteo."

[23] *Conjuraba los ratones*: "He would exorcise the rats."

[24] *archipobre y protomiseria*: renderings in English might be "arch-poor" and
"first among miseries." "Archipobre" may be modeled on "archipreste."
Both words are Pablos's inventions.

[25] *celemín*: an obsolete measure of grain, roughly equal to a half peck.
(The implication is that the room was very small.)

dicho a vos que los gatos son amigos de ayunos y penitencias? En lo gordo se os echa de ver que sois nuevo."

Yo, con esto, me comencé a afligir; y más me susté cuando advertí que todos los que vivían en el pupilaje de antes, estaban como leznas, con unas caras que parecía se afeitaban con diaquilón.[26] Sentóse el licenciado Cabra y echó la bendición. Comieron una comida eterna, sin principio ni fin. Trajeron caldo en unas escudillas de madera, tan claro, que en comer una dellas peligrara Narciso[27] más que en la fuente. Noté con la ansia que los macilentos dedos se echaban a nado tras un garbanzo güérfano y solo que estaba en el suelo. Decía Cabra a cada sorbo: —"Cierto que no hay tal cosa como la olla, digan lo que dijeren;[28] todo lo demás es vicio y gula."

Acabando de decirlo, echóse su escudilla a pechos,[29] diciendo: —"Todo esto es salud, y otro tanto ingenio." ¡Mal ingenio te acabe!,[30] decía yo entre mí, cuando vi un mozo medio espíritu y tan flaco, con un plato de carne en las manos, que parecía que la había quitado de sí mismo. Venía un nabo aventurero a vueltas, y dijo el maestro en viéndole: —"¿Nabo hay? No hay perdiz para mí que se le iguale. Coman, que me huelgo de verlos comer."[31]

Repartió a cada uno tan poco carnero, que, entre lo que se les pegó a las uñas y se les quedó entre los dientes, pienso que se consumió todo, dejando descomulgadas las tripas de participantes.[32] Cabra los miraba y decía: —"Coman, que mozos son y me huelgo de ver sus buenas ganas." ¡Mire v. m. qué aliño para los que bostezaban de hambre!

Acabaron de comer y quedaron unos mendrugos en la mesa y, en

[26] *diaquilón*: a plaster used for reducing swelling.

[27] *peligrara Narciso*: Pablos says that Narcissus would have run a greater danger with this clear, substance-less soup than with the spring, because his image would have been reflected even more clearly.

[28] *digan ... dijeren*: "say what they might."

[29] *echóse ... pechos*: "drank from his bowl with relish."

[30] *Mal ... acabe*: roughly, "May you choke on your wit!"

[31] The Bueno manuscript continues:
Y tomando el cuchillo por el cuerno, picole con la punta, y asomandole a las narices trayendole en procession por la portada de la cara, meciendo la caueza dos veces, dixo. Conforta realmente, y son cordiales: que era grande adulador de las legumbres. (p. 37)

[32] *dejando ... participantes*: a joke which refers to the contemporary practice of excommunicating those who associated with individuals who had already suffered excommunication (see Castro, p. 36). Since the innards are "in communication" with these mouths which receive so little food, they, too, are ultimately "punished."

el plato, dos pellejos y unos güesos; y dijo el pupilero: —"Quede esto
para los criados, que también han de comer; no lo queramos todo."
¡Mal te haga Dios y lo que has comido, lacerado[33]—decía yo—, que
tal amenaza has hecho a mis tripas! Echó la bendición, y dijo: —"Ea,
demos lugar a los criados, y váyanse hasta las dos a hacer ejercicio,
no les haga mal lo que han comido." Entonces yo no pude tener la
risa, abriendo toda la boca. Enojóse mucho, y díjome que aprendiese
modestia, y tres o cuatro sentencias viejas, y fuese.

Sentámonos nosotros, y yo, que vi el negocio malparado[34] y que
mis tripas pedían justicia, como más sano y más fuerte que los otros,
arremetí al plato, como arremetieron todos, y emboquéme de tres
mendrugos los dos, y el un pellejo. Comenzaron los otros a gruñir; al
ruido entró Cabra, diciendo: —"Coman como hermanos, pues Dios
les da con qué. No riñan, que para todos hay." Volvióse al sol y
dejónos solos.

Certifico a v.m. que vi a uno dellos, al más flaco, que se llamaba
Jurre, vizcaíno, tan olvidado ya de cómo y por dónde se comía, que
una cortecilla que le cupo la llevó dos veces a los ojos, y entre tres no
le acertaban a encaminar las manos a la boca. Pedí yo de beber, que
los otros, por estar casi en ayunas, no lo hacían, y diéronme un vaso
con agua; y no le hube bien llegado a la boca, cuando, como si fuera
lavatorio de comunión,[35] me le quitó el mozo espiritado[36] que dije.
Levantéme con grande dolor de mi alma, viendo que estaba en casa
donde se brindaba a las tripas y no hacían la razón.[37] Diome gana de
descomer[38] aunque no había comido, digo, de proveerme,[39] y pre-

---

[33] *lacerado*: "cheapskate."

[34] *vi ... malparado*: "I saw that things were going badly."

[35] *lavatorio de comunión*: "lavatory" (i.e., the ritual washing of the hands by
the priest who is going to celebrate the Eucharist). Pablos is saying that the
starving boy grabs the glass of water out of his hands as if he were the acolyte
who takes away the laver after the priest has finished washing.

[36] *espiritado*: "skeleton-like."

[37] *se brindaba ... razón*: "hacer la razón" is to respond to a toast by
drinking another. The idea is that his innards, after being incited by the
prospect of consuming something, could never actually do so. There are two
possible interpretations here. It could refer simply to what has just
occurred: the water, having reached his lips, was taken away before any
arrived at his stomach. The second reading has broader ramifications: his
"tripas," having been provoked or tempted, could never follow through
(that is, since they never receive any food).

[38] *descomer*: "un-eat" (i.e., to defecate). This term is Pablos' invention.

[39] *proveerme*: "to defecate."

gunté por las necesarias[40] a un antiguo, y díjome: —"Como no lo son en esta casa, no las hay.[41] Para una vez que os proveeréis mientras aquí estuviéredes, dondequiera podréis; que aquí estoy dos meses ha, y no he hecho tal cosa sino el día que entré, como agora vos, de lo que cené en mi casa la noche antes." ¿Cómo encareceré yo mi tristeza y pena? Fue tanta, que, considerando lo poco que había de entrar en mi cuerpo, no osé, aunque tenía gana, echar nada dél.

Entretuvímonos hasta la noche. Decíame don Diego que qué haría él para persuadir a las tripas que habían comido, porque no lo querían creer. Andaban váguidos en aquella casa como en otras ahítos.[42] Llegó la hora del cenar (pasóse la merienda en blanco);[43] cenamos mucho menos, y no carnero, sino un poco del nombre del maestro: cabra asada. Mire v.m. si inventara el diablo tal cosa. —"Es cosa saludable" —decía— "cenar poco, para tener el estómago desocupado;" y citaba una retahila[44] de médicos infernales. Decía alabanzas de la dieta, y que se ahorraba un hombre de sueños pesados, sabiendo que, en su casa, no se podía soñar otra cosa sino que comían. Cenaron y cenamos todos, y no cenó ninguno.

Fuímonos a acostar, y en toda la noche pudimos yo ni don Diego dormir, él trazando de quejarse a su padre y pedir que le sacase de allí, y yo aconsejándole que lo hiciese; aunque últimamente le dije: —"Señor, ¿sabéis de cierto si estamos vivos? Porque yo imagino que, en la pendencia de las berceras, nos mataron, y que somos ánimas que estamos en el Purgatorio. Y así, es por demás decir que nos saque vuestro padre, si alguno no nos reza en alguna cuenta de perdones y nos saca de penas con alguna misa en altar previlegiado."[45]

Entre estas pláticas, y un poco que dormimos, se llegó la hora de levantar. Dieron las seis, y llamó Cabra a lición; fuimos y oímosla

[40] *necesarias*: see Chapt. II, n. 38.

[41] *Como... hay*: a play on words involving the other meaning of "necesarias," i.e., "necessary." The "lo" refers back to "necesarias," which now is used in its adjectival sense.

[42] *váguidos ... ahítos*: "dizzy spells" (i.e., from hunger) and "indigestion" (from overeating), respectively.

[43] *pasóse ... blanco*: roughly, "the merienda went by in vain." *En blanco* literally means "blank."

[44] *retahila*: "string," "series."

[45] *cuenta de perdones ... previlegiado*: a "cuenta de perdones" is a type of rosary bead, larger than the usual one, which has been granted an indulgence by the Pope for the souls in Purgatory; an "altar previlegiado" would mean a "highly effective" one.

todos. Ya mis espaldas y ijadas nadaban en el jubón,[46] y las piernas
daban lugar a otras siete calzas;[47] los dientes sacaba con tobas, amarillos, vestidos de desesperación.[48] Mandáronme leer el primer nominativo[49] a los otros, y era de manera mi hambre, que me desayuné
con la mitad de las razones,[50] comiéndomelas. Y todo esto creerá
quien supiere lo que me contó el mozo de Cabra, diciendo que él
había visto meter en casa, recién venido, dos frisones[51] y que, a dos
días, salieron caballos ligeros que volaban por los aires; y que vio
meter mastines pesados y, a tres horas, salir galgos corredores; y
que, una Cuaresma, topó muchos hombres, unos metiendo los pies,
otros las manos y otros todo el cuerpo, en el portal de su casa, y esto
por muy gran rato, y mucha gente que venía a sólo aquello de fuera;
y preguntando a uno un día que qué sería—porque Cabra se enojó
de que se lo preguntase—respondió que los unos tenían sarna y los
otros sabañones,[52] y que, en metiéndolos en aquella casa, morían de
hambre de manera que no comían desde allí adelante. Certificóme
que era verdad, y yo, que conocí la casa, lo creo. Dígolo porque no
parezca encarecimiento lo que dije.

Y volviendo a la lición, diola y decorámosla.[53] Y prosiguió siempre
en aquel modo de vivir que he contado. Sólo añadió a la comida
tocino en la olla, por no sé qué que le dijeron, un día, de hidalguía,
allá fuera.[54] Y así, tenía una caja de yerro, toda agujerada como

[46] *espaldas ... jubón*: "my back and loins were swimming in my jerkin" (i.e.,
his jerkin hung loosely on him).

[47] *las piernas ... calzas*: "my legs could have worn seven more pairs of
breeches" (i.e., because his legs were so thin).

[48] *vestidos de desesperación* : this refers back to "amarillos," yellow being the
color traditionally associated with desperation. (The yellowness is caused
literally by the *tobas*—"tartar.")

[49] *primer nominativo*: it would seem that Pablos is reading nominative case
endings of Latin, though *Autoridades* notes that "nominativo" "por extension
se toma por los rudimentos o principios de qualquier facultad o arte."

[50] *razones*: "words" (archaic). On humorously claiming that he "ate" the
words he was reading, Pablos is literalizing a pun: "comer" also was used to
mean "hablar confusamente y sin pronunciar algunas sylabas" (*Autoridades*).

[51] *frisones*: see Chapt. II, n. 34. The boy claims that two Frisian horses were
able to fly through the air (because of their lightness) after being in Cabra's
house for two days.

[52] *sarna ... sabañones*: "mange" and "chilblains," respectively. Here the boy
asserts that these men kill off their mange and chilblains by "starving" them
at Cabra's house. (*Comer* in this instance means *picar*.)

[53] *decorámosla*: "we learned it by heart."

[54] *Sólo ... fuera*: Cabra began to add some bacon to the stew because of
the comments leveled at him regarding his racial purity. As Castro notes

salvadera;[55] abríala, y metía un pedazo de tocino en ella, que la lle-
nase, y tornábala a cerrar, y metíala colgando de un cordel en la olla,
para que la diese algún zumo por los agujeros, y quedase para otro
día el tocino. Parecióle después que, en esto, se gastaba mucho, y dio
en sólo asomar el tocino a la olla.[56]   5

Pasábamoslo con estas cosas como se puede imaginar. Don Diego
y yo nos vimos tan al cabo, que, ya que para comer, al cabo de un
mes, no hallábamos remedio, le buscamos para no levantarnos de
mañana; y así, trazamos de decir que teníamos algún mal. No osa-
mos decir calentura porque, no la teniendo, era fácil de conocer el   10
enredo. Dolor de cabeza o muelas era poco estorbo. Dijimos, al fin,
que nos dolían las tripas, y que estábamos muy malos de achaque de
no haber hecho de nuestras personas en tres días,[57] fiados en que, a
trueque de no gastar dos cuartos en una melecina,[58] no buscaría el
remedio. Mas ordenólo el diablo de otra suerte, porque tenía una que 15
había heredado de su padre, que fue boticario.[59] Supo el mal, y
tomóla y aderezó una melecina, y haciendo llamar una vieja de
setenta años, tía suya, que le servía de enfermera, dijo que nos
echase sendas gaitas.[60]

Empezaron por don Diego; el desventurado atajóse,[61] y la vieja,   20
en vez de echársela dentro, disparósela por entre la camisa y el espi-
nazo, y diole con ella en el cogote, y vino a servir por defuera de
guarnición la que dentro había de ser aforro.[62] Quedó el mozo dando
gritos; vino Cabra y, viéndolo, dijo que me echasen a mí la otra, que
luego tornarían a don Diego. Yo me resistía, pero no me valió, por-   25

(see p. 41), the Inquisition was on the lookout for those who never ate pork
because it was often a sign that a *converso* was still observing Jewish canonical
laws. (It should be noted that *conversos* often had the names of animals as
surnames [see Redondo, p. 705]—a fact which should put Cabra under
suspicion immediately, whatever his eating habits).

[55] *salvadera*: a device used for sprinkling sand on wet ink to dry it.

[56] *dio ... olla*: Cabra just hangs the bacon over the stew rather than
dipping it in.

[57] *estábamos ... días*: Don Diego and Pablos claim they have been
constipated for the last three days.

[58] *melecina*: "enema."

[59] *boticario*: a profession traditionally practiced by Jews and their *converso*
descendents—another detail which indicates that Cabra is probably a
cristiano nuevo.

[60] *sendas gaitas*: "one enema each" ("gaita" literally means "bagpipes").

[61] *atajóse*: Don Diego closes his anus, thus causing the subsequent
mishap.

[62] *guarnición ... aforro*: "trimming" and "lining," respectively. Thus, what
was supposed to go inside landed outside instead.

que, teniéndome Cabra y otros, me la echó la vieja, a la cual, de
retorno,[63] di con ella en toda la cara. Enojóse Cabra conmigo, y dijo
que él me echaría de su casa, que bien se echaba de ver que era
bellaquería todo. Yo rogaba a Dios que se enojase tanto que me
despidiese, mas no lo quiso mi ventura.

Quejábamonos nosotros a don Alonso, y el Cabra le hacía creer
que lo hacíamos por no asistir al estudio. Con esto, no nos valían
plegarias.[64] Metió en casa la vieja por ama, para que guisase de
comer y sirviese a los pupilos, y despidió al criado porque le halló, un
viernes a la mañana, con unas migajas de pan en la ropilla.[65] Lo que
pasamos con le vieja, Dios lo sabe. Era tan sorda, que no oía nada;
entendía por señas; ciega, y tan gran rezadora que un día se le desen-
sartó el rosario sobre la olla y nos la trujo con el caldo más devoto
que he comido. Unos decían: —"¡Garbanzos negros! Sin duda son de
Etiopia." Otros decían: —"¡Garbanzos con luto! ¿Quién se les habrá
muerto?" Mi amo fue el primero que se encajó una cuenta,[66] y al
mascarla se quebró un diente. Los viernes solía enviar unos güevos,
con tantas barbas a fuerza de pelos y canas suyas, que pudieran
pretender corregimiento o abogacía.[67] Pues meter el badil[68] por el
cucharón, y inviar una escudilla de caldo empedrada,[69] era ordinario.
Mil veces topé yo sabandijas,[70] palos y estopa de la que hilaba, en la
olla, y todo lo metía para que hiciese presencia en las tripas y
abultase.[71]

Pasamos en este trabajo hasta la Cuaresma. Vino, y a la entrada
della estuvo malo un compañero. Cabra, por no gastar, detuvo el
llamar médico hasta que ya él pedía confesión más que otra cosa.
Llamó entonces un platicante,[72] el cual le tomó el pulso y dijo que la

---

63 *de retorno*: "in return," "in recompense."
64 *no ... plegarias*: "our pleading didn't help."
65 *ropilla*: "doublet with sleeves."
66 *se encajó una cuenta*: "put on a rosary bead" (i.e., he bit into one).
67 *pudieran ... abogacía*: the joke here has to do with the tendency of those
in the legal profession to wear beards. Pablos says that the eggs had so
many hairs and whiskers that they could try to be lawyers or magistrates.
68 *badil*: "fire shovel."
69 *caldo empedrado*: "paved broth."
70 *sabandijas*: "bugs."
71 *para que ... abultase*: roughly, "so it would make its presence felt in our
innards and bulk up."
72 *platicante*: practicante, i. e., "el que practica la Medicina o Cirujía para
tener experiencia, adestrado u enseñado de algún Médico o Cirujano
experto" (*Autoridades*).

hambre le había ganado por la mano[73] en matar aquel hombre. Diéronle el Sacramento, y el pobre, cuando le vio—que había un día que
no hablaba—, dijo: —"¡Señor mio Jesucristo,[74] necesario ha sido el
veros entrar en esta casa para persuadirme que no es el infierno."
Imprimiéronseme estas razones en el corazón. Murió el pobre mozo,   5
enterrámosle muy pobremente por ser forastero, y quedamos todos
asombrados. Divulgóse por el pueblo el caso atroz, llegó a oídos de
don Alonso Coronel y, como no tenía otro hijo, desengañóse de los
embustes de Cabra, y comenzó a dar más crédito a las razones de dos
sombras, que ya estábamos reducidos a tan miserable estado. Vino a   10
sacarnos del pupilaje y, teniéndonos delante, nos preguntaba por
nosotros; y tales nos vio, que sin aguardar a más, tratando muy mal
de palabra al licenciado Vigilia,[75] nos mandó llevar en dos sillas a
casa. Despedímonos de los compañeros, que nos seguían con los
deseos y con los ojos, haciendo las lástimas que hace el que queda en 15
Argel, viendo venir rescatados por la Trinidad[76] sus compañeros.

[73] le había ... mano: "had beaten him to it" (i.e., hunger had killed off the
boy before the "platicante" had a chance to do so—a typical satirical jab at
the medical profession).

[74] Señor mío Jesucristo: the boy is addressing the host, symbolic of the body
and blood of Christ, as Christ himself.

[75] licenciado Vigilia: "Dr. Fasting."

[76] Trinidad: refers to the religious order of the Trinitarians who concerned themselves principally with ransoming those Christians who had
been captured and enslaved by the Moors. (This was the same order which
rescued Cervantes from captivity.)

Capítulo IV

DE LA CONVALECENCIA Y IDA A ESTUDIAR A ALCALÁ DE HENARES

NTRAMOS EN CASA de don Alonso, y echáronnos en dos camas con mucho tiento, porque no se nos desparramasen los huesos de puro roídos de la hambre. Trujeron esploradores que nos buscasen los ojos por toda la cara, y a mí, como había sido mi trabajo mayor y la hambre imperial, que al fin me trataban como a criado, en buen rato no me los hallaron. Trajeron médicos y mandaron que nos limpiasen con zorras[1] el polvo de las bocas, como a retablos, y bien lo éramos de duelos.[2] Ordenaron que nos diesen sustancias y pistos.[3] ¿Quién podrá contar, a la primera almendrada[4] y a la primera ave, las luminarias[5] que pusieron las tripas de contento? Todo les hacía novedad. Mandaron los doctores que, por nueve días, no hablase nadie recio en nuestro aposento porque, como estaban güecos los estómagos, sonaba en ellos el eco de cualquiera palabra.

Con estas y otras prevenciones, comenzamos a volver y cobrar algún aliento, pero nunca podían las quijadas desdoblarse, que estaban magras y alforzadas[6] y así, se dio orden que cada día nos las ahormasen con la mano del almirez.[7]

[1] *zorras*: "vixens," but here refers to the tails used as dusters.

[2] *como ... duelos*: "retablos" are the altarpieces decorated with a series of paintings depicting a story or event. "Retablo de duelos," according to Covarrubias, was used to describe someone "que tiene muchos trabajos" (i.e., that is suffering from many problems).

[3] *pistos*: chicken broth prepared for the sick.

[4] *almendrada*: "almond milk."

[5] *luminarias*: special lights used for festivals and public events.

[6] *alforzadas*: "pleated." Pablos probably means that they are stiff from lack of "exercise."

[7] *nos las ... almirez*: "that they break them in with the pestle."

Levantámonos a hacer pinicos[8] dentro de cuarenta días, y aún parecíamos sombras de otros hombres y, en lo amarillo y flaco, simiente de los Padres del yermo.[9] Todo el día gastábamos en dar gracias a Dios por habernos rescatado de la captividad del fierísimo Cabra, y rogábamos al Señor que ningún cristiano cayese en sus manos crueles. Si acaso, comiendo, alguna vez, nos acordábamos de las mesas del mal pupilero, se nos aumentaba la hambre tanto, que acrecentábamos la costa aquel día. Solíamos contar a don Alonso cómo, al sentarse a la mesa, nos decía males de la gula, no habiéndola él conocido en su vida. Y reíase mucho cuando le contábamos que, en el mandamiento de No matarás, metía perdices y capones, gallinas y todas las cosas que no quería darnos, y, por el consiguiente, la hambre, pues pareciá que tenía por pecado el matarla, y aun el herirla, según regateaba el comer.

Pasáronsenos tres meses en esto, y, al cabo, trató don Alonso de inviar a su hijo a Alcalá,[10] a estudiar lo que le faltaba de la Gramática. Díjome a mí si quería ir, y yo, que no deseaba otra cosa sino salir de tierra donde se oyese el nombre de aquel malvado perseguidor de estómagos, ofrecí de servir a su hijo como vería. Y, con esto, diole un criado para mayordomo, que le gobernase la casa y tuviese cuenta del dinero del gasto, que nos daba remitido en cédulas[11] para un hombre que se llamaba Julián Merluza. Pusimos el hato[12] en el carro de un Diego Monje; era una media camita, y otra de cordeles con ruedas (para meterla debajo de la otra mía y del mayordomo, que se llamaba Baranda), cinco colchones, ocho sábanas, ocho almohadas, cuatro tapices, un cofre con ropa blanca, y las demás zarandajas[13] de casa. Nosotros nos metimos en un coche, salimos a la tardecica, una hora antes de anochecer, y llegamos a la media noche, poco más, a la siempre maldita venta de Viveros.[14]

---

8 *hacer pinicos*: *hacer pinitos* ("to begin to walk," i.e., as a child).

9 *Padres del yermo*: "desert hermits." Pablos says that their yellow, thin bodies makes them look like the "seed" (i.e., "offspring") of desert recluses.

10 *Alcalá*: the University of Alcalá de Henares, an important center of higher education of the period, founded in 1508 by Cardinal Cisneros, counselor of Isabel and Ferdinand.

11 *cédulas*: *cédulas de cambio* (i.e., "drafts," "bills of exchange").

12 *hato*: "belongings."

13 *zarandajas*: "odds and ends."

14 *venta de Viveros*: an inn located on the road between Madrid and Alcalá, it enjoyed notoriety for precisely the type of clientele and adventures which Pablos will soon describe (see Castro, p. 49).

El ventero era morisco y ladrón, que en mi vida vi perro y gato juntos con la paz que aquel día.[15] Hízonos gran fiesta, y, como él y los ministros del carretero iban horros[16]—que ya había llegado también con el hato antes, porque nosotros veníamos de espacio—, pegóse al coche, diome a mí la mano para salir del estribo, y díjome si iba a estudiar. Yo le respondí que sí. Metióme adentro, y estaban dos rufianes[17] con unas mujercillas,[18] un cura rezando al olor,[19] un viejo mercader y avariento procurando olvidarse de cenar, y dos estudiantes fregones, de los de mantellina,[20] buscando trazas para engullir. Mi amo, pues, como más nuevo en la venta y muchacho, dijo: — "Señor huésped, deme lo que hubiere para mí y mis criados." — "Todos lo somos de v.m." —dijeron al punto los rufianes, —"y le hemos de servir. Hola, huésped, mirad que este caballero os agradecerá lo que hiciéredes. Vaciad la dispensa." Y, diciendo esto, llegóse el uno y quitóle la capa, y dijo: —"Descanse v. m., mi señor;" y púsola en un poyo.[21]

Estaba yo con esto desvanecido y hecho dueño de la venta. Dijo una de las ninfas: —"¡Qué buen talle de caballero![22] ¿Y va a estudiar? ¿Es v. m. su criado?" Yo respondí, creyendo que era así como lo

---

[15] *en mi vida . . . día:* Spaniards commonly referred to Moors and *moriscos* as "dogs"; "gato," as noted earlier (see Chapt. II, n. 7), was the slang word for "thief."

[16] *iban horros:* "Phrase que más regularmente se usa en el juego: y es quando tres o quatro están jugando, y dos hacen el partido de no tirar en los envites la parte que el otro tuviesse puesta si perdiesse, lo qual se pacta antes de ver las cartas" (*Autoridades,* which uses this passage as an example). In other words, they were "in cahoots."

[17] *rufianes:* "pimps," "procurers."

[18] *mujercillas:* "prostitutes."

[19] *al olor:* "on the lookout" (coll.).

[20] *estudiantes . . . mantellina:* it seems that Pablos is referring to poor students who perform kitchen chores, such as washing dishes. Covarrubias defines "mantellina" as a *manta* which 'por ser corta, no cubre aún el medio cuerpo." Considering the exact context, Alcina Franch suggests that the "mantellina" was "el manteo o capa larga de los escolares cuando no era todo lo larga que debiera" (p. 265). Castro, however, points out that the term is closely associated with servant girls, so much so that it was used to refer to them (see p. 51); he thus arrives at the conclusion that it was a garment worn by them, though he also admits that students might have worn a similar one (which fits with Alcina Franch's reading). Whatever the case, the fact that the students are working as dishwashers clearly helps to prompt this phrase. (Ife's interpretation, which concludes that the phrase is implying that the students are "womanisers" [see p. 219], is rather questionable.)

[21] *poyo:* stone bench built against a wall.

[22] *¡Qué . . . caballero!:* "What a fine-looking gentleman!"

decían, que yo y el otro lo éramos. Preguntáronme su nombre, y no bien lo dije, cuando el uno de los estudiantes se llegó a él medio llorando, y dándole un abrazo apretadísimo, dijo: —"Oh, mi señor don Diego, ¿quién me dijera a mí, agora diez años,[23] que había de ver yo a v.m. desta manera? ¡Desdichado de mí, que estoy tal que no me conocerá v. m.!" El se quedó admirado,[24] y yo también, que juramos entrambos no haberle visto en nuestra vida. El otro compañero andaba mirando a don Diego a la cara, y dijo a su amigo: —"¿Es este señor de cuyo padre me dijistes vos tantas cosas? ¡Gran dicha ha sido nuestra conocelle según está de grande! Dios le guarde;" y empezó a santiguarse. ¿Quién no creyera que se habían criado con nosotros? Don Diego se le ofreció mucho, y preguntándole su nombre, salió el ventero y puso los manteles, y oliendo la estafa, dijo: —"Dejen eso, que después de cenar se hablará, que se enfría."

Llegó un rufián y puso asientos para todos y una silla para don Diego, y el otro trujo un plato. Los estudiantes dijeron: —"Cene v.m., que, entre tanto que a nosotros nos aderezan lo que hubiere, le serviremos a la mesa." —"¡Jesús!" —dijo don Diego—; "vs. ms. se sienten, si son servidos." Y a esto respondieron los rufianes —no hablando con ellos—: "Luego, mi señor, que aún no está todo a punto."

Yo, cuando vi a los unos convidados y a los otros que se convidaban, afligíme y temí lo que sucedió. Porque los estudiantes tomaron la ensalada, que era un razonable plato, y mirando a mi amo, dijeron: —"No es razón que, donde está un caballero tan principal, se queden estas damas sin comer. Mande v. m. que alcancen un bocado." El, haciendo del galán, convidólas. Sentáronse, y entre los dos estudiantes y ellas no dejaron sino un cogollo, en cuatro bocados, el cual se comió don Diego. Y, al dársele, aquel maldito estudiante le dijo: —"Un agüelo tuvo v. m., tío de mi padre, que en viendo lechugas se desmayaba; ¡qué hombre era tan cabal!" Y, diciendo esto, sepultó un panecillo, y el otro, otro. ¿Pues las ninfas? Ya daban cuenta de un pan, y el que más comía era el cura, con el mirar sólo. Sentáronse los rufianes con medio cabrito asado y dos lonjas de tocino y un par de palomas cocidas, y dijeron: —"Pues padre, ¿ahí se está? Llegue y alcance, que mi señor don Diego nos hace merced a todos." No bien se lo dijeron, cuando se sentó.

Ya, cuando vio mi amo que todos se le habían encajado, comen-

---

[23] *agora diez años*: roughly, "now after ten years."
[24] *se quedó admirado*: "was left astonished."

zóse a afligir. Repartiéronlo todo, y a don Diego dieron no sé qué huesos y alones; lo demás se engulleron el cura y los otros.

Decían los rufianes: —"No cene mucho, señor, que le hará mal;" y replicaba el maldito estudiante: —"Y más, que es menester hacerse a comer poco para la vida de Alcalá."[25] Yo y el otro criado estábamos rogando a Dios que les pusiese en corazón que dejasen algo. Y ya que lo hubieron comido todo, y que el cura repasaba los huesos de los otros, volvió el un rufián y dijo: —"Oh, pecador de mí, no habemos dejado nada a los criados. Vengan aquí vs. ms. Ah, señor huésped, déles todo lo que hubiere; vea aquí un doblón." Tan presto saltó el descomulgado[26] pariente de mi amo —digo el escolar— y dijo: — "Aunque v. m. me perdone, señor hidalgo, debe de saber poco de cortesía. ¿Conoce, por dicha, a mi señor primo? El dará a sus criados, y aun a los nuestros si los tuviéramos, como nos ha dado a nosotros." Y volviéndose a don Diego, que estaba pasmado, dijo: —"No se enoje v. m., que no le conocían." Maldiciones le eché cuando vi tan gran disimulación, que no pensé acabar.

Levantaron las mesas, y todos dijeron a don Diego que se acostase. El quería pagar la cena, y replicáronle que no lo hiciese, que a la mañana habría lugar. Estuviéronse un rato parlando; preguntóle su nombre al estudiante, y él dijo que se llamaba tal Coronel. (En malos infiernos arda, dondequiera que está). Vio al avariento que dormía, y dijo: —"¿V. m. quiere reír? Pues hagamos alguna burla a este mal viejo, que no ha comido sino un pero en todo el camino, y es riquísimo." Los rufianes dijeron: —"Bien haya el licenciado; hágalo, que es razón." Con esto, se llegó y sacó al pobre viejo, que dormía, de debajo de los pies unas alforjas, y, desenvolviéndolas, halló una caja, y, como si fuera de guerra, hizo gente.[27] Llegáronse todos, y abriéndola, vio ser de alcorzas.[28] Sacó todas cuantas había y, en su lugar, puso piedras, palos y lo que halló; luego se proveyó[29] sobre lo dicho,

---

[25] *es menester ... Alcalá*: "one needs to get used to eating little for life at Alcalá." The hardships of student life are referred to often in the literature of the period (see, for example, Don Quijote's speech on arms versus letters in Chapter 37 of Part I).

[26] *descomulgado*: though the term literally means "excommunicated," considering the context it would be translated better as "blasted" or "damned."

[27] *halló ... gente*: "caja" means both "box" and "drum." The phrase plays on the second meaning ("hizo gente"—"people gathered").

[28] *alcorzas*: "una costra de açúcar refinado con mezcla de polvos cordiales" (Covarrubias).

[29] *se proveyó*: see Chapt. III, n. 39.

y encima de la suciedad puso hasta una docena de yesones.[30] Cerró la
caja y dijo: —"Pues aún no basta, que bota tiene el viejo." Sacóla el
vino y, desenfundando una almohada de nuestro coche después de
haber echado un poco de vino debajo, se la llenó de lana y estopa, y la
cerró. Con esto, se fueron todos a acostar para una hora que que-   5
daba o media, y el estudiante lo puso todo en las alforjas, y en la
capilla[31] del gabán echó una gran piedra, y fuese a dormir.

Llegó la hora del caminar; despertaron todos, y el viejo todavía
dormía. Llamáronle, y al levantarse, no podía levantar la capilla del
gabán. Miró lo que era, y el mesonero adrede le riñó, diciendo: —   10
"Cuerpo de Dios, ¿no halló otra cosa que llevarse, padre, sino esa
piedra? ¡Qué les parece a vs. ms., si yo no lo hubiera visto? Cosa es
que estimo en más de cien ducados, porque es contra el dolor de
estómago."[32] Juraba y perjuraba, diciendo que no había metido él tal
en la capilla.   15

Los rufianes hicieron la cuenta, y vino a montar sesenta reales,
que no entendiera Juan de Leganés[33] la suma. Decían los estudiantes: —"Como hemos de servir a v. m. en Alcalá, quedamos ajustados
en el gasto."

Almorzamos un bocado, y el viejo tomó sus alforjas y, porque no   20
viésemos lo que sacaba y no partir con nadie, desatólas a escuras
debajo del gabán; y agarrando un yesón untado, echósele en la boca y
fuele a hincar una muela y medio diente que tenía, y por poco los
perdiera. Comenzó a escupir y hacer gestos de asco y de dolor; llegamos todos a él, y el cura el primero, diciéndole que qué tenía. Empe-   25
zóse a ofrecer a Satanás; dejó caer las alforjas; llegóse a él el
estudiante, y dijo: —"Arriedro vayas, Satán, cata la cruz";[34] otro abrió
un breviario; hiciéronle creer que estaba endemoniado, hasta que él
mismo dijo lo que era, y pidió que le dejasen enjaguar[35] la boca con
un poco de vino, que él traía bota. Dejáronle y, sacándola, abrióla; y,   30
echando en un vaso un poco de vino, salió con la lana y estopa un
vino salvaje, tan barbado y velloso, que no se podía beber ni colar.

---

[30] *yesones*: "chunks of plaster."

[31] *capilla*: "hood."

[32] *contra* ... *estómago*: various types of stones and gems were believed to
have curing powers.

[33] *Juan de Leganés*: an illiterate peasant of the period who was famous for
his ability to do mental feats of arithmetic.

[34] *Arriedro* ... *cruz*: "Back, Satan, behold the cross." The phrase, a
translation of Christ's "Vade retro," was used when confronting the devil.

[35] *enjaguar*: enjuagar.

Entonces acabó de perder la paciencia el viejo, pero, viendo las descompuestas carcajadas de risa, tuvo por bien el callar y subir en el carro con los rufianes y las mujeres. Los estudiantes y el cura se ensartaron en un borrico, y nosotros nos subimos en el coche; y no bien comenzó a caminar, cuando unos y otros nos comenzaron a dar vaya,[36] declarando la burla. El ventero decía: —"Señor nuevo,[37] a pocas estrenas como ésta, envejecerá."[38] El cura decía: —"Sacerdote soy; allá se lo dirán de misas."[39] Y el estudiante maldito voceaba: —"Señor primo, otra vez rásquese cuando le coman y no después." El otro decía: —"Sarna de v. m.,[40] señor don Diego". Nosotros dimos en no hacer caso; Dios sabe cuán corridos íbamos.

Con estas y otras cosas, llegamos a la villa; apeámonos en un mesón, y en todo el día —que llegamos a las nueve— acabamos de contar la cena pasada, y nunca pudimos sacar en limpio el gasto.

[36] *dar vaya*: "to make fun of," "to kid."

[37] *Señor nuevo*: "nuevo" refers to his being an "estudiante nuevo" (a "novice" or "newcomer").

[38] *a pocas ... envejecerá*: "with a few more initiations like this one, you'll get old" (i.e., from the worry and embarrassment it will cause him).

[39] *allá ... misas*: an ironical phrase "con que se excusa alguna persona de pagar lo que debe, o corresponder al beneficio recibido" (*Autoridades*, which uses this passage as an example).

[40] *Sarna de v.m.*: a burlesque transformation of the phrase "servidor de vuestra merced" and others like it.

Capítulo V

NTES QUE ANOCHECIESE, salimos del mesón a la casa que nos tenían alquilada, que estaba fuera la puerta de Santiago, patio de estudiantes[2] donde hay muchos juntos, aunque ésta teníamos entre tres moradores diferentes no más.

Era el dueño y huésped de los que creen en Dios por cortesía o sobre falso;[3] moriscos los llaman en el pueblo, que hay muy grande cosecha[4] desta gente, y de la que tiene sobradas narices[5] y sólo les faltan para oler tocino;[6] digo esto confesando la mucha nobleza que hay entre la gente principal, que cierto es mucha.[7] Recibióme, pues, el

---

[1] *patente*: 'Significa assimismo la contribución que hacen pagar por estilo, los más antiguos al que entra de nuevo en algún empleo u ocupación. Es común entre los Estudiantes en las Universidades, y de ahí se extendió a otras cosas' (*Autoridades*).

[2] *patio de estudiantes*: an area of student dwellings facing on to a patio.

[3] *sobre falso*: *en falso* ("deceptively," "falsely").

[4] *cosecha*: see Lázaro Carreter's "Estudio preliminar" in his critical edition of *El buscón* (p. IV) for comments on this passage and its importance for dating the composition of the work.

[5] *de la ... narices*: refers to Jewish *conversos*. "Sobrado," besides meaning "excessive" or "abundant," could also mean "arrogant": "ser un hombre sobrado es ser demasiado y descomedido, en dichos y hechos" (Covarrubias). Arrogance was a quality often attributed to Jews and *conversos*.

[6] *sólo ... tocino*: refers to the aversion toward food derived from pigs which persisted among *conversos* (see Chapt. III, n. 54).

[7] *digo ... mucha*: this comment could be construed as a veiled insult directed at the aristocracy. If one reads "nobleza" not as the quality of character but as the social class, Pablos ends up saying, in effect, that among upper class *conversos* one could find people who owned titles of nobility—a social reality of which everyone was perfectly aware.

huésped con peor cara que si yo fuera el Santísimo Sacramento.[8] Ni sé si lo hizo porque le comenzásemos a tener respeto, o por ser natural suyo dellos, que no es mucho que tenga mala condición quien no tiene buena ley.[9] Pusimos nuestro hatillo,[10] acomodamos las camas y lo demás, y dormimos aquella noche.

Amaneció, y helos[11] aquí en camisa a todos los estudiantes de la posada a pedir la patente[12] a mi amo. El, que no sabía lo que era, preguntóme que qué querían, y yo, entre tanto, por lo que podía suceder, me acomodé entre dos colchones, y sólo tenía la media cabeza fuera, que parecía tortuga. Pidieron dos docenas de reales; diéronselos, y con tanto comenzaron una grita[13] del diablo, diciendo: —"Viva el compañero, y sea admitido en nuestra amistad. Goce de las preeminencias de antiguo. Pueda tener sarna, andar manchado y padecer la hambre que todos." Y con esto —¡mire v. m. qué previle-gios!—volaron por la escalera, y al momento nos vestimos nosotros y tomamos el camino para escuelas.

A mi amo, apadrináronle unos colegiales conocidos de su padre y entró en su general;[14] pero yo, que había de entrar en otro diferente y fui solo, comencé a temblar. Entré en el patio, y no hube metido bien el pie, cuando me encararon y empezaron a decir: —"¡Nuevo!" Yo, por disimular di en reír, como que no hacía caso; mas no bastó, porque, llegándose a mí ocho o nueve, comenzaron a reírse. Púseme colorado; nunca Dios lo permitiera, pues, al instante, se puso uno que estaba a mi lado las manos en las narices y, apartándose, dijo: —"Por resucitar está este Lázaro,[15] según hiede." Y con esto todos se apartaron tapándose las narices. Yo, que me pensé escapar, puse las manos también y dije: —"Vs. ms. tienen razón, que huele muy mal." Dioles mucha risa y, apartándose, ya estaban juntos hasta ciento. Comenzaron a escarbar[16] y tocar al arma,[17] y en las toses y abrir y

[8] *con ... Sacramento*: another barb aimed at the landlord's *morisco* background.

[9] *ley*: i.e., religious law ("buena ley"—Christianity).

[10] *hatillo*: "belongings."

[11] *helos aquí*: "here they are."

[12] *patente*: see n. 1 above.

[13] *grita*: "din," "uproar."

[14] *general*: "En las universidades es el aula adonde se lee las liciones públicas, y díxose general por ser común a todos los que quieren entrar a oyr" (Covarrubias).

[15] *Lázaro*: Lazarus of Bethany, raised from the dead by Christ (John 11:1–44).

[16] *escarbar*: "scratch," "scrape." Here, however, it refers to the way the students clear their throats to prepare the phlegm they will soon aim at Pablos.

[17] *tocar al arma*: "to sound the call to arms."

cerrar de las bocas, vi que se me aparejaban gargajos.[18] En esto, un manchegazo[19] acatarrado hízome alarde de uno terrible,[20] diciendo: —"Esto hago." Yo entonces, que me vi perdido, dije: —"¡Juro a Dios que ma...!" Iba a decir *te*, pero fue tal la batería y lluvia que cayó sobre mí, que no pude acabar la razón. Yo estaba cubierto el rostro con la capa, y tan blanco,[21] que todos tiraban a mí; y era de ver cómo tomaban la puntería.

Estaba ya nevado de pies a cabeza, pero un bellaco, viéndome cubierto y que no tenía en la cara cosa, arrancó hacia mí diciendo con gran cólera: —"¡Basta, no le matéis;" que yo, según me trataban, creí dellos que lo harían. Destapéme por ver lo que era, y al mismo tiempo, el que daba las voces me enclavó un gargajo en los dos ojos. Aquí se han de considerar mis angustias. Levantó la infernal gente una grita que me aturdieron. Y yo, según lo que echaron sobre mí de sus estómagos, pensé que por ahorrar de médicos y boticas aguardan nuevos para purgarse.[22]

Quisieron tras esto darme de pescozones,[23] pero no había dónde sin llevarse en las manos la mitad del afeite de mi negra capa, ya blanca por mis pecados.[24] Dejáronme, y iba hecho zufaina[25] de viejo a pura saliva. Fuime a casa, que apenas acerté, y fue ventura el ser de

[18] *se ... gargajos*: "gobs of phlegm were being readied for me."

[19] *manchegazo*: *manchego* (i.e., a native of La Mancha) plus the augmentative *azo*.

[20] *hízome ... terrible*: "showed off a terrible one to me." "Alarde" also is a military review or inspection, thereby continuing the military allusions in the passage.

[21] *blanco*: wordplay involving both meanings of the word ("white" and "target"). There may be a third level of meaning in that white was traditionally considered the color representing fear (see, for example, N. Salomon's *Recherches sur le thème paysan dans la "comedia" au temps de Lope de Vega* [Bordeaux: L'Ecole de Hautes Etudes Hispaniques, 1965], p. 23, for comments regarding the appearance of peasants covered with flour in farcical interludes in Golden Age drama).

[22] *pensé ... purgarse*: Pablos makes a crack at two of the professions—doctors and pharmacists—which are favorite targets in Quevedo's satire in the midst of his attack on the students.

[23] *pescozones*: "blows on the neck."

[24] *mi negra ... pecados*: a clever inversion of the normal phrase: "negro por mis pecados." Within the context, the color white is that with negative connotations, given that the whiteness derives from the spittle and phlegm covering him.

[25] *zufaina*: "washbasin," "washbowl." The rest of the phrase alludes to the unpleasant physiological condition often accompanying old age.

mañana, pues sólo topé dos o tres muchachos, que debían de ser bien inclinados, porque no me tiraron más de cuatro o seis trapajos,[26] y luego me dejaron.

Entré en casa, y el morisco que me vio, comenzóse a reír y a hacer como que quería escupirme. Yo, que temí que lo hiciese, dije: — "Tened, huésped, que no soy *Ecce-Homo*."[27] Nunca lo dijera, porque me dio dos libras de porrazos,[28] dándome sobre los hombros con las pesas que tenía. Con esta ayuda de costa,[29] medio derrengado, subí arriba; y en buscar por dónde asir la sotana y el manteo para quitármelos, se pasó mucho rato. Al fin, le quité y me eché en la cama, y colguélo en una azutea.

Vino mi amo y, como me halló durmiendo y no sabía la asquerosa aventura, enojóse y comenzó a darme repelones,[30] con tanta priesa, que, a dos más, despierto calvo.

Levantéme dando voces y quejándome, y él, con más cólera, dijo: —"¿Es buen modo de servir ése, Pablos? Ya es otra vida." Yo, cuando oí decir "otra vida," entendí que era ya muerto, y dije: —"Bien me anima v. m. en mis trabajos. Vea cuál está aquella sotana y manteo, que ha servido de pañizuelo a las mayores narices que se han visto jamás en paso,[31] y mire estas costillas." Y con esto, empecé a llorar. El, viendo mi llanto, creyólo, y buscando la sotana y viéndola, compadecióse de mí, y dijo: —"Pablo, abre el ojo que asan carne.[32] Mira por ti, que aquí no tienes otro padre ni madre." Contéle todo lo que

---

[26] *trapajos*: "paño vil con que se limpian las mesas y los vancos" (Covarrubias).

[27] *Ecce-homo*: an image of Christ crowned with thorns, and by extension, someone undergoing severe suffering. The phrase comes from Pilate's words when he turned Christ over to the crowd: "Behold the man" (John 19:5). Pablos's use of it is meant as an insult to the *morisco* landlord, associating him with the unbelieving Jews who mistreated Christ and demanded his execution. (As Castro notes [see p. 62], the insult would be more to the point had the landlord been a Jewish *converso*.)

[28] *dos ... porrazos*: literally, "two pounds of blows." The wittiness of the phrase derives from the fact that the landlord beats him with measuring weights.

[29] *ayuda de costa*: roughly, "added assistance" ("ayuda de costa" refers to financial assistance for paying for something).

[30] *darme repelones*: "yank my hair."

[31] *ha servido ... paso*: alludes to the noses of the Jewish figures which typically appeared on the floats during Holy Week. Pablos is thus insinuating that all the students who attacked him are of Jewish extraction.

[32] *abre ... carne*: a standard saying which could be translated roughly as "Be on your guard, they're out for blood."

había pasado, y mandóme desnudar y llevar a mi aposento, que era donde dormían cuatro criados de los huéspedes de casa.

Acostéme y dormí; y con esto, a la noche, después de haber comido y cenado bien, me hallé fuerte y ya como si no hubiera pasado nada por mí. Pero, cuando comienzan desgracias en uno, parece que nunca se han de acabar, que andan encadenadas, y unas traen a otras. Viniéronse a acostar los otros criados y, saludándome todos, me preguntaron si estaba malo y cómo estaba en la cama. Yo les conté el caso y, al punto, como si en ellos no hubiera mal ninguno, se empezaron a santiguar, diciendo: —"No se hiciera entre lutera-nos.[33] ¿Hay tal maldad?" Otro decía: —"El retor tiene la culpa en no poner remedio. ¿Conocerá los que eran?" Yo respondí que no, y agradecíles la merced que me mostraban hacer. Con esto, se acaba-ron de desnudar, acostáronse, mataron la luz, y dormíme yo, que me parecía que estaba con mi padre y mis hermanos.

Debían de ser las doce, cuando el uno dellos me despertó a puros gritos, diciendo: —"¡Ay, que me matan! ¡Ladrones!" Sonaban en su cama, entre estas voces, unos golpazos de látigo. Yo levanté la cabeza y dije: —"¿Qué es eso?" Y apenas la descubrí, cuando con una maroma me asentaron un azote con hijos[34] en todas las espaldas. Comencé a quejarme; quíseme levantar; quejábase el otro también, y dábanme a mí sólo. Yo comencé a decir: —"¡Justicia de Dios!" Pero menudeaban tanto los azotes sobre mí, que ya no me quedó—por haberme tirado las frazadas abajo—otro remedio sino el de meterme debajo de la cama. Hícelo así, y, al punto, los tres que dormían empe-zaron a dar gritos también. Y como sonaban los azotes, yo creí que alguno de fuera nos daba a todos.

Entre tanto, aquel maldito que estaba junto a mí se pasó a mi cama y proveyó[35] en ella, y cubrióla. Y, pasándose a la suya, cesaron los azotes, y levantáronse con grandes gritos todos cuatro diciendo: —"¡Es gran bellaquería, y no ha de quedar así!" Yo todavía me estaba debajo de la cama, quejándome como perro cogido entre puertas, tan encogido que parecía galgo con calambre. Hicieron los otros que cerraban la puerta, y yo entonces salí de donde estaba, y subíme a mi cama, preguntando si acaso les habían hecho mal. Todos se quejaban de muerte.

Acostéme y cubríme y torné a dormir; y como, entre sueños, me

---

[33] *No se ... luteranos*: "It wouldn't even be done among Lutherans (i.e., Protestants)."

[34] *azote con hijos*: "cat o' nine tails" (with particularly thick thongs).

[35] *proveyó*: see Chapt. III, n. 39.

revolcase, cuando desperté halléme sucio hasta las trencas.[36] Levantáronse todos, y yo tomé por achaque[37] los azotes para no vestirme.
No había diablos que me moviesen de un lado. Estaba confuso, considerando si acaso, con el miedo y la turbación, sin sentirlo, había
5   hecho aquella vileza, o si entre sueños. Al fin, yo me hallaba inocente
y culpado, y no sabia cómo disculparme.

Los compañeros se llegaron a mí quejándose y muy disimulados,
a preguntarme cómo estaba; yo les dije que muy malo, porque me
habían dado muchos azotes. Preguntábales yo que qué podía haber
10 sido, y ellos decían: —"A fe que no se escape, que el matemático[38]
nos lo dirá. Pero, dejando esto, veamos si estáis herido, que os quejá-
bades mucho." Y diciendo esto, fueron a levantar la ropa con deseo
de afrentarme.

En esto, mi amo entró diciendo: —"¿Es posible, Pablos, que no he
15 de poder contigo? Son las ocho ¿y estáste en la cama? ¡Levántate
enhoramala!"[39] Los otros, por asegurarme, contaron a don Diego el
caso todo, y pidiéronle que me dejase dormir. Y decía uno: —"Y si
v.m. no lo cree, levantá, amigo;" y agarraba de la ropa. Yo la tenía
asida con los dientes por no mostrar la caca. Y cuando ellos vieron
20 que no había remedio por aquel camino, dijo uno: —"¡Cuerpo de
Dios, y cómo hiede!" Don Diego dijo lo mismo, porque era verdad, y
luego, tras él, todos comenzaron a mirar si había en el aposento
algún servicio.[40] Decían que no se podía estar allí. Dijo uno: —"¡Pues
es muy bueno esto para haber de estudiar!" Miraron las camas, y
25 quitáronlas para ver debajo, y dijeron: —"Sin duda debajo de la de
Pablos hay algo; pasémosle a una de las nuestras, y miremos debajo
della."

Yo, que véia poco remedio en el negocio y que me iban a echar la
garra, fingí que me había dado mal de corazón: agarréme a los
30 palos,[41] hice visajes . . .[42] Ellos, que sabían el misterio, apretaron con-

---

[36] *trencas*: "Dos cañas atravessadas en el tercio postrero de la colmena, las
quales sirven de señal que al castrarlas no se passe de allí. Quando alguno se
ha metido en algún lodaçal hasta darle en los pechos, solemos dezir que
entró en él hasta las trencas" (Covarrubias). An English equivalent would be
"up to the gills."

[37] *yo . . . achaque*: "I used as an excuse."

[38] *matemático*: mathematics at the time included within its compass the
field of astrology. The servants are saying that the mathematician (presumably a fellow student) will be able to tell them who the culprits are. (See
Castro, p. 65.)

[39] *Levántate enhoramala*: "Get up, damn it."

[40] *servicio*: "chamberpot."

[41] *palos*: "bedpoles."

[42] *hice visajes*: "I made faces."

migo, diciendo: —"¡Gran lástima!" Don Diego me tomó el dedo del corazón[43] y, al fin, entre los cinco me levantaron. Y al alzar las sábanas, fue tanta la risa de todos, viendo los recientes no ya palominos sino palomos[44] grandes, que se hundía el aposento. —"¡Pobre dél!" —decían los bellacos (yo hacía del desmayado)—; "tírele v. m. mucho de ese dedo del corazón." Y mi amo, entendiendo hacerme bien, tanto tiró que me le desconcertó.

Los otros trataron de darme un garrote[45] en los muslos, y decían: —"El pobrecito agora sin duda se ensució, cuando le dio el mal." ¡Quién dirá lo que yo pasaba entre mí, lo uno con la vergüenza, descoyuntado un dedo, y a peligro de que me diesen garrote! Al fin, de miedo de que me le diesen—que ya me tenían las cordeles en los muslos—hice que había vuelto, y por presto que lo hice, como los bellacos iban con malicia, ya me habían hecho dos dedos de señal[46] en cada pierna. Dejáronme diciendo: —"¡Jesús, y qué flaco sois!" Yo lloraba de enojo, y ellos decían adrede: —"Más va en vuestra salud que en haberos ensuciado.[47] Callá." Y con esto me pusieron en la cama, después de haberme lavado, y se fueron.

Yo no hacía a solas sino considerar cómo casi era peor lo que había pasado en Alcalá en un día, que todo lo que me sucedió con Cabra. A mediodiá me vestí, limpié la sotana lo mejor que pude, lavándola como gualdrapa,[48] y aguardé a mi amo que, en llegando, me preguntó cómo estaba. Comieron todos los de casa y yo, aunque poco y de mala gana. Y después, juntándonos todos a parlar en el corredor, los otros criados, después de darme vaya,[49] declararon la burla. Riéronla todos, doblóse mi afrenta, y dije entre mí: —"Avisón,[50] Pablos, alerta." Propuse de hacer nueva vida, y con esto, hechos amigos, vivimos de allí adelante todos los de la casa como hermanos, y en las escuelas y patios nadie me inquietó más.

[43] *me ... corazón*: a treatment for heart attack involved pulling the victim's middle finger.

[44] *palominos ... palomos*: "palomino" is a stain of excrement on a shirt tail; "palomo" means "cock pigeon." The wordplay here involves the removal of the diminutive *ino* ending. If a "palomino" is a stain of excrement, then "palomo" would be the excrement itself.

[45] *garrote*: "tourniquet."

[46] *dos dedos de señal*: "two finger-breadths of a mark" (i.e., through the use of the tourniquet).

[47] *Más ... ensuciado*: roughly, "Your health is more important than your having dirtied yourself" (*ir en*: "importar," "interesar").

[48] *gualdrapa*: "caparison," "trappings" (for a horse).

[49] *darme vaya*: see Chapt. IV, n. 36.

[50] *Avisón*: "Be on the alert"; "Keep your eyes peeled."

Capítulo VI

 AZ COMO VIERES"[1] dice el refrán, y dice bien. De puro considerar en él, vine a resolverme de ser bellaco con los bellacos, y más, si pudiese, que todos. No sé si salí con ello, pero yo aseguro a v. m. que hice todas las diligencias posibles.

Lo primero, yo puse pena de la vida[2] a todos los cochinos que se entrasen en casa y a los pollos del ama que del corral pasasen a mi aposento. Sucedió que, un día, entraron dos puercos del mejor garbo[3] que vi en mi vida. Yo estaba jugando con los otros criados, y oílos gruñir, y dije al uno: —"Vaya y vea quién gruñe en nuestra casa." Fue, y dijo que dos marranos.[4] Yo que lo oí, me enojé tanto que salí allá diciendo que era mucha bellaquería y atrevimiento venir a gruñir[5] a casas ajenas. Y diciendo esto, envásole a cada uno a puerta cerrada la espada por los pechos, y luego los acogotamos.[6]

---

[1] *Haz como vieres*: The first part of the proverb from which the phrase comes is "Cuando en Roma fueres." It is the equivalent of our "When in Rome, do as the Romans do."

[2] *pena de la vida*: "death penalty."

[3] *dos ... garbo*: "two of the best-looking pigs."

[4] *marranos*: "pigs." Note, however, that Pablos personifies them, in a sense, in the following sentence (that is, through his use of "gruñir a casas ajenas," which here, of course, is happening literally). One wonders whether the use of "marranos" as opposed to "cerdos," etc. might have to do with its other use as a derogatory term for Jews.

[5] *gruñir ... ajenas*: a set phrase meaning "to grumble in other people's houses" (that is, one should not complain while a guest in another person's house). Here, of course, "gruñir" is used in its literal sense—"to grunt"-- rather than its figurative one, though Pablos ends up playing on it.

[6] *los acogotamos*: "we killed them with blows to the back of the neck."

Porque no se oyese el ruido que hacían, todos a la par dábamos grandísimos gritos como que cantábamos, y así espiraron en nuestras manos.

Sacamos los vientres, recogimos la sangre, y a puros jergones[7] los medio chamuscamos en el corral, de suerte que, cuando vinieron los amos, ya estaba todo hecho aunque mal, si no eran los vientres, que aún no estaban acabadas de hacer las morcillas.[8] Y no por falta de prisa, en verdad, que, por no detenernos, las habíamos dejado la mitad de lo que ellas se tenían dentro.[9]

Supo, pues, don Diego y el mayordomo el caso, y enojáronse conmigo de manera que obligaron a los huéspedes—que de risa no se podían valer—a volver por mí. Preguntábame don Diego que qué había de decir si me acusaban y me prendía la justicia. A lo cual respondí yo que me llamaría a hambre, que es el sagrado de los estudiantes;[10] y que, si no me valiese, diría que, como se entraron sin llamar a la puerta como en su casa, que entendí que eran nuestros. Riéronse todos de las disculpas. Dijo don Diego: —"A fe, Pablos, que os hacéis a las armas."[11] Era de notar ver a mi amo tan quieto y religioso, y a mí tan travieso, que el uno exageraba al otro o la virtud o el vicio.

No cabía el ama de contento conmigo, porque éramos dos al mohíno:[12] habíamonos conjurado contra la despensa. Yo era el despensero Judas,[13] que desde entonces hereda no sé que amor a la sisa

---

[7] *jergones*: "straw mattresses." "A puros jergones los medio chamuscamos" could be translated roughly as "By dint of burning straw mattresses we half-singed them."

[8] *vientres ... morcillas*: the intestines were used as casing for the blood sausages.

[9] *las habíamos ... dentro*: it seems that rather than cleaning out the intestines before using them in the making of blood sausages, they simply left in the half-digested food. The Bueno manuscript adds this unpleasant detail: "y nos las comimos las mas como se las traia hechas el cochino en la barriga" (p. 75).

[10] *yo ... estudiantes*: roughly, "I would pin the blame on hunger, which is the sanctuary of students."

[11] *os hacéis ... armas*: "you've got accustomed to things," "you are catching on."

[12] *dos al mohíno*: "Tres al mohíno; este refrán tuvo origen de lo que cada día quando juegan quatro, cada uno para sí, y alguno dellos perdiendo se amohina [gets angry], los demás se hazen a una y cargan sobre él" (Covarrubias). In this case the one who is ganged up on is the pantry ("la despensa").

[13] *el despensero Judas*: Judas was the disciple who performed the role of steward. Pablos proceeds to say that ever since then the occupation has had affinities for stealing.

este oficio. La carne no guardaba en manos de la ama la orden retórica, porque siempre iba de más a menos.[14] Y la vez que podía echar
cabra o oveja, no echaba carnero,[15] y si había huesos, no entraba cosa
magra;[16] y así, hacía unas ollas éticas[17] de puro flacas, unos caldos
que, a estar cuajados, se pudieran hacer sartas de cristal dellos. Las
Pascuas, por diferenciar, para que estuviese gorda la olla,[18] solía
echar cabos de velas de sebo.

   Ella decía, cuando yo estaba delante: —"Mi amo, por cierto que
no hay servicio como el de Pablicos si él no fuese travieso; consérvele
v. m., que bien se le puede sufrir el ser bellaquillo por la fidelidad; lo
mejor de la plaza[19] trae." Yo, por el consiguiente, decía della lo
mismo, y así teníamos engañada la casa. Si se compraba aceite de por
junto,[20] carbón o tocino, escondíamos la mitad, y cuando nos parecía,
decíamos el ama y yo: —"Modérense vs. ms. en el gasto, que en
verdad que si se dan tanta prisa, no baste la hacienda del Rey. Ya se
ha acabado el aceite (o el carbón). Pero ¿tal prisa le han dado? Mande
v. m. comprar más, y a fe que se ha de lucir de otra manera.[21] Denle
dineros a Pablicos." Dábanmelos y vendíamosles la mitad sisada, y de
lo que comprábamos, sisábamos la otra mitad; y esto era en todo. Y
si alguna vez compraba yo algo en la plaza por lo que valía, reñíamos
adrede el ama y yo. Ella decía: —"No me digas a mí, Pablicos, que
estos son dos cuartos de ensalada." Yo hacía que lloraba, daba voces,
íbame a quejar a mi señor, y apretábale para que enviase al mayordomo a saberlo, para que callase el ama, que adrede porfiaba. Iba y
sabíalo, y con esto asegurábamos al amo y al mayordomo, y queda-
ban agradecidos, en mí a las obras, y en el ama al celo de su bien.
Decíale don Diego, muy satisfecho de mí: —"¡Así fuese Pablicos apli-

---

   [14] *orden ... menos*: Pablos is referring to the general rhetorical rule of
organizing material in a discourse in such a way that the major points are
saved until last.
   [15] *cabra ... oveja ... carnero*: the first two were cheaper varieties of meat.
   [16] *cosa magra*: "lean" (referring to meat). (The whole phrase could be
translated as "If there were bones, nothing lean entered.")
   [17] *éticas*: "consumptive."
   [18] *para ... olla*: "so as to thicken up the stew."
   [19] *plaza*: refers here to the square where the market was held.
   [20] *de por junto*: "in bulk."
   [21] *se ha ... manera*: roughly, "we'll have to find another way to light up
the place" ("lucir" in the transitive sense: "iluminar, comunicar luz y
claridad"). Ife suggests that the infinitive might be "lucirse"—"to show off";
in this case, the *ama* says that the students will have to find ways to show off
other than by burning so much oil (see p. 218).

cado a virtud como es de fiar! ¿Toda ésta es la lealtad que me decís vos dél?"

Tuvímoslos desta manera, chupándolos como sanguijuelas. Yo apostaré que v. m. se espanta de la suma de dinero que montaba al cabo del año. Ello mucho debió de ser, pero no debía obligar a restitución, porque el ama confesaba y comulgaba de ocho a ocho días, y nunca la vi rastro de imaginación de volver nada ni hacer escrúpulo, con ser, como digo, una santa.

Traía un rosario al cuello siempre, tan grande, que era más barato[22] llevar un haz de leña a cuestas. Dél colgaban muchos manojos de imágines, cruces y cuentas de perdones.[23] En todas decía que rezaba cada noche por sus bienhechores. Contaba ciento y tantos santos abogados suyos,[24] y en verdad que había menester todas estas ayudas para desquitarse de lo que pecaba.[25] Acostábase en un aposento encima del de mi amo, y rezaba más oraciones que un ciego. Entraba por el *Justo Juez* y acababa en el *Conquibules*—que ella decía—y en la *Salve Rehína*.[26] Decía las oraciones en latín, adrede, por fingirse inocente, de suerte que nos despedazábamos de risa todos. Tenía otras habilidades; era conqueridora de voluntades y corchete de gustos,[27] que es lo mismo que alcagüeta; pero disculpábase conmigo diciendo que le venía de casta,[28] como al rey de Francia sanar lamparones.[29]

¿Pensará v. m. que siempre estuvimos en paz? Pues ¿quién

---

[22] *más barato*: i.e., "más fácil."

[23] *manojos ... perdones*: "handfuls of religious images ... rosary beads" (for "cuenta de perdones," see Chapt. III, n. 45).

[24] *santos ... suyos*: i.e., saints who serve as her special protectors.

[25] *para ... pecaba*: "so as to make up for all that she sinned."

[26] Conquibules ... Salve Rehína: the first is a popular deformation of the opening phrase of the Athanasian Creed: "Quicumque vult salvus est." The second, of course, is "Salve, Regina" ("Hail, Holy Queen"), a phrase from one of the oldest prayers to the Virgin Mary. Such "modifications" of prayers and other phrases in Latin by less educated people were often the object of mocking barbs in the satire of the time.

[27] *conqueridora ... gustos*: "conqueror of wills" and "clasp of pleasures." Colloquially, "corchetes" referred to the constables or catchpoles; here it seems that she is using the phrase in the literal sense, i.e., that she joins together people's pleasures like a clasp.

[28] *le venía de casta*: roughly, "she inherited it in her blood."

[29] *como ... lamparones*: it was believed that the kings of France had the ablity to cure scrofula ("lamparones") by merely placing their hand on the sufferer. As Covarrubias says: "Los reyes de Francia dizen tener gracia de curar lamparones, y el primer rey inglés, que fue Eduardo, tuvo la misma gracia, y de algunos otros particulares también se ha dicho."

ignora que dos amigos, como sean cudiciosos, si están juntos se han
de procurar engañar el uno al otro? Sucedió que el ama criaba gallinas en el corral; yo tenía gana de comerla una. Tenía doce o trece
pollos grandecitos, y un día, estando dándoles de comer, comenzó a
5   decir: —"¡Pío, pío!";[30] y esto muchas veces. Yo que oí el modo de
llamar, comencé a dar voces, y dije: —"¡Oh, cuerpo de Dios, ama, no
hubiérades muerto un hombre o hurtado moneda al rey, cosa que yo
pudiera callar, y no haber hecho lo que habéis hecho, que es imposible dejarlo de decir! ¡Malaventurado de mí y de vos!"
10   Ella, como me vio hacer extremos con tantas veras, turbóse algún
tanto y dijo: —"Pues, Pablos, ¿yo qué he hecho? Si te burlas, no me
aflijas más." —"¡Cómo burlas, pesia tal![31] Yo no puedo dejar de dar
parte a la Inquisición,[32] porque, si no, estaré descomulgado." —
"¿Inquisición," dijo ella; y empezó a temblar. "Pues ¿yo he hecho algo
15   contra la fe?" "Eso es lo peor" —decía yo—; "no os burléis con los
inquisidores; decid que fuisteis una boba y que os desdecís y no
neguéis la blasfemia y desacato." Ella, con el miedo, dijo: —"Pues,
Pablos, y si me desdigo, ¿castigaránme?" Respondíle: —"No, porque
sólo os absolverán." —"Pues yo me desdigo" —dijo—, "pero dime tú
20   de qué, que no lo sé yo, así tengan buen siglo las ánimas de mis
difuntos."[33] —"¿Es posible que no advertisteis en qué? No sé cómo lo
diga, que el desacato es tal que me acobarda. ¿No os acordáis que
dijisteis a los pollos, *pío, pío,* y es Pío nombre de los papas, vicarios de
Dios y cabezas de la Iglesia? Papáos el pecadillo."[34]
25   Ella quedó como muerta, y dijo: —"Pablos, yo lo dije, pero no me
perdone Dios si fue con malicia. Yo me desdigo; mira si hay camino
para que se pueda escusar el acusarme, que me moriré si me veo en
la Inquisición." "Como vos juréis en una ara consagrada que no
tuvisteis malicia, yo asegurado, podré dejar de acusaros; pero será
30   necesario que estos dos pollos, que comieron llamándoles con el santísimo nombre de los pontífices, me los deis para que yo los lleve a un
familiar que los queme, porque están dañados. Y, tras esto, habéis de
jurar de no reincidir de ningún modo." Ella, muy contenta, dijo:

---

[30] *Pío, pío*: an onomatopoeic phrase used to call chickens. Pablos bases his
joke on the fact that *Pío* (i.e., Pius) is also the name of many Popes.
[31] *pesia tal*: roughly, "blast it!."
[32] *dar... Inquisición*: "inform the Inquisition."
[33] *así ... difuntos*: roughly, "may the souls of my dead [i.e., relatives] rest
in peace."
[34] *Papáos el pecadillo*: roughly, "Swallow that little sin" (that is, "Now you
see what your sin is").

—"Pues llévatelos, Pablos, agora, que mañana juraré." Yo, por más asegurarla, dije: —"Lo peor es, Cipriana" —que así se llamaba— "que yo voy a riesgo, porque me dirá el familiar[35] si soy yo, y entre tanto me podrá hacer vejación.[36] Llevadlos vos, que yo pardiez que temo."[37] "Pablos" —decía cuando me oyó esto—, "por amor de Dios que te duelas de mí[38] y los lleves, que a ti no te puede suceder nada."

Dejéla que me lo rogase mucho, y al fin —que era lo que quería— determinéme, tomé los pollos, escondílos en mi aposento, hice que iba fuera, y volví diciendo: —"Mejor se ha hecho que yo pensaba. Quería el familiarcito venirse tras mí a ver la mujer, pero lindamente te le he engañado y negociado." Diome mil abrazos y otro pollo para mí, y yo fuime con él adonde había dejado sus compañeros, y hice hacer en casa de un pastelero una cazuela, y comímelos con los demás criados. Supo el ama y don Diego la maraña, y toda la casa la celebró en extremo; el ama llegó tan al cabo de pena, que por poco se muriera. Y, de enojo, no estuvo dos dedos—a no tener por qué callar—de decir mis sisas.

Yo, que me vi ya mal con el ama, y que no la podía burlar, busqué nuevas trazas de holgarme, y di en lo que llaman los estudiantes correr o arrebatar. En esto me sucedieron cosas graciosísimas, porque, yendo una noche a las nueve—que anda poca gente—, por la calle Mayor, vi una confitería,[39] y en ella un cofín[40] de pasas sobre el tablero, y tomando vuelo, vine, agarréle y di a correr. El confitero dio tras mí, y otros criados y vecinos. Yo, como iba cargardo, vi que, aunque les llevaba ventaja, me habían de alcanzar, y al volver una esquina, sentéme sobre él, y envolví la capa a la pierna de presto, y empecé a decir, con la pierna en la mano, fingiéndome pobre: —"¡Ay! ¡Dios se lo perdone, que me ha pisado!" Oyéronme esto y, en llegando, empecé a decir "Por tan alta Señora," y lo ordinario de la hora menguada y aire corruto.[41] Ellos se venían desgañifando, y dijé-

[35] *familiar*: a low-ranking official of the Inquisition.
[36] *hacer vejación*: "abuse," "insult."
[37] *pardiez que temo*: "Good God how I'm afraid."
[38] *que ... mí*: "may you have pity on me."
[39] *confitería*: "sweet shop."
[40] *cofín*: "basket."
[41] *hora menguada ... aire corruto*: regarding the first, which could be translated as "ill-fated hour," *Autoridades* says: "Vale lo mismo que tiempo fatal u desgraciado en que sucede algún daño, o que no se logra lo que se desea"; "aire corruto," it says, is "lo mismo que corrompido por algún accidente que le destempla." These phrases were part of the beggars' usual repertoire of devices to evoke pity—and collect money—from the passersby.

ronme: —"¿Va por aquí un hombre, hermano?" —"Ahí adelante, que aquí me pisó, loado sea el Señor."

Arrancaron con esto, y fuéronse; quedé solo, llevéme el cofín a casa, conté la burla, y no quisieron creer que había sucedido así, aunque lo celebraron mucho. Por lo cual, los convidé para otra noche a verme correr cajas.[42]

Vinieron, y advirtiendo ellos que estaban las cajas dentro la tienda, y que no las podía tomar con la mano, tuviéronlo por imposible, y más por estar el confitero—por lo que sucedió al otro de las pasas—alerta. Vine, pues, y metiendo doce pasos atrás de la tienda mano a la espada, que era un estoque recio, partí corriendo, y, en llegando a la tienda, dije: —"¡Muera!" Y tiré una estocada por delante del confitero. El se dejó caer pidiendo confesión, y yo di la estocada en una caja, y la pasé y saqué en la espada, y me fui con ella. Quedáronse espantados de ver la traza, y muertos de risa de que el confitero decía que le mirasen, que sin duda le había herido, y que era un hombre con quien él habia tenido palabras. Pero, volviendo los ojos, como quedaron desbaratadas, al salir de la caja, las que estaban alrededor, echó de ver la burla, y empezó a santiguarse que no pensó acabar. Confieso que nunca me supo cosa tan bien.

Decían los compañeros que yo sólo podía sustentar la casa con lo que corría (que es lo mismo que hurtar, en nombre revesado).[43] Yo, como era muchacho y oía que me alababan el ingenio con que salía destas travesuras, animábame para hacer muchas más. Cada día traía la pretina llena de jarras de monjas,[44] que les pedía para beber y me venía con ellas; introduje que no diesen nada sin prenda primero.[45]

Y así, prometí a don Diego y a todos los compañeros, de quitar una noche las espadas a la misma ronda.[46] Señalóse cuál había de ser, y fuimos juntos, yo delante, y en columbrando la justicia,[47] lleguéme con otro de los criados de casa, muy alborotado, y dije: —"¿Justicia?"

---

[42] *correr cajas*: Pablos is using "correr" here as he does throughout the episode, that is, in the sense of "to steal."

[43] *revesado*: "intricate," "obscure," but here refers to the special slang or dialect used by low-life types.

[44] *jarras de monjas*: monasteries and convents distributed food and drink to the needy.

[45] *introduje ... primero*: Pablos claims that his feats of stealing the nuns' water jugs was what caused them to start asking for a deposit before lending one.

[46] *ronda*: "nightwatch," "police patrol."

[47] *en ... justicia*: "on seeing the authorities."

Respondieron: —"Sí." —"¿Es el corregidor?"[48] Dijeron que sí. Hinquéme de rodillas y dije: —"Señor, en sus manos de v. m. está mi remedio y mi venganza, y mucho provecho de la república; mande v. m. oírme dos palabras a solas, si quiere una gran prisión." Apartóse, y ya los corchetes estaban empuñando las espadas, y los alguaciles poniendo mano a las varitas;[49] y le dije: "Señor, yo he venido desde Sevilla siguiendo seis hombres los más facinorosos del mundo, todos ladrones y matadores de hombres, y entre ellos viene uno que mató a mi madre y a un hermano mío por saltearlos, y le está probado esto; y vienen acompañando, según los he oído decir, a una espía[50] francesa, y aun sospecho por lo que les he oído, que es... "; y bajando más la voz, dije: "Antonio Pérez."[51]

Con esto, el corregidor dio un salto hacia arriba, y dijo: —"¿Adónde están?"—"Señor, en la casa pública; no se detenga v. m., que las ánimas de mi madre y hermano se lo pagarán en oraciones, y el rey acá." —"¡Jesús!" —dijo—, "no nos detengamos. ¡Hola, seguidme todos! Dadme una rodela." Yo entonces le dije, tornándole a apartar: —"Señor, perderse ha v. m. si hace eso, porque antes importa que todos vs. ms. entren sin espadas, y uno a uno, que ellos están en los aposentos y traen pistoletes, y en viendo entrar con espadas, como saben que no la puede traer sino la justicia, dispararán. Con dagas es mejor, y cogerlos por detrás los brazos, que demasiados vamos."

Cuadróle al corregidor la traza, con la cudicia de la prisión. En esto llegamos cerca, y el corregidor, advertido, mandó que debajo de unas yerbas pusiesen todos las espadas, escondidas en un campo que está enfrente casi de la casa; pusiéronlas y caminaron. Yo, que había avisado al otro que ellos dejarlas y él tomarlas y pescarse a casa fuese todo uno, hízolo así; y, al entrar todos quedéme atrás el postrer; y, en entrando ellos mezclados con otra gente que entraba, di cantonada[52] y emboquéme por una callejuela que va a dar a la Vitoria, que no me alcanzara un galgo.

---

[48] *corregidor*: "magistrate."

[49] *varitas*: the "alguaciles" carried a kind of staff which was the symbol of their authority.

[50] *una espía*: the word was always feminine in Golden Age Spanish.

[51] *Antonio Pérez*: a former secretary of Philip II who apparently became an agent of the French after he had escaped from prison for having been implicated in the murder of Juan Escovedo, secretary of Don Juan de Austria. He died in 1611, thus establishing a *terminus ad quem* for the *action* of the novel (not its composition).

[52] *di cantonada*: "I gave them the slip."

Ellos que entraron y no vieron nada, porque no había sino estudiantes y pícaros —que es todo uno—, comenzaron a buscarme, y,
no me hallando, sospecharon lo que fue; y yendo a buscar sus espadas, no hallaron media.

¿Quién contara las diligencias que hizo con el retor el corregidor
aquella noche? Anduvieron todos los patios, reconociendo las caras y
mirando las armas. Llegaron a casa, y yo, porque no me conociesen,
estaba echado en la cama con un tocador[53] y con una vela en la mano
y un cristo en la otra, y un compañero clérigo ayudándome a morir,
y los demás rezando las letanías. Llegó el retor y la justicia, y viendo
el espectáculo, se salieron, no persuadiéndose que allí pudiera haber
habido lugar para cosa. No miraron nada, antes el retor me dijo un
responso. Preguntó si estaba ya sin habla, y dijéronle que sí; y con
tanto, se fueron desesperados de hallar rastro, jurando el retor de
remitirle[54] si le topasen, y el corregidor de ahorcarle aunque fuese
hijo de un grande.[55] Levantéme de la cama, y hasta hoy no se ha
acabado de solemnizar la burla[56] en Alcalá.

Y por no ser largo, dejo de contar cómo hacía monte la plaza[57] del
pueblo, pues de cajones, de tundidores,[58] y plateros y mesas de
fruteras—que nunca se me olvidara la afrenta de cuando fui rey de
gallos—sustentaba la chimenea de casa todo el año. Callo las pensiones que tenía[59] sobre los habares, viñas y huertos, en todo aquello de
alrededor. Con estas y otras cosas, comencé a cobrar fama de travieso y agudo entre todos. Favorecíanme los caballeros, y apenas me
dejaban servir a don Diego, a quien siempre tuve el respecto que era
razón por el mucho amor que me tenía.

---

[53] *tocador*: "nightcap."

[54] *remitirle*: "turn him over" (i.e., to the police).

[55] *grande*: "grandee" (the "grandes" were the highest ranking members
of the Spanish nobility).

[56] *solemnizar la burla*: "commemorate the joke."

[57] *hacía ... plaza*: "monte" refers to the stack of cards (or "kitty") left after
everyone has been dealt his hand and from which cards are taken during the
progress of the game. The act of taking a card from the stack is referred to
as "stealing" ("robar") in Spanish; hence, Pablos's witticism: he has turned
the market into a "kitty" in that he is constantly stealing from it.

[58] *tundidores*: "sheep shearers."

[59] *las pensiones que tenía*: Pablos refers to the thefts of produce from the
surrounding farms as a "tax."

Capítulo VII

De la ida de don Diego, y nuevas de la muerte de mi padre y madre, y la resolución que tomé en mis cosas para adelante

 N ESTE TIEMPO, vino a don Diego una carta de su padre, en cuyo pliego venía otra de un tío mío llamado Alonso Ramplón,[1] hombre allegado a toda virtud y muy conocido en Segovia por lo que era allegado a la justicia, pues cuantas[2] allí se habían hecho, de cuarenta años a esta parte, han pasado por sus manos. Verdugo era, si va a decir la verdad, pero una águila en el oficio: vérsele hacer daba gana a uno de dejarse ahorcar. Este, pues, me escribió una carta a Alcalá, desde Segovia, en esta forma:

"Hijo Pablos"—que por el mucho amor que me tenía me llamaba así—: "Las ocupaciones grandes desta plaza en que me tiene ocupado Su Majestad, no me han dado lugar a hacer esto; que si algo tiene malo el servir al Rey, es el trabajo, aunque se desquita con esta negra honrilla[3] de ser sus criados.

"Pésame de daros nuevas de poco gusto. Vuestro padre murió ocho días ha, con el mayor valor que ha muerto hombre en el mundo; dígolo como quien lo guindó.[4] Subió en el asno sin poner pie

5

10

15

20

---

[1] *Ramplón*: *Autoridades* defines "ramplón" as an adjective "que se aplica a la pieza de hierro, que tiene las extremidades vueltas: como herradura ramplona: y por extensión se dice también del zapato tosco, ancho y mui bañado de suela" (i.e., a "clodhopper").

[2] *cuantas*: refers back to "justicia" but now in the sense of "execution."

[3] *negra honrilla*: the use of the color black to characterize "honra" is relatively frequent in the period (see *Lazarillo de Tormes*, Tratado tercero, p. 137). This negative characterization had to do with the considerable anxiety associated with sustaining it intact.

[4] *dígolo ... guindó*: "I say it as the one who hung him."

en el estribo. Veníale el sayo baquero⁵ que parecía haberse hecho
para él. Y como tenía aquella presencia, nadie le veía con los cristos
delante, que no le juzgase por ahorcado.⁶ Iba con gran desenfado,
mirando a las ventanas y haciendo cortesías a los que dejaban sus
oficios por mirarle; hízose dos veces los bigotes; mandaba descansar
a los confesores, y íbales alabando lo que decían bueno.

"Llegó a la N de palo,⁷ puso el un pie en la escalera, no subió a
gatas ni despacio y, viendo un escalón hendido, volvióse a la justicia,
y dijo que mandase aderezar aquél para otro, que no todos tenían su
hígado.⁸ No sabré encarecer cuán bien pareció a todos.

"Sentóse arriba, tiró las arrugas de la ropa atrás, tomó la soga y
púsola en la nuez. Y viendo que el teatino⁹ le quería predicar, vuelto
a él, le dijo: —'Padre, yo lo doy por predicado; vaya un poco de Credo,
y acabemos presto, que no querría parecer prolijo.' Hízose así; enco-
mendóme que le pusiese la caperuza de lado y que le limpiase las
barbas. Yo lo hice así. Cayó sin encoger las piernas ni hacer gesto;
quedó con una gravedad¹⁰ que no había más que pedir. Hícele cuartos, y dile por sepultura los caminos.¹¹ Dios sabe lo que a mí me pesa
de verle en ellos, haciendo mesa franca a los grajos.¹² Pero yo
entiendo que los pasteleros desta tierra nos consolarán, acomodán-
dole en los de a cuatro.¹³

"De vuestra madre, aunque está viva agora, casi os puedo decir lo
mismo, porque está presa en la Inquisición de Toledo, porque desen-

---

⁵ *sayo baquero*: this garment, used for executions, is described in *Autoridades* as a "vestido exterior, que cubre todo el cuerpo y se ataca por una
abertura que tiene atrás, en lo que sirve de jubón."

⁶ *nadie ... ahorcado*: "no one who saw him with the images of Christ in
front of him would judge him as a man to be hanged."

⁷ *la N de palo*: i.e., "gallows." The basis of the euphemism is the similarity
of shape between the gallows and the letter *n* (see also Quevedo's "Respuesta de la Méndez a Escarramán," *Obra poética*, III, p. 279).

⁸ *hígado*: here, "guts" (i. e., courage).

⁹ *teatino*: a member of the Theatine order of monks.

¹⁰ *gravedad*: a pun on both senses of the word.

¹¹ *Hícele ... caminos*: "I quartered him, and gave him the roads as a
sepulcher." It was a common practice to strew the quartered remains of a
criminal along the roads (particularly the crossroads): a grim reminder of
what a life of crime could lead to.

¹² *haciendo ... grajos*: "providing an open table for the crows."

¹³ *los de a cuatro*: meatpies costing four *maravedís*. While part of the basis
for the horrible suggestion is wordplay ("cuarto"/"cuatro"), Quevedo constantly accused pastry-makers of using the remains of executed criminals
(among similarly less desirable sources of meat) as fillings for their pies (see,
for example, the *Sueño del Juicio Final* in *Sueños y discursos*, pp. 79-80).

terraba los muertos sin ser murmuradora.[14] Dícese que daba paz
cada noche a un cabrón en el ojo que no tiene niña.[15] Halláronla en
su casa más piernas, brazos y cabezas que en una capilla de milagros.[16] Y lo menos que hacía era sobrevirgos y contrahacer doncellas.[17] Dicen que representará en un auto el día de la Trinidad, con   5
cuatrocientos de muerte.[18] Pésame que nos deshonra a todos, y a mí
principalmente, que al fin, soy ministro del Rey, y me están mal
estos parentescos.

  "Hijo, aquí ha quedado no sé qué hacienda escondida de vuestros
padres; será en todo hasta cuatrocientos ducados. Vuestro tío soy, y   10
lo que tengo ha he ser para vos. Vista ésta, os podréis venir aquí,
que, con lo que vos sabéis de latín y retórica, seréis singular en el
arte de verdugo. Respondedme luego, y entre tanto, Dios os
guarde."

  No puedo negar que sentí mucho la nueva afrenta, pero hol-   15
guéme en parte: tanto pueden los vicios en los padres, que consuelan
de sus desgracias, por grandes que sean, a los hijos.

  Fuime corriendo a don Diego, que estaba leyendo la carta de su
padre, en que le mandaba que se fuese y que no me llevase en su

---

  [14] *desenterraba ... murmuradora*: "desenterrar los muertos" was used figuratively to mean "to speak ill about the dead," "to criticize the dead." The
inclusion of *sin ser murmuradora* makes it clear, however, that Aldonza was
literally digging up the dead, that is, as part of her practice of witchcraft.

  [15] *el ojo ... niña*: "the eye without a pupil," i.e., the anus. It was commonly
believed that witches paid obeisance to Satan, who took on the form of a
goat, by kissing him ("dar paz") precisely on this spot (see C. B. Morris's
note on this in *Unity and Structure*, p. 14). It should be noted that Ife interprets
this as meaning that she had anal intercourse with demons, or "incubi,"
every night (see p. 223).

  [16] *halláronla ... milagros*: Pablos is referring to the votive images left by
those who have been cured after praying at a "capilla de milagros," these
being in the shape of the part of the body remedied. (Ife suggests that what
is being referred to are the relics often found in such places [see p. 223]; I
think this is a less likely possibility, given that they would be referred to as
"huesos" rather than as the limbs themselves.)

  [17] *sobrevirgos ... doncellas*: refers to the practice alluded to earlier (see
Chapt. I, n. 18), that is, the creation of a false hymen or maidenhead
through stitching.

  [18] *representará ... muerte*: the *auto* referred to is an *auto de fe*, but Ramplón's
use of the verb "representar" suggests the other meaning of *auto*, i.e., a
religious play, thereby initially leading us off the track with humorous
effect. The "cuatrocientas de muerte" refers to the number of people to be
executed that day—a "cifra burlescamente exagerada," as Castro says (see p.
88).

compañía, movido de las travesuras mías que había oído decir.
Díjome cómo se determinaba ir, y todo lo que le mandaba su padre,
que a él le pesaba de dejarme, y a mí más; díjome que me acomodaría
con otro caballero amigo suyo, para que le sirviese. Yo, en esto,
riéndome, le dije: —"Señor, ya soy otro, y otros mis pensamientos;
más alto pico,[19] y más autoridad me importa tener. Porque, si hasta
ahora tenía como cada cual mi piedra en el rollo, ahora tengo mi
padre."[20] Declaréle cómo había muerto tan honradamente como el
más estirado,[21] cómo le trincharon y le hicieron moneda,[22] cómo me
había escrito mi señor tío, el verdugo, desto y de la prisioncilla de
mama, que a él, como a quien sabía quién yo soy, me pude descubrir
sin vergüenza. Lastimóse mucho y preguntóme que qué pensaba
hacer. Dile cuenta de mis determinaciones; y con tanto, al otro día, él
se fue a Segovia harto triste, y yo me quedé en la casa disimulando
mi desventura.

Quemé la carta porque, perdiéndoseme acaso, no la leyese
alguien, y comencé a disponer mi partida para Segovia, con fin de
cobrar mi hacienda y conocer mis parientes, para huir dellos.

[19] *más alto pico*: roughly, "I have my sights set higher."

[20] *tenía ... padre*: Covarrubias describes the "rollo" as the "picota o horca
hecha de piedra en forma redonda, *quasi* rótulo"; he goes on to define the
phrase "tener su piedra en el rollo" in the following way: "es costumbre en
las villas yrse a sentar a las gradas del rollo a conversación, y los honrados
tienen ya particular asiento, que ninguno se le quita, y vale tanto como ser
hombre de honra." However, it was on the stone column that the heads of
executed criminals were displayed. Pablos's joke runs thus: whereas until
now I had my honored seat on the "rollo," now I have my father (that is, his
head).

[21] *estirado*: both "stretched" and "haughty" or "proud."

[22] *le hicieron moneda*: a play on "cuartos"—both the coin and the quartered
parts of his father's body.

Libro Segundo

Capítulo I

DEL CAMINO DE ALCALÁ PARA SEGOVIA,
Y DE LO QUE ME SUCEDIÓ EN ÉL HASTA REJAS,
DONDE DORMÍ AQUELLA NOCHE

LEGÓ EL DÍA DE apartarme de la mejor vida que hallo haber pasado. Dios sabe lo que sentí el dejar tantos amigos y apasionados, que eran sin número. Vendí lo poco que tenía, de secreto, para el camino, y con ayuda de unos embustes, hice hasta seiscientos reales. Alquilé una mula y salíme de la posada, adonde ya no tenía que sacar más de mi sombra.

¿Quién contara las angustias del zapatero por lo fiado, las solicitudes del ama por el salario, las voces del huésped de la casa por el arrendamiento? Uno decía: —"¡Siempre me lo dijo el corazón!"; otro:—"¡Bien me decían a mí que éste era un trampista!" Al fin, yo salí tan bienquisto del pueblo, que dejé con mi ausencia a la mitad dél llorando, y a la otra mitad riéndose de los que lloraban."

Yo me iba entreteniendo por el camino, considerando en estas cosas, cuando, pasado Torote,[1] encontré con un hombre en un macho de albarda,[2] el cual iba hablando entre sí con muy gran prisa, y tan embebecido, que aun estando a su lado, no me veía. Saludéle y saludóme; preguntéle dónde iba, y después que nos pagamos las respuestas,[3] comenzamos luego a tratar de si bajaba el turco[4] y de las

[1] *Torote*: a stream in the vicinity of Alcalá which runs into the Henares River.

[2] *macho de albarda*: "pack-mule" ("he-mule with a packsaddle").

[3] *después ... respuestas*: i.e., "after we answered each other's questions."

[4] *si bajaba el turco*: "if the Turks were advancing." This, of course, was a typical topic of conversation in the period. As Castro notes (see p.93), the use of the verb "bajar"—of which he gives other examples from the period—indicates that people often had a rather nebulous idea of where the Turks were actually coming from.

fuerzas del Rey. Comenzó a decir de qué manera se podía conquistar la Tierra Santa, y cómo se ganaría Argel; en los cuales discursos eché de ver que era loco repúblico y de gobierno.[5]

Proseguimos en la conversación propia de pícaros, y venimos a dar, de una cosa en otra, en Flandes. Aquí fue ello, que empezó a suspirar y a decir:—"Más me cuestan a mí esos estados que al Rey, porque ha catorce años que ando con un arbitrio[6] que, si como es imposible no lo fuera, ya estuviera todo sosegado."—"¿Qué cosa puede ser"—le dije yo—"que, conviniendo tanto, sea imposible y no se pueda hacer?"—"Quién le dice a v. m."—dijo luego—"que no se puede hacer?; hacerse puede, que ser imposible es otra cosa. Y si no fuera por dar pesadumbre, le contara a v. m. lo que es; pero allá se verá, que agora lo pienso imprimir con otros trabajillos, entre los cuales le doy al Rey modo de ganar a Ostende[7] por dos caminos." Roguéle que me los dijese, y, al punto, sacando de las faldriqueras un gran papel, me mostró pintado el fuerte del enemigo y el nuestro, y dijo:—"Bien ve v. m. que la dificultad de todo está en este pedazo de mar; pues yo doy orden de chuparle todo con esponjas, y quitarle de allí." Di yo con este desatino una gran risada, y él entonces, mirándome a la cara, me dijo:—"A nadie se lo he dicho que no haya hecho otro tanto, que a todos les da gran contento."—"Ese tengo yo, por cierto"—le dije—, "de oír cosa tan nueva y tan bien fundada, pero advierta v. m. que ya que chupe el agua que hubiere entonces, tornará luego la mar a echar más."—"No hará la mar tal cosa, que lo tengo yo eso muy apurado"—me respondió—"y no hay que tratar; fuera de que yo tengo pensada una invención para hundir la mar por aquella parte doce estados."[8]

No le osé replicar de miedo que me dijese que tenía arbitrio para

---

[5] *loco ... gobierno*: although *Autoridades* defines "repúblico" as an "hombre zeloso y amigo del bien del público, o que trata del bien común," what Pablos has on his hands is an "arbitrista." The term was used to refer to a whole class of individuals who invented schemes ("arbitrios") to solve the many economic and political problems plaguing Spain at the time. Since many of these were patently absurd, "arbitristas" became the frequent targets of satire (see Quevedo's attacks on them in *La hora de todos*, ed. L. López-Grigera [Madrid: Castalia, 1975], pp. 95-99).

[6] *arbitrio*: "plan," "scheme" (see n. 5 above).

[7] *Ostende*: this Belgian town was a stronghold of the Dutch during the war with Spain. Besieged by Spanish forces under Spinola starting in July of 1601, it finally succumbed in September of 1604.

[8] *estados*: a unit of measure equivalent to "la estatura regular que tiene un hombre" (*Autoridades*).

tirar el cielo acá bajo. No vi en mi vida tan gran orate. Decíame que Juanelo[9] no había hecho nada, que él trazaba agora de subir toda el agua de Tajo a Toledo de otra manera más fácil. Y sabido lo que era, dijo que por ensalmo: ¡mire v. m. quién tal oyó en el mundo! Y, al cabo, mi dijo:—"Y no lo pienso poner en ejecución, si primero el Rey   5
no me da una encomienda,[10] que la puedo tener muy bien, y tengo una ejecutoria[11] muy honrada." Con estas pláticas y desconciertos, llegamos a Torrejón,[12] donde se quedó, que venía a ver una parienta suya.

Yo pasé adelante, pereciéndome de risa de los arbitrios en que   10
ocupaba el tiempo, cuando, Dios y enhorabuena,[13] desde lejos, vi una mula suelta, y un hombre junto a ella a pie, que, mirando a un libro, hacía unas rayas que medía con un compás. Daba vueltas y saltos a un lado y a otro, y de rato en rato, poniendo un dedo encima de otro, hacía con ellos mil cosas saltando. Yo confieso que entendí por gran   15
rato—que me paré desde lejos a verlo—que era encantado, y casi no me determinaba a pasar. Al fin, me determiné, y, llegando cerca, sintióme, cerró el libro, y, al poner el pie en el estribo, resbalósele y cayó. Levantéle, y díjome:—"No tomé bien el medio de proporción para hacer la circumferencia al subir." Yo no le entendí lo que me   20
dijo y luego temí lo que era, porque más desatinado hombre no ha nacido de las mujeres.

Preguntóme si iba a Madrid por línea recta, o si iba por camino circumflejo. Yo, aunque no le entendí, le dije que circumflejo. Preguntóme cúya era la espada que llevaba al lado. Respondíle que mía,   25
y, mirándola, dijo:—"Esos gavilanes[14] habían de ser más largos, para reparar los tajos[15] que se forman sobre el centro de las estocadas."[16]

---

[9] *Juanelo*: Juanelo Turriano, an engineer from Cremona, Italy, who developed a complex device to bring water from the Tagus River all the way to the upper parts of the city of Toledo.

[10] *encomienda*: an estate granted by the king in return for services rendered. This system started during the Reconquest and was later utilized in the Americas during the period of colonization.

[11] *ejecutoria*: "pedigree." What this meant at the time was the absence of any Jewish or Moorish ancestry, a prerequisite for receiving *encomiendas* or any sort of government positon.

[12] *Torrejón*: a town between Alcalá and Madrid (now the site of a U.S. Air Force base).

[13] *Dios y enhorabuena*: an exclamation of good luck ("as God would have it").

[14] *gavilanes*: "quillons" (the part of the handle of a sword which protects the hand).

[15] *reparar los tajos*: "to parry the cuts."

[16] *estocadas*: "thrusts."

Y empezó a meter una parola[17] tan grande, que me forzó a preguntarle qué materia profesaba. Díjome que él era diestro[18] verdadero, y
que lo haría bueno en cualquiera parte.[19] Yo, movido a risa, le dije:—
"Pues, en verdad, que por lo que yo vi hacer a v. m. en el campo
5   denantes,[20] que más le tenía por encantado, viendo los círculos."—
"Eso"—me dijo—"era que se me ofreció una treta por el cuarto cír-
culo con el compás mayor, cautivando la espada para matar sin
confesión al contrario, porque[22] no diga quién lo hizo, y estaba
poniéndolo en términos de matemática."—"¿Es posible"—le dije
10 yo—"que hay matemática en eso?"[23] "No solamente matemática"—
"dijo—, "mas teología, filosofía, música y medicina."—"Esa postrera[24] no lo dudo, pues se trata de matar en esa arte."—"No os
burléis"—me dijo—, "que ahora aprendo yo la limpiadera[25] contra la
espada, haciendo los tajos mayores, que comprehenden en sí las aspi-
15 rales[26] de la espada."—"No entiendo cosa de cuantas me decís, chica
ni grande."—"Pues este libro las dice"—me respondió, "que se llama
Grandezas de la espada[27] y es muy bueno y dice milagros; y, para que lo

[17] *parola:* "rigmarole," "chatter."
[18] *diestro:* "swordsman," "fencing master."
[19] *lo ... parte:* "he would prove it anywhere."
[20] *denantes:* "before" (an archaic form still used in certain parts of Spain
and Latin America).
[21] *matar sin confesión:* i.e., kill so quickly that the opponent does not have
time to have confession before dying.
[22] *porque: para que.* This use of "porque" was very common in the Spanish
of the time.
[23] *Es posible ... hay:* modern Spanish requires "haya." Though not
common, the use of the indicative in this context can be found in the
literature of the period (see Castro, p. 98).
[24] *Esa postrera:* refers to "medicina," another jab at the medical profession.
[25] *limpiadera:* Covarrubias defines it as an "instrumento con que se
limpian las ropas o los vestidos." It would seem that the "diestro" is referring
to some maneuver with the sword, as suggested by Castro: "el diestro está
aprendiendo, como si dijéramos, a usar el 'sacudidor' contra los golpes
enemigos" (p. 68). The phrase might be inspired by some similarity between
the movements made when using this instrument and those employed in
the fencing tactic. Ife, however, disagrees with this interpretation (calling it
"unlikely"), and gives the definition of "ox-goad" for "limpiadera" (p. 225).
While this might be the case, it would seem necessary to show how it fits in
the context, which obviously has to do with some sort of movement.
[26] *aspirales:* a vulgar form of "espirales."
[27] Grandezas de la espada: *Libro de las Grandezas de la espada* (Madrid, 1600),
a treatise on fencing by Luis Pacheco de Narváez which attempts to instruct
through the use of mathematics and geometry. Pacheco was one of
Quevedo's worst enemies, apparently in part because of a sword-wielding

creáis, en Rejas que dormiremos esta noche, con dos asadores me
veréis hacer maravillas. Y no dudéis que cualquiera que leyere en
este libro, matará a todos los que quisiere."—"U ese libro enseña a
ser pestes a los hombres, u le compuso algún doctor."[28]—"¿Cómo
doctor? Bien lo entiende"—me dijo—: "es un gran sabio, y aun, estoy   5
por decir, más."

En estas pláticas, llegamos a Rejas.[29] Apeámonos en una posada
y, al apearnos, me advirtió con grandes voces que hiciese un ángulo
obtuso con las piernas, y que, reduciéndolas a líneas paralelas, me
pusiese perpendicular en el suelo. El huésped, que me vio reír y le   10
vio, preguntóme que si era indio aquel caballero, que hablaba de
aquella suerte. Pensé con esto perder el juicio. Llegóse luego al huésped, y díjole:—"Señor, déme dos asadores para dos o tres ángulos,
que al momento se los volveré."—"¡Jesús!"—dijo el huésped—, "déme v. m. acá los ángulos, que mi mujer los asará; aunque aves son 15
que no las he oído nombrar."—"¡Qué! ¡No son aves!;" dijo volviéndose a mí:—"Mire v. m. lo que es no saber. Déme los asadores, que
no los quiero sino para esgrimir; que quizá le valdrá más lo que me
viere hacer hoy, que todo lo que ha ganado en su vida." En fin, los
asadores estaban ocupados, y hubimos de tomar dos cucharones.   20

No se ha visto cosa tan digna de risa en el mundo. Daba un salto
y decía:—"Con este compás alcanzo más, y gano los grados del perfil.
Ahora me aprovecho del movimiento remiso para matar el natural.[30]
Esta había de ser cuchillada, y éste tajo." No llegaba a mí desde una
legua, y andaba alrededor con el cucharón; y como yo me estaba   25
quedo, parecían tretas contra olla que se sale.[31] Díjome al fin:—"Esto
es lo bueno, y no las borracherías que enseñan estos bellacos maes-
tros de esgrima, que no saben sino beber."

encounter over a point of theory in which our author put him to shame.
Quevedo also mocks Pacheco in the *Sueño del Juicio Final* (see p. 78) and the
Poema de Orlando (see *Obra poética*, III, pp. 420-21). Pacheco answered in turn
with his participation in the composition of the *Tribunal de la justa venganza*, an
incredibly libelous attack on Quevedo, published in 1635. Don Francisco
managed to have Pacheco jailed when he learned of his role in the affair.

[28] *le compuso algún doctor*: another attack on doctors, the implication being
that any book about killing would have to be written by a doctor.

[29] *Rejas*: probably refers to the "arroyo de Rejas," which lies between
Madrid and Barajas.

[30] *movimiento ... natural*: more of the sort of jargon typical of Pacheco's
treatise.

[31] *parecían ... sale*: "they looked like maneuvers against an overflowing
pot." The image is inspired by the fact that the fencing master is wielding a
"cucharón" rather than a sword.

No lo había acabado de decir, cuando de un aposento salió un
mulatazo[32] mostrando las presas,[33] con un sombrero enjerto en
guardasol,[34] y un coleto de ante debajo de una ropilla[35] suelta y llena
de cintas, zambo de piernas a lo águila imperial,[36] la cara con un *per
signum crucis de inimicis suis*,[37] la barba de ganchos,[38] con unos bigotes
de guardamano,[39] y una daga con más rejas[40] que un locutorio de
monjas. Y, mirando al suelo, dijo:—"Yo soy examinado y traigo la
carta,[41] y, por el sol que calienta los panes,[42] que haga pedazos a
quien tratare mal a tanto buen hijo como profesa la destreza."[43] Yo
que vi la ocasión, metime en medio, y dije que no hablaba con él, y

---

[32] *mulatazo*: *mulato* plus the augmentative ending *azo*. Fernández Guerra
identifies this character with an actual mulatto fencing master of the time,
named Francisco Hernández el Mulato, whom Pacheco attacked in another
manual he published in 1635; Castro, however, thinks that his being a
mulatto has to do with Quevedo's opinion of them as aggressive lovers of
fighting (see p. 101).

[33] *mostrando las presas*: "showing his fangs."

[34] *sombrero ... guardasol*: "hat grafted onto a parasol." Wide-brimmed hats
were associated particularly with the "tougher" social milieu.

[35] *coleto ... ropilla*: "deerskin jerkin" and "doublet" (with sleeves), respectively.

[36] *zambo ... imperial*: "bowlegged à la imperial eagle." This refers to the
eagle which appears on the Habsburg coat of arms.

[37] *per ... suis*: "by the sign of the cross from his enemies"—a transformation of the phrase used when making the sign of the cross: "per signum
crucis, de inimicis nostris libera nos." It was a colloquialism used to refer to a
slash across the face.

[38] *barba de ganchos*: both Castro and Ife, after indicating that "ganchos"
refers to part of the fittings of a sword (which squares with what soon
follows, though I have been unable to find a dictionary which defines the
term this way), say that a "barba de ganchos" would be a pointed one.
However, if we take into account that the noun is plural, and "gancho" is
also a "rasgo caprichoso e irregular hecho con la pluma" (*Real Academia*), it
might be that Pablos is referring to an extremely curly beard (especially
considering that the swordsman is a mulatto).

[39] *bigotes de guardamano*: presumably this would be a moustache with the
ends pointing upward. As seen from its use in *El libro de todas las cosas* (see
Obras completas, I, p. 116), both of the forms of facial hair mentioned here
were a *sine qua non* of the rougher elements of society.

[40] *rejas*: both a part of the guard and "bars." The locutories of convents
through which nuns could speak to those on the outside were equipped
with iron bars.

[41] *soy ... carta*: "I've taken the exams and have my license."

[42] *panes*: i.e., *trigos*.

[43] *tanto ... destreza*: roughly, "all the good fellows who profess swords-
manship."

que así no tenía por qué picarse.—"Meta mano a la blanca⁴⁴ si la trae,
y apuremos cuál es verdadera destreza, y déjese de cucharones."

El pobre de mi compañero abrió el libro, y dijo en altas voces:—
"Este libro lo dice, y está impreso con licencia del Rey, y yo susten-
taré que es verdad lo que dice, con el cucharón y sin el cucharón, aquí   5
y en otra parte, y, si no, midámoslo." Y sacó el compás, y empezó a
decir:—"Este ángulo es obtuso." Y entonces, el maestro sacó la daga,
y dijo:—"Yo no sé quién es Angulo ni Obtuso, ni en mi vida oí decir
tales hombres; pero, con ésta en la mano, le haré yo pedazos."

Acometió al pobre diablo, el cual empezó a huir, dando saltos por   10
la casa, diciendo:—"No me puede dar, que le he ganado los grados del
perfil." Metímoslos en paz el huésped y yo y otra gente que había,
aunque de risa no me podía mover.

Metieron al buen hombre en su aposento, y a mí con él; cenamos,
y acostámonos todos los de la casa. Y, a las dos de la mañana, leván-   15
tase en camisa, y empieza a andar a escuras por el aposento, dando
saltos y diciendo en lengua matemática mil disparates. Despertóme a
mí, y, no contento con esto, bajó al huésped para que le diese luz,
diciendo que había hallado objeto fijo a la estocada sagita⁴⁵ por la
cuerda. El huésped se daba a los diablos de que lo despertase, y tanto   20
le molestó, que le llamó loco. Y con esto, se subió y me dijo que, si me
quería levantar, vería la treta tan famosa que había hallado contra el
turco y sus alfanjes.⁴⁶ Y decía que luego se la quería ir a enseñar al
Rey, por ser en favor de los católicos.

En esto, amaneció; vestímonos todos, pagamos la posada, hicí-   25
moslos amigos a él y al maestro, el cual se apartó diciendo que el libro
que alegaba mi compañero era bueno, pero que hacía más locos que
diestros, porque los más no lo entendían.

⁴⁴ *blanca*: "sword" ("armas blancas").
⁴⁵ *sagita*: vertical height of an arc. This is yet another example of
Pacheco's geometrical terminology.
⁴⁶ *alfanje*: "scimitar" (a curved sword used by Turks and Arabs). This
constitutes another slap at Pacheco, for *Grandezas de la espada* did, in fact,
include defenses against the scimitar.

Capítulo II

o tomé mi camino para Madrid, y él se despidió de mí por ir diferente jornada.[1] Y ya que estaba apartado, volvió con gran prisa, y, llamándome a voces, estando en el campo donde no nos oía nadie, me dijo al oído:—"Por vida de v. m., que no diga nada de todos los altísimos secretos que le he comunicado en materia de destreza, y guárdelo para sí, pues tiene buen entendimiento." Yo le prometí de hacerlo; tornóse a partir de mí, y yo empecé a reírme del secreto tan gracioso.

Con esto, caminé más de una legua que no topé persona. Iba yo entre mí pensando en las muchas dificultades que tenía para profesar honra y virtud, pues había menester tapar primero la poca de mis padres, y luego tener tanta, que me desconociesen por ella. Y parecíanme a mí tan bien estos pensamientos honrados, que yo me los agradecía a mí mismo. Deciá a solas:—"Más se me ha de agradecer a mí, que no he tenido de quien aprender virtud, ni a quien parecer en ella, que al que la hereda de sus agüelos."

En estas razones y discursos iba, cuando topé un clérigo muy viejo en una mula, que iba camino de Madrid. Trabamos plática, y luego me preguntó que de dónde venía; yo le dije que de Alcalá.—"Maldiga Dios"—dijo él—"tan mala gente como hay en ese pueblo, pues falta entre todos un hombre de discurso." Preguntéle que cómo o por qué se podía decir tal de lugar donde asistían tantos doctos varones. Y él, muy enojado, dijo:—"¿Doctos? Yo le diré a v. m. que tan doctos, que habiendo más de catorce años que hago yo en Majalahonda,[2] donde

---

[1] *jornada*: "journey."

[2] *Majalahonda*: a town on the outskirts of Madrid (today called Majadahonda) which was renowned for the ignorance of its inhabitants.

he sido sacristán, las chanzonetas al Corpus y al Nacimiento,[3] no me premiaron en el cartel[4] unos cantarcitos; y porque[5] vea v. m. la sinrazón, se los he de leer, que yo sé que se holgará." Y diciendo y haciendo, desenvainó una retahila de coplas pestilenciales,[6] y por la primera, que era ésta, se conocerán las demás:

> Pastores, ¿no es lindo chiste,
> que es hoy el señor san Corpus Christe?
> Hoy es el día de las danzas
> en que el Cordero sin mancilla[7]
> tanto se humilla,
> que visita nuestras panzas,
> y entre estas bienaventuranzas
> entra en el humano buche.[8]
> Suene el lindo sacabuche,[9]
> pues nuestro bien consiste.
> Pastores, ¿no es lindo chiste, etc.

—"¿Qué pudiera decir más"—me dijo—"el mismo inventor de los chistes? Mire qué misterios encierra aquella palabra *pastores*: más me costó de un mes de estudio." Yo no pude con esto tener la risa, que a barbollones[10] se me salía por los ojos y narices, y dando una gran carcajada, dije:—"¡Cosa admirable! Pero sólo reparo en que llama v. m. señor *san Corpus Christe*. Y Corpus Christi no es santo, sino el día de la institución del sacramento."—"¡Qué lindo es eso!"—me respondió, haciendo burla—; "yo le daré en el calendario, y está canonizado, y apostaré a ello la cabeza."

No pude porfiar, perdido de risa de ver la suma ignorancia; antes le dije cierto que eran dignas de cualquier premio, y que no había oído cosa tan graciosa en mi vida.—"¿No?"—dijo al mismo punto—; "pues oiga v. m. un pedacito de un librillo que tengo hecho a las once

---

[3] *chanzonetas* ... *Nacimiento*: "carols dedicated to Corpus Christi and Christmas."

[4] *cartel*: a poster announcing the results of poetry contests held as part of the celebration of certain religious festivals.

[5] *porque*: *para que*.

[6] *desenvainó* ... *pesticenciales*: "he unsheathed [i.e., took out] a string of stinking verses."

[7] *sin mancilla*: "unspotted," "immaculate."

[8] *buche*: "craw."

[9] *sacabuche*: "sackbut" (a predecessor of the trombone).

[10] *a barbollones*: *a borbollones* ("bubbling over").

mil vírgines,[11] adonde a cada una he compuesto cincuenta otavas, cosa rica." Yo, por escusarme de oír tanto millón de octavas, le supliqué que no me dijese otra cosa a lo divino. Y así, me comenzó a recitar una comedia que tenía más jornadas que el camino de Jerusalén.[12] Decíame:—"Hícela en dos días, y éste es el borrador." Y sería hasta cinco manos de papel.[13] El título era *El arca de Noé*. Hacíase toda entre gallos y ratones, jumentos, raposas, lobos y jabalíes, como fábulas de Isopo. Yo le alabé la traza[14] y la invención, a lo cual me respondió:—"Ello cosa mía es, pero no se ha hecho otra tal en el mundo, y la novedad es más que todo; y, si yo salgo con hacerla representar, será cosa famosa."—"¿Cómo se podrá representar"—le dije yo—, "si han de entrar los mismos animales, y ellos no hablan?"—"Esta es la dificultad, que a no haber ésa, ¿había cosa más alta? Pero yo tengo pensado de hacerla toda de papagayos, tordos y picazas, que hablan, y meter para el entremés[15] monas."—"Por cierto, alta cosa es ésa."—"Otras más altas he hecho yo"—dijo—, "por una mujer a quien amo. Y vea aquí novecientos y un sonetos, y doce redondillas"—que parecía que contaba escudos por maravedís[16]— "hechos a las piernas de mi dama." Yo le dije que si se las había visto él, y díjome que no había hecho tal por las órdenes que tenía, pero que iban en profecía[17] los concetos.

Yo confieso la verdad, que aunque me holgaba de oírle, tuve miedo a tantos versos malos, y así, comencé a echar la plática a otras cosas. Decíale que veía liebres, y él saltaba:—"Pues empezaré por uno donde la comparo a ese animal." Y empezaba luego; y yo, por divertirle, decía:—"¿No ve v. m. aquella estrella que se ve de día?" A

[11] *once mil virgenes*: those that accompanied St. Ursula on her pilgrimage to Rome, only to be slaughtered by Huns while returning to Brittany.

[12] *más jornadas ... Jerusalén*: a pun on "jornadas" as both "acts" (of a play) and "day's journey."

[13] *cinco manos de papel*: "five quires of paper." A quire consisted of twenty five folded sheets of paper called "pliegos." The sexton's play is thus of unearthly proportions.

[14] *traza*: "idea," "design."

[15] *entremés*: a dramatic interlude of a farcical nature performed between the acts of a *comedia*. The sexton's choice of monkeys to perform in it is highly appropriate.

[16] *contaba ... maravedís*: the number is so high that it is as if someone were counting up their *escudos* by adding the *maravedís* each contains (at one point there were as many as 340 *maravedís* to an *escudo*).

[17] *iban en profecía*: rather than having had firsthand contact with the subject, the sexton claims that he is simply prophesizing about what they would be like.

lo cual, dijo:—"En acabando éste le diré el soneto treinta, en que la llamo estrella, que no parece sino que sabe los intentos dellos."[18]

Afligíme tanto, con ver que no podía nombrar cosa a que él no hubiese hecho algún disparate, que, cuando vi que llegábamos a Madrid, no cabía de contento,[19] entendiendo que de vergüenza callaría; pero fue al revés, porque, por mostrar lo que era, alzó la voz en entrando por la calle. Yo le supliqué que lo dejase, poniéndole por delante que, si los niños olían poeta, no quedaría troncho[20] que no se viniese por sus pies tras nosotros, por estar declarados por locos en una premática[21] que había salido contra ellos, de uno que lo fue y se recogió a buen vivir.[22] Pidióme que se la leyese si la tenía, muy congojado. Prometí de hacerlo en la posada. Fuimos a una, donde él se acostumbraba apear, y hallamos a la puerta más de doce ciegos. Unos le conocieron por el olor, y otros por la voz. Diéronle una barahunda de bienvenido;[23] abrazólos a todos, y luego comenzaron unos a pedirle oración para el Justo Juez en verso grave y sonoro, tal que provocase a gestos;[24] otros pidieron de las ánimas, y por aquí discurrió, recibiendo ocho reales de señal[25] de cada uno. Despidiólos, y díjome:—"Más me han de valer de trecientos reales los ciegos; y así, con licencia de v. m., me recogeré agora un poco, para hacer alguna dellas, y, en acabando de comer, oiremos la premática."

¡Oh vida miserable! Pues ninguna lo es más que la de los locos que ganan de comer con los que lo son.

---

[18] *que no ... dellos*: the sexton says that it seems that Pablos seems to know beforehand the subjects of his sonnets ("los intentos dellos").

[19] *no cabía de contento*: roughly, "I was beside myself with joy."

[20] *troncho*: "vegetable stalk." It was common for children to harrass the insane, insulting and throwing things at them. Pablos says that because this "premática" which declares poets to be madmen has come out, they will come under attack if the children realize that the sexton is one. Indeed, the "tronchos" will come on their own: "que no se viniese por sus pies tras nosotros."

[21] *premática*: "decree," "ordinance."

[22] *se recogió ... vivir*: "mended his ways."

[23] *barahunda de bienvenido*: roughly, "tumultuous hubbub of a welcome."

[24] *tal ... gestos*: "such that it be conducive to gesturing."

[25] *recibiendo ... señal*: "receiving eight *reales* as a deposit."

Capítulo III

ECOGIÓSE UN RATO A estudiar herejías y nece-
dades para los ciegos. Entre tanto, se hizo hora
de comer; comimos, y luego pidióme que le
leyese la premática. Yo, por no haber otra cosa
que hacer, la saqué y se la leí. La cual pongo
aquí, por haberme parecido aguda y conveniente a lo que se quiso reprehender en ella.
Decía en este tenor:[2]

*Premática del desengaño contra los poetas güeros,[3]
chirles y hebenes[4]*

Diole al sacristán la mayor risa del mundo, y dijo:—"¡Hablara yo
para mañana![5] Por Dios, que entendí que hablaba conmigo,[6] y es sólo
contra los poetas hebenes." Cayóme a mí muy en gracia oírle decir
esto, como si él fuera muy albillo o moscatel.[7] Dejé el prólogo y
comencé el primer capítulo, que decía:

"Atendiendo a que este género de sabandijas[8] que llaman poetas
son nuestros prójimos, y cristianos aunque malos; viendo que todo el
año adoran cejas, dientes, listones[9] y zapatillas, haciendo otros peca-

---

[1] *Cercedilla*: a town on the route between Madrid and Segovia, south of
the pass of Navacerrada.

[2] *Decía en este tenor*: "This was its drift."

[3] *güeros: hueros* ("empty").

[4] *chirles ... hebenes*: two types of grapes of inferior quality. Used adjectivally, they mean "insipid," "tasteless," "useless."

[5] *Hablara ... mañana*: approximately, "You should have said so before."

[6] *hablaba conmigo*: "you were referring to me."

[7] *albillo ... moscatel*: superior, sweet varieties of grapes.

[8] *sabandijas*: "vermin."

[9] *listones*: "silk ribbons" (given as tokens of love).

dos más inormes; mandamos que la Semana Santa recojan a todos
los poetas públicos y cantoneros,[10] como a malas mujeres, y que los
prediquen sacando Cristos para convertirlos.[11] Y para esto señalamos casas de arrepentidos.

"Iten, advirtiendo los grandes buchornos[12] que hay en las canicu-   5
lares y nunca anochecidas coplas de los poetas de sol, como pasas[13] a
fuerza de los soles y estrellas que gastan en hacerlas, les ponemos
perpetuo silencio en las cosas del cielo, señalando meses vedados a
las musas,[14] como a la caza y pesca, porque[15] no se agoten con la
prisa que las dan.   10

"Iten, habiendo considerado que esta seta[16] infernal de hombres
condenados a perpetuo conceto,[17] despedazadores de vocablos y volteadores de razones,[18] han pegado el dicho achaque de poesía a las
mujeres, declaramos que nos tenemos por desquitados con este mal
que les hemos hecho, del que nos hicieron en la manzana.[19] Y por   15
cuanto el siglo está pobre y necesitado, mandamos quemar las coplas
de los poetas, como franjas viejas,[20] para sacar el oro, plata y perlas,

---

[10] *cantoneros*: "loafing," "idling." The use of the term may be meant to
evoke "cantonera"—i.e., "whore"—given the reference to "malas mujeres"
which follows immediately thereafter.

[11] *los prediquen ... convertirlos*: refers to the efforts to reform prostitutes by
gathering them up and preaching the Gospel to them. The "Cristos"
referred to would be religious images or statues.

[12] *buchornos*: *bochornos* ("heat waves" and "embarrassments"). Both meanings fit: "heat waves," because of all the "soles" (a common metaphor for
eyes) which appear in love poems; "embarrassments," because of the
sorrowful quality of their verse. Ife (p. 231) suggests that "caniculares" also
involves a double meaning: besides the meteorological meaning (which fits
with "buchornos" as "heat waves"), we must consider the etymological root,
"can" (i.e.,"dog").

[13] *pasas*: "raisins" (sun-dried in this case).

[14] *señalando ... musas*: "establishing off-season months for the Muses"
(following the model of hunting and fishing seasons).

[15] *porque: para que.*

[16] *seta: secta.*

[17] *concetos: conceptos* (i.e., "conceits," in the poetical sense). "Condenados a
perpetuos concetos"—"condemned to perpetual conceits"—is modelled on
"condenados a cárcel perpetua."

[18] *volteadores de razones*: "jugglers of words."

[19] *del que ... manzana*: refers to Eve's sin in the Garden of Eden ("del"
refers back to "mal").

[20] *franjas viejas*: it was common to burn old braid and embroidered
material to remove the gold and gems used in them.

pues en los más versos hacen sus damas de todos metales, como estatuas de Nabuco."[21]

Aquí no lo pudo sufrir el sacristán y, levantándose en pie, dijo:—"¡Mas no, sino quitarnos las haciendas! No pase v. m. adelante, que sobre eso pienso ir al Papa, y gastar lo que tengo. Bueno es que yo, que soy eclesiástico, había de padecer ese agravio. Yo probaré que las coplas del poeta clérigo no están sujetas a tal premática, y luego quiero irlo a averiguar ante la justicia."

En parte me dio gana de reír, pero, por no detenerme, que se me hacía tarde, le dije:—"Señor, esta premática es hecha por gracia, que no tiene fuerza ni apremia, por estar falta de autoridad."—"¡Pecador de mí!"—dijo muy alborotado—; "avisara v. m., y hubiérame ahorrado la mayor pesadumbre del mundo. ¿Sabe v. m. lo que es hallarse un hombre con ochocientas mil coplas de contado,[22] y oír eso? Prosiga v. m., y Dios le perdone el susto que me dio." Proseguí diciendo:

"Iten, advirtiendo que después que dejaron de ser moros—aunque todavía conservan algunas reliquias—se han metido a pastores,[23] por lo cual andan los ganados flacos de beber sus lágrimas, chamuscados con sus ánimas encendidas, y tan embebecidos en su música, que no pacen, mandamos que dejen el tal oficio, señalando ermitas a los amigos de soledad.[24] Y a los demás, por ser oficio alegre y de pullas,[25] que se acomoden en mozos de mulas."

—"¡Algún puto, cornudo, bujarrón[26] y judío"—dijo en altas voces—"ordenó tal cosa! Y si yo supiera quién era, yo le hiciera una

---

[21] *Nabuco*: Nebuchadnezzar. The reference could be either to the dream of Nebuchadnezzar, interpreted by Daniel (Daniel 2:31-35), or the statue of gold which he himself raises (Daniel 3:1).

[22] *de contado*: "in cash," "in hand" (see also Book III, Chapt. V, n. 13).

[23] *moros ... pastores*: refers to two popular trends in the poetry of the time: "poesía morisca" (having to do with Moorish or pseudo-Moorish subjects) and "poesía pastoril." Prose works were also written in these literary veins (e.g., *La Diana* and *El abencerraje*). The use of "dejaron de" alludes to the fact that Moorish topics had lost favor, although—as he points out—"todavía se conservan algunas reliquias."

[24] *señalando ... soledad*: the theme of the search for solitude amid nature (often as a remedy for unrequited love) was common in the pastoral. The "premática" suggests that these poets who are friends of solitude should be assigned to hermitages.

[25] *pullas*: "Es un dicho gracioso, aunque algo obsceno, de que comúnmente usan los caminantes cuando topan a los villanos que están labrando los campos, especialmente en tiempo de siega o vendimias" (Covarrubias).

[26] *bujarrón*: "bugger" (i.e., "sodomite").

sátira, con tales coplas que le pesara a él y a todos cuantos las vieran, de verlas. ¡Miren qué bien le estaría a un hombre lampiño como yo la ermita![27] ¡O a un hombre vinajeroso[28] y sacristando, ser mozo de mulas! Ea, señor, que son grandes pesadumbres esas."—"Ya le he dicho a v. m."—repliqué—"que son burlas, y que las oiga como tales."   5

Proseguí diciendo que "por estorbar los grandes hurtos,[29] mandamos que no se pasen coplas de Aragón a Castilla,[30] ni de Italia a España,[31] so pena de andar bien vestido el poeta que tal hiciese, y, si reincidiese, de andar limpio un hora."[32]   10

Esto le cayó muy en gracia, porque traía él una sotana con canas, de puro vieja, y con tantas cazcarrias[33] que, para enterrarle, no era menester más de estregársela encima. El manteo, se podían estercolar con él dos heredades.[34]

Y así, medio riendo, le dije que mandaban también tener entre los desesperados que se ahorcan y despeñan, y que, como a tales, no las enterrasen en sagrado,[35] a las mujeres que se enamoran de poeta a   15

[27] *Miren ... ermita*: the hermits who appear in the literature of the period inevitably are equipped with enormous beards.

[28] *vinajeroso*: a comic neologistic form of "vinajera" ("cruet"—the vessel used for holding wine or water in the celebration of the Eucharist). Along with the similarly comic adjectival form, "sacristando," the term is meant to refer to his status—however so slight—as clergyman: that is, how could a member of the clergy involve himself in the disreputable occupation of muleskinner?

[29] *hurtos*: "thefts," here in the sense of "plagiarism."

[30] *que no ... Castilla*: probably refers to the literary plagiarism and piracy which were facilitated by the existence of separate legal jurisdictions (which included those agencies responsible for the licensing of books) corresponding to the kingdoms of Aragón and Castile. Prosecuting someone who lived in the other kingdom was legally complicated and tiresome. (Note that Roberto Duport's unauthorized publishing of not only *El buscón*, but the *Sueños* and the *Política de Dios*, was made possible by just these circumstances.)

[31] *Italia a España*: the influence of Italian Renaissance poetry was very great (as was the case throughout Europe), leading many Spanish intellectuals to react against it nationalistically, particularly when it first began to appear (see Cristóbal de Castillejo, for example). Though Quevedo himself was obviously influenced by Italian trends, he joined in the attacks in his usual chauvinistic fashion (see his "Epístola censoria y satírica").

[32] *so pena ... hora*: reference to the unkempt, "bohemian" style apparently favored among certain sorts of poets even in the seventeenth century.

[33] *cazcarrias*: mud caked on clothing.

[34] *El manteo ... heredades*: the sexton's cloak is so filthy that Pablos claims that two country estates could be manured with it.

[35] *en sagrado*: "in consecrated ground." The "premática" links women who

secas. Y que, advirtiendo a la gran cosecha de redondillas, canciones
y sonetos que había habido en estos años fértiles, mandaban que los
legajos que por sus deméritos escapasen de las especerías, fuesen a
las necesarias sin apelación.[36]

   Y, por acabar, llegué al postrer capítulo, que decía así: "Pero advir-
5 tiendo, con ojos de piedad, que hay tres géneros de gentes en la
república tan sumamente miserables, que no pueden vivir sin los
tales poetas como son farsantes,[37] ciegos y sacristanes, mandamos
que pueda haber algunos oficiales públicos desta arte, con tal que
tengan carta de examen[38] de los caciques de los poetas que fueren en
10 aquellas partes. Limitando a los poetas de farsantes[39] que no acaben
los entremeses con palos ni diablos,[40] ni las comedias en casamientos,[41] ni hagan las trazas con papeles o cintas.[42] Y a los de ciegos,[43]
que no sucedan los casos en Tetuán,[44] desterrándoles estos vocablos:
cristián, amada, humanal y *pundonores;*[45] y mandándoles que, para decir la
15 *presente obra*, no digan *zozobra*.[46] Y a los de sacristanes, que no hagan
los villancicos con *Gil* ni *Pascual*,[47] que no jueguen del vocablo, ni

---

fall in love with poets to suicides; the latter were not allowed to be buried in
church cemeteries.

   [36] *mandaban … apelación*: as is still the case in Spain, grocers used paper to
wrap certain produce. The "premática" says that any of the "bumper crop"
of paper with poetry on it which escapes the grocery stores ("especerías")
should go straight to the privy (to be used as "toilet paper").

   [37] *farsantes: comediantes*(i.e., "actors").

   [38] *carta de examen*: "certificate of examination."

   [39] *poetas de farsantes*: "playwrights."

   [40] *que no … diablos*: it was very common for the *entremeses* to end in
slapstick violence or the entrance of devils or similar figures.

   [41] *ni las … casamientos*: an archetypal resolution of *comedia* plots (as well as
comedy in general).

   [42] *trazas … cintas*: "plots with letters or ribbons." Again, common devices
of the theater of the period. The letters are presumably of the amorous
type; the ribbons would be love tokens. (Lope's *Caballero de Olmedo* is a typical
theatrical intrigue involving ribbons.)

   [43] *los de ciegos*: that is, poets (such as the sexton himself) who write verses
for blind beggars.

   [44] *Tetuán*: a town in Morocco, apparently the stereotypical backdrop for
many of the "coplas" about captives of the Moors (see Book III, Chapt. IX, n.
45).

   [45] cristián … pundonores: clichés of the vocabulary found in the poetry
recited by blind beggars.

   [46] *no digan* zozobra: a mispronunciation of "presente obra."

   [47] *villancicos con* Gil *ni* Pascual: two of the commonest names given to
shepherds who appear in the *villancicos* ("carols"), starting with the Christmas-
related compositions of Juan del Encina, Lucas Fernández, and others.

hagan los pensamientos de tornillo, que mudándoles el nombre, se vuelvan a cada fiesta.[48]

"Y, finalmente, mandamos a todos los poetas en común, que se descarten de Júpiter, Venus, Apolo y otros dioses, so pena de que los tendrán por abogados a la hora de su muerte."[49]

A todos los que oyeron la premática pareció cuanto bien se puede decir, y todos me pidieron traslado de ella. Sólo el sacristanejo empezó a jurar por vida de las vísperas solemnes, *introibo* y *kiries*,[50] que era sátira contra él, por lo que decía de los ciegos, y que él sabía mejor lo que había de hacer que nadie. Y últimamente dijo:— "Hombre soy yo que he estado en una posada con Liñán,[51] y he comido más de dos veces con Espinel."[52] Y que había estado en Madrid tan cerca de Lope de Vega como lo estaba de mí, y que había visto a don Alonso de Ercilla[53] mil veces, y que tenía en su casa un retrato del divino Figueroa,[54] y que había comprado los gregüescos[55] que dejó Padilla[56] cuando se metió fraile, y que hoy día los traía, y malos. Enseñólos, y dioles esto a todos tanta risa, que no querían salir de la posada.

Al fin, ya eran las dos, y como era forzoso el camino, salimos de

[48] *ni hagan ... fiesta*: although it may be that the "premática" is attacking over-ingeniousness (or better said, pseudo-ingeniousness)—as suggested by Ife (see p. 233)—I believe that the phrase refers mainly to the tendency among the sextons to employ the same topic or idea over and over, simply changing the name.

[49] *so pena ... muerte*: "under penalty of having them as advocates at the hour of their death."

[50] introibo y kiries: "Introit and Kyrie eleison" (two sections of the Mass).

[51] *Liñán*: Pedro Liñán de Riaza (d. 1607), a popular Aragonese poet whose poems appeared in both the *Romancero general* (1600) and Pedro Espinosa's *Flores de poetas ilustres* (1605).

[52] *Espinel*: Vicente Espinel (1550-1624), the poet and musician whose most famous work today is the picaresque novel, *Marcos de Obregón* (1618).

[53] *Alonso de Ercilla*: Ercilla (1533-94) is the author of perhaps the most significant epic poem of the Spanish Renaissance, *La Araucana*, in which he narrates the exploits of the Araucanian Indians against the Spanish conquerors. Ercilla himself took part in the campaigns of "pacification" against them.

[54] *Figueroa*: Francisco de Figueroa (1536-1617?), a poet and soldier from Alcalá who was referred to among his contemporaries as "el divino."

[55] *gregüescos*: loose breeches gathered at the knee.

[56] *Padilla*: Pedro de Padilla, author of a book of religious poetry entitled *Jardín espiritual* (1585); he became a Carmelite monk the same year his book was published.

Madrid. Yo me despedí dél, aunque me pesaba, y comencé a caminar para el puerto.[57] Quiso Dios que, porque no fuese pensando en mal, me topase con un soldado. Luego trabamos plática; preguntóme si venía de la Corte; dije que de paso había estado en ella.—"No está para más"—dijo luego—"que es pueblo para gente ruin. Más quiero, ¡voto a Cristo!,[58] estar en un sitio, la nieve a la cinta, hecho un reloj,[59] comiendo madera,[60] que sufriendo las supercherías que se hacen a un hombre de bien."[61]

A esto le dije yo que advirtiese que en la Corte había de todo, y que estimaban mucho a cualquier hombre de suerte.—"¿Qué estiman"—dijo muy enojado—"si he estado yo ahí seis meses pretendiendo una bandera, tras veinte años de servicios y haber perdido mi sangre en servicio del Rey, como lo dicen estas heridas?" Y enseñóme una cuchillada de a palmo[62] en las ingles, que así era de incordio[63] como el sol es claro. Luego, en los calcañares, me enseñó otros

[57] *puerto*: "mountain pass." The one in question is that of Fuenfría, which permits crossing of the Guadarrama range between Segovia and Madrid.

[58] *voto a Cristo*: "swear to God."

[59] *hecho un reloj*: Castro cites examples (see p. 120) which seem to establish that this is an allusion to the armed, menacing figures which struck the bells on clocks. Ife cites the explanation of the phrase "estar como un reloj" found in *Autoridades*—"estar bien dispuesto con humores proporcionados"—which he in turn interprets as "to be in one's element." This, however, is not an accurate reading of the phrase, which clearly refers to the state of one's health: "fit as a fiddle," would probably be an equivalent. It seems unlikely that this is what the soldier has in mind, considering all the hardships he describes.

[60] *comiendo madera*: a metaphorical reference to the poor quality of food served to the soldiers (although according to *Autoridades*, "madera" is "la fruta verde y que está por madurar"—a meaning which would, of course, still preserve the idea of "bad food").

[61] The Bueno manuscript continues thus:

Y en llegando a esse lugarcito del diablo nos remiten a la sopa y al coche de los pobres en San Felipe donde cada dia en corrillos se hace consejo de estado, y guerra en pie, y desabrigada Y en vida nos hazen soldados en pena por los cime[n]terios, y si pedimos entretenimiento, nos embian a la comedia, y si ventajas a los jugadores. Y con esto comidos de piojos y guespedas, nos voluemos en este pelo a rogar a los moros, y herejes con nuestros cuerpos. (p.123)

A graphic indictment of the treatment of soldiers by the government (one which would seemingly contradict Lázaro Carreter's analysis of this episode, see p. xvii above).

[62] *palmo*: a measure of length equivalent to roughly eight inches. "Cuchillada de a palmo"—"an eight-inch scar."

[63] *incordio*: "bubo" (an inflammatory swelling of a lymphatic gland, especially in the groin).

dos señales, y dijo que eran balas; y yo saqué, por otras dos mías que tengo, que habían sido sabañones.⁶⁴ Quitóse el sombrero y mostróme el rostro; calzaba diez y seis puntos de cara,⁶⁵ que tantos tenía en una cuchillada que le partía las narices. Tenía otros tres chirlos,⁶⁶ que se la volvían mapa a puras líneas.

—"Estas me dieron"—dijo—"defendiendo a París,⁶⁷ en servicio de Dios y del Rey, por quien veo trinchado mi gesto,⁶⁸ y no he recibido sino buenas palabras, que agora tienen lugar de malas obras. Lea estos papeles"—me dijo—, "por vida del licenciado,⁶⁹ que no ha salido en campaña, ¡voto a Cristo!, hombre, ¡vive Dios!, tan señalado." Y decía verdad, porque lo estaba a puros golpes.⁷⁰

Comenzó a sacar cañones de hoja de lata⁷¹ y a enseñarme papeles, que debían de ser de otro a quien había tomado el nombre. Yo los leí, y dije mil cosas en su alabanza, y que el Cid ni Bernardo⁷² no habían hecho lo que él. Saltó en esto, y dijo:—"¿Cómo lo que yo? ¡Voto a Dios!, ni lo que García de Paredes,⁷³ Julián Romero⁷⁴ y otros hombres de bien, ¡pese al diablo! Sé que entonces no había artillería, ¡voto a Dios!, que no hubiera Bernardo para un hora en este tiempo. Pregunte v. m. en Flandes por la hazaña del Mellado,⁷⁵ y verá lo que

⁶⁴ *sabañones*: see Book I, Chapt. III, n. 52
⁶⁵ *calzaba ... cara*: the wordplay is on "puntos" as both the unit of measure for shoes and "stitches."
⁶⁶ *chirlos*: long slashes or scars on the face.
⁶⁷ *defendiendo a París*: a reference to the participation of troops from Flanders under the command of Alexander Farnese in the lifting of the siege of Paris by the Huguenot Henry IV in 1590.
⁶⁸ *trinchado mi gesto*: "my face sliced."
⁶⁹ *por ... licenciado*: the "licenciado" is Pablos (who is simply dressed like one).
⁷⁰ *porque ... golpes*: the wordplay is based on a pun on "señalado" as both "distinguished" and "marked up."
⁷¹ *hoja de lata*: hojalata. "Cañones de hoja de lata"—"tin cannisters."
⁷² *Bernardo*: the legendary warrior Bernardo del Carpio, the Leonese noble who led a revolt against Alfonso II of Asturias because of his collaboration with Charlemagne at Roncesvaux. A great number of *romances* about him have survived, some of which depict him as the victor over Roland and the Twelve Peers at Roncesvaux.
⁷³ *García de Paredes*: Diego García de Paredes (1466-1530). Apparently of tremendous proportions and strength (two of his enormous swords can be seen in the Museum of the Army in Madrid), he distinguished himself both in the Reconquest of Granada and the military campaigns in Italy.
⁷⁴ *Julián Romero*: a famous "maestre de campo" in the Spanish army in the Netherlands under Luis de Requeséns, and eventually governor of these provinces.
⁷⁵ *Mellado*: "Gap-toothed."

le dicen."—¿Es v. m., acaso?", le dije yo; y él respondió:—"¿Pues qué otro? ¿No me ve la mella que tengo en los dientes? No tratemos desto, que parece mal alabarse el hombre."

Yendo en estas conversaciones, topamos en un borrico un ermi-taño, con una barba tan larga, que hacía lodos con ella,[76] macilento y vestido de paño. Saludamos con el *Deo gracias* acostumbrado, y empezó a alabar los trigos y, en ellos, la misericordia del Señor. Saltó el soldado, y dijo:—"¡Ah, padre!, más espesas he visto yo las picas[77] sobre mí, y ¡voto a Cristo!, que hice en el saco de Amberes[78] lo que pude; sí ¡juro a Dios!" El ermitaño le reprehendió que no jurase tanto, a lo cual dijo:—"Padre, bien se echa de ver que no es soldado, pues me reprehende mi propio oficio."[79] Diome a mi gran risa de ver en lo que ponía la soldadesca,[80] y eché de ver que era algún picarón gallina,[81] porque ya entre soldados no hay costumbre más aborrecida de los de más importancia, cuando no de todos.

Llegamos a la falda del puerto,[82] el ermitaño rezando el rosario en una carga de leña hecha bolas, de manera que, a cada avemaría sonaba un cabe;[83] el soldado iba comparando las peñas a los castillos que había visto, y mirando cuál lugar lugar era fuerte y adónde se había de plantar la artillería. Yo los iba mirando; y tanto temía el rosario del ermitaño, con las cuentas frisonas,[84] como las mentiras del soldado.—"¡Oh, cómo volaría yo con pólvora gran parte deste puerto"—decía—, "y hiciera buena obra a los caminantes!"

En estas y otras conversaciones, llegamos a Cercedilla. Entramos en la posada todos tres juntos, ya anochecido; mandamos aderezar la cena—era viernes—y, entre tanto, el ermitaño dijo:—"Entretengá-

---

[76] *hacía ... ella*: "it trailed in the mud."

[77] *picas*: "pikes" (long staffs with a steel tip, used as an infantry weapon).

[78] *saco de Amberes*: the sack of Antwerp by mutinying Spanish troops occurred in November of 1576.

[79] *pues ... oficio*: swearing among soldiers was very common (at least according to the stereotype, for Pablos goes on to say that true soldiers did not do so); see the English phrase " to swear like a trooper."

[80] *soldadesca*: "soldiering."

[81] *picarón gallina*: *pícaro* plus the augmentative *on*; "gallina" in the colloquial sense of "coward."

[82] *la falda del puerto*: "the slope leading to the pass."

[83] *cabe*: the hitting together of two balls in the "juego de la argolla" (a game vaguely similar to croquet): "y para ser cabe ha de hazer que la bola de su contrario, tocada con el golpe de la suya, passe de la raya del juego" (Covarrubias). The sound produced by the massive beads is similar to that of one ball hitting another.

[84] *cuentas frisonas*: see Book I, Chapt. II, n. 34.

monos un rato, que la ociosidad es madre de los vicios; juguemos avemarías."[85] Y dejó caer de la manga el descuadernado.[86] Diome a mí gran risa el ver aquello, considerando en las cuentas. El soldado dijo:—"No, sino juguemos hasta cien reales que yo traigo, en amistad." Yo, cudicioso, dije que jugaría otros tantos, y el ermitaño, por no hacer mal tercio, acetó, y dijo que allí llevaba el aceite de la lámpara, que eran hasta docientos reales. Yo confieso que pensé ser su lechuza y bebérsele,[87] pero así le sucedan todos sus intentos al turco.[88]

Fue el juego al parar,[89] y lo bueno fue que dijo que no sabía el juego, y hizo que se le enseñásemos. Dejónos el bienaventurado hacer dos manos, y luego nos la dio tal, que no dejó blanca en la mesa.[90] Heredónos en vida;[91] retiraba el ladrón con las ancas de la mano que era lástima. Perdía una sencilla, y acertaba doce maliciosas.[92] El soldado echaba a cada suerte[93] doce *votos* y otros tantos *peses*, aforrados en *por vidas*[94]. Yo me comí las uñas, y el fraile ocupaba las suyas en mi moneda. No dejaba santo que no llamaba; nuestras

[85] *avemarías*: the hermit is suggesting that they only wager "Hail Marys," that is, that they play for fun. The soldier, thinking he can outwit the hermit, takes the bait and asks that they play for money.

[86] *descuadernado*: "pack of cards" (because of the similarity to pages of a book without a binding).

[87] *pensé ... bebérsela*: two aspects of the owl are involved here. As Covarrubias says: "Díxose lechuza *quasi* lecythusa, del nombre *lecythus* que vale azeitera, y es tanto como si dixéssemos ave azeitera, por quanto acude a comerse el azeite de las lámparas y de otra qualquiera parte donde puede hallarlo." He also goes on to say that it is "símbolo del silencio, del estudio y de la vigilia y de ardides y estratagemas ocultos en cosas de guerra, por ser la noche aparejada para ello y para el consejo." Pablos says that he plans to "drink up" the oil the hermit is using as a stake by outwitting him.

[88] *pero ... turco*: "but may all the attempts (plans, projects) of the Turk have the same success" (i.e., none). "Suceder," as noted by Castro (p. 125), is used in the Latin sense of "to have success" (the English verb "succeed").

[89] *juego al parar*: a card game similar to faro.

[90] *Dejónos ... mesa*: the hermit let them win a little before completely cleaning them out. There is a play on words here: "mano" as "hand· of cards" and as "pestle." The "la" of "nos la dio tal" refers to "mano" as "pestle": that is, "he gave us a beating" (with a pestle).

[91] *Heredónos en vida*: roughly, "He inherited our money before we even died."

[92] *sencilla ... maliciosa*: "sencilla" refers to bets ("posturas") which involve little money; "maliciosas," those involving substantial sums.

[93] *suerte*: "hand."

[94] votos ... peses ... por vidas: all of these are curses.

cartas eran como el Mesías, que nunca venían y las aguardábamos
siempre.

Acabó de pelarnos; quisímosle jugar sobre prendas, y él, tras
haberme ganado a mí seiscientos reales, que era lo que llevaba, y al
soldado los ciento, dijo que aquello era entretenimiento, y que éramos prójimos, y que no había de tratar de otra cosa.—"No juren"—
decía—, "que a mí, porque me encomendaba a Dios, me ha sucedido
bien." Y como nosotros no sabíamos la habilidad que tenía de los
dedos a la muñeca,⁹⁵ creímoslo, y el soldado juró de no jurar más, y
yo de la misma suerte.—"¡Pesia tal!"—decía el pobre alférez, que él
me dijo entonces que lo era—, "entre luteranos y moros me he visto,
pero no he padecido tal despojo."

El se reía a todo esto. Tornó a sacar el rosario para rezar. Yo, que
no tenía ya blanca, pedíle que me diese de cenar, y que pagase hasta
Segovia la posada por los dos, que íbamos *in puribus*.⁹⁶ Prometió
hacerlo. Metióse sesenta güevos (¡no vi tal en mi vida!). Dijo que se
iba a acostar.

Dormimos todos en una sala con otra gente que estaba allí, porque los aposentos estaban tomados para otros. Yo me acosté con
harta tristeza; y el soldado llamó al huésped, y le encomendó sus
papeles en las cajas de lata que los traía, y un envoltorio de camisas
jubiladas.⁹⁷ Acostámonos; el padre se persinó, y nosotros nos santiguamos dél.⁹⁸ Durmió; yo estuve desvelado, trazando cómo quitarle
el dinero. El soldado hablaba entre sueños de los cien reales, como si
no estuvieran sin remedio.

Hízose hora de levantar. Pedí yo luz muy aprisa; trujéronla, y el
huésped el envoltorio al soldado, y olvidáronsele los papeles. El pobre
alférez hundió la casa a gritos, pidiendo que le diese los servicios.⁹⁹ El
huésped se turbó, y, como todos decíamos que se los diese, fue
corriendo y trujo tres bacines, diciendo:—"He ahí para cada uno el
suyo. ¿Quieren más servicios?"; que él entendió que nos habían dado
cámaras.¹⁰⁰ Aquí fue ella,¹⁰¹ que se levantó el soldado con la espada

⁹⁵ *la habilidad ... muñeca*: i.e., his ability at cheating (presumably taking
cards from his sleeves).
⁹⁶ in puribus: "naked" (in this case, "penniless").
⁹⁷ *camisas jubiladas*: "retired shirts" (i.e., worn-out ones).
⁹⁸ *nos santiguamos dél*: "we marvelled at him" (figuratively making the sign
of the cross).
⁹⁹ *servicios*: the documents which record his military service. Not being
familiar with this meaning of the word, the innkeeper assumes he needs
chamberpots.
¹⁰⁰ *cámaras*: "diahrrea."
¹⁰¹ *Aquí fue ella*: roughly, "Here all Hell broke loose."

tras el huésped, en camisa, jurando que le había de matar porque
hacía burla dél, que se había hallado en la Naval, San Quintín[102] y
otras, trayendo servicios en lugar de los papeles que le había dado.
Todos salimos tras él a tenerle, y aun no podíamos. Decía el huésped:—"Señor, su merced pidió servicios; yo no estoy obligado a saber   5
que, en lengua soldada, se llaman así los papeles de las hazañas."
Apaciguámoslos, y tornamos al aposento.

El ermitaño, receloso, se quedó en la cama, diciendo que le había
hecho mal el susto. Pagó por nosotros, y salimos del pueblo para el
puerto, enfadados del término del ermitaño, y de ver que no le había-   10
mos podido quitar el dinero.

Topamos con un ginovés, digo con uno destos antecristos de las
monedas de España,[103] que subía el puerto con un paje detrás, y él
con su guardasol, muy a lo dineroso.[104] Trabamos conversación con
él; todo lo llevaba a materia de maravedís, que es gente que natural-   15
mente nació para bolsas. Comenzó a nombrar a Visanzón,[105] y si era
bien dar dineros o no a Visanzón, tanto que el soldado y yo le preguntamos que quién era aquel caballero. A lo cual respondió, riéndose:—"Es un pueblo de Italia, donde se juntan los hombres de nego-

[102] la Naval ... San Quintín: the first refers to the battle of Lepanto (1571);
in this enormously important encounter, Don Juan de Austria led a fleet of
Spanish and Venetian ships against the Turks off the Gulf of Corinth, and
defeated them soundly. In the battle of St. Quentin (1557), the Spanish and
English forces under Philibert defeated the French contingent attempting to
aid Admiral Colligny at the fortress of St. Quentin in the Netherlands.

[103] antecristos ... España: the Genoese banking establishment had super-
seded the German bankers (principally the Fuggers) as the prime source of
loans to the Spanish government by the latter part of the sixteenth century.
Much of the wealth arriving from the Americas simply passed into the
hands of the Genoese to pay off the loans. This financial dependence for
Quevedo was ultimately a humiliating one, and he never tired of attacking
the Genoese bankers in his works.

[104] guardasol ... dineroso: the use of the parasol and the presence of the
page are signs of wealth, thereby inspiring the phrase "muy a lo dineroso."

[105] Visanzón: Besançon, capital of the Franche-Comte and under Spanish
control in Quevedo's day. It became an important center of financial activity
in the sixteenth century after Charles V set up a banking fair there to
attract moneydealers away from Lyon, a prime source of funds for Francis I.
By the time El buscón appeared, its importance was actually small. As noted
by Castro (p. 129), it is rather odd that the city should be described as being
in Italy: "o sencillamente se equivocó el autor, o le hizo confundirse lo
italiano de los genoveses."

cios"—que acá llamamos fulleros[106] de pluma—, "a poner los precios
por donde se gobierna la moneda." De lo cual sacamos que, en Visanzón, se lleva el compás a los músicos de uña.[107]

Entretúvonos el camino contando que estaba perdido porque
había quebrado un cambio,[108] que le tenía más de sesenta mil escudos. Y todo lo juraba por su conciencia; aunque yo pienso que conciencia en mercader es como virgo en cantonera,[109] que se vende sin
haberle. Nadie, casi, tiene conciencia, de todos los deste trato; porque, como oyen decir que muerde por muy poco, han dado en dejarla
con el ombligo en naciendo.[110]

En estas pláticas, vimos los muros de Segovia, y a mí se me
alegraron los ojos, a pesar de la memoria, que, con los sucesos de
Cabra, me contradecía el contento. Llegué al pueblo y, a la entrada,
vi a mi padre en el camino, aguardando ir en bolsas, hecho cuartos, a
Josafad.[111] Enternecíme, y entré algo desconocido de como salí, con
punta de barba, bien vestido.

Dejé la compañía; y, considerando en quién conocería a mi tío—
fuera del rollo[112]—mejor en el pueblo, no hallé nadie de quien echar
mano. Lleguéme a mucha gente a preguntar por Alonso Ramplón, y
nadie me daba razón dél, diciendo que no le conocían. Holgué mucho
de ver tantos hombres de bien en mi pueblo, cuando, estando en
esto, oí al precursor de la penca[113] hacer de garganta, y a mi tío de las

[106] *fulleros*: "cardsharps." "Fulleros de pluma" would mean "cardsharps of
the pen," that is, because they do not steal money through cards, but by
means of the pen (in their "shady dealings").

[107] *músicos de uña*: i.e., "usurers." Quevedo often refers to "uñas" when
describing rapacious acquisitiveness. The entire phrase could be translated
approximately as "in Besançon, the beat is set by the musicians with the
long finger nails."

[108] *había ... cambio*: a money-changing deal had fallen through (one
involving the considerable sum of sixty thousand *escudos*).

[109] *cantonera*: "prostitute."

[110] *han ... naciendo*: "they've hit upon leaving it with their umbilical cord
at birth."

[111] *aguardando ... Josafad*: another pun on "cuartos" as both the quartered
remains of his father's body and the coin; this wordplay justifies the use of
"bolsas," here meant as "money-bags." "Josafad" ("Josaphat") is where the
Last Judgement will take place.

[112] *rollo*: see Book I, Chapt. VII, n. 20.

[113] *precursor ... penca*: "precursor of the scourge"—a reference to the
towncrier who would lead the procession of those being punished in public,
announcing their crimes ("hacer de garganta"). The phrase "y a mi tío de las
suyas" could be translated roughly "and my uncle at his business" (i.e.,
flogging).

suyas. Venía una procesión de desnudos, todos descaperuzados, delante de mi tío, y él, muy haciéndose de pencas,[114] con una en la mano, tocando un pasacalles públicas en las costillas de cinco laúdes, sino que llevaban sogas por cuerdas.[115] Yo, que estaba notando esto con un hombre a quien había dicho, preguntando por él, que era yo un gran caballero, veo a mi buen tío que, echando en mí los ojos— por pasar cerca—, arremetió a abrazarme, llamándome sobrino. Penséme morir de vergüenza; no volví a despedirme de aquél con quien estaba.

Fuime con él, y díjome:—"Aquí te podrás ir, mientras cumplo con esta gente; que ya vamos de vuelta, y hoy comerás conmigo." Yo que me vi a caballo, y que en aquella sarta parecería punto menos de azotado, dije que le aguardaría allí; y así, me aparté tan avergonzado, que, a no depender dél la cobranza de mi hacienda, no le hablara más en mi vida ni pareciera entre gentes.

[114] *haciéndose de pencas*: considering what is revealed in the next chapter (that is, that Ramplón has been paid off by some of the prisoners), Castro takes this to mean that he is not really whipping hard (following the pattern presumably, of "hacerse el tonto," etc.) (see p. 130).

[115] *tocando ... cuerdas*: refers to Ramplón's whipping of the prisoners. The "pasacalles" is a Spanish musical form, as well as the dance which accompanied it ("passacaglia," the term under which it goes in English, is simply the Italianized version). The reason for this being the tune being played by Ramplón on the "lutes" is based on its roots "pasa" and "calles": along with being whipped, the prisoners are paraded down the streets as part of the punishment; hence the tune played is a "pasacalles públicas." The basis for the choice of the instrument being played is a pun on "costillas" as both the human ribs and the "ribs" of a stringed instrument (i.e., the inner supporting pieces), or the strips of wood out of which the body is composed (see Alcina Franch, p. 275, n. 273). Finally, rather than being "strung" with lute-strings, these "instruments" are strung with ropes (that is, since they are tied up).

Capítulo IV

Del hospedaje de mi tío, y visitas, la cobranza de mi hacienda y vuelta a la corte

ENÍA MI BUEN tío su alojamiento junto al matadero, en casa de un aguador.[1] Entramos en ella, y díjome:—"No es alcázar la posada, pero yo os prometo, sobrino, que es a propósito para dar expediente a mis negocios."[2] Subimos por una escalera, que sólo aguardé a ver lo que me sucedía en lo alto, para si se diferenciaba en algo de la de la horca.

Entramos en un aposento tan bajo, que andábamos por él como quien recibe bendiciones, con las cabezas bajas. Colgó la penca en un clavo, que estaba con otros de que colgaban cordeles, lazos, cuchillos, escarpias[3] y otras herramientas del oficio. Díjome que por qué no me quitaba el manteo y me sentaba; yo le dije que no lo tenía de costumbre. Dios sabe cuál[4] estaba de ver la infamia de mi tío, el cual me dijo que había tenido ventura en topar con él en tan buena ocasión porque comería bien, que tenía convidados unos amigos.

En esto, entró por la puerta, con una ropa hasta los pies, morada, uno de los que piden para las ánimas,[5] y haciendo son con la cajita, dijo:—"Tanto me han valido a mí las ánimas hoy, como a ti los azotados: encaja."[6] Hiciéronse la mamona[7] el uno al otro. Arreman-

---

[1] *aguador*: "water vendor."

[2] *es ... negocios*: "it's suitable for efficiently carrying out my business."

[3] *escarpias*: "tenterhooks."

[4] *cuál*: *cómo*.

[5] *uno ... ánimas*: *animero* (a beggar who receives money in exchange for prayers for the dead).

[6] *encaja*: "Phrase vulgar y mui usada de la gente popular, que en señal u demostración de verdadera amistad, se dan las manos recíprocamente, apretándoselas uno a otro, y al mismo de alargárselas suelen decir Encaxa" (*Autoridades*). Thus, it would be similar to "shake" or "put 'er there."

[7] *mamona*: "Vulgarmente se toma por una postura de los cinco dedos de la

góse el desalmado animero el sayazo,[8] y quedó con unas piernas zambas en gregüescos de lienzo, y empezó a bailar y decir que si había venido Clemente. Dijo mi tío que no, cuando, Dios y enhorabuena,[9] devanado en un trapo, y con unos zuecos, entró un chirimía de la bellota,[10] digo, un porquero. Conocíle por el—hablando con perdón—cuerno que traía en la mano; y para andar al uso, sólo erró en no traelle encima de la cabeza.[11]

Salúdonos a su manera, y tras él entró un mulato zurdo y bizco, un sombrero con más falda[12] que un monte y más copa[13] que un nogal, la espada con más gavilanes[14] que la caza del Rey, un coleto de ante.[15] Traía la cara de punto,[16] porque a puros chirlos la tenía toda hilvanada.

Entróse y sentóse, saludando a los de casa; y a mi tío le dijo:—"A fe, Alonso, que lo han pagado bien el Romo y el Garroso."[17] Saltó el de las ánimas, y dijo:—"Cuatro ducados di yo a Flechilla, verdugo de Ocaña, porque[18] aguijase el burro, y porque no llevase la penca de tres suelas,[19] cuando me palmearon."[20]—"¡Vive Dios!"—dijo el cor-

mano en el rostro de otro, y por menosprecio solemos dezir que le hizo la mamona. Diéronle este nombre porque el ama, quando da la teta al niño, suele con los dedos apartados unos de otro recogerla, para ayudar a que salga la leche" (Covarrubias).

  [8] *sayazo*: *saya* plus the augmentative ending *azo*.

  [9] *Dios y enhorabuena*: here, "lo and behold."

  [10] *chirimía de la bellota*: approximately, "a flageolet player of the acorn variety." Rather than playing the "chirimía," the pigherd plays the "cuerno," the hollowed-out animal horn used to call the pigs. Acorns were the standard food for these animals; hence, the burlesque euphemism, "chirimía de la bellota."

  [11] *para ... cabeza*: "to be in fashion, he only erred in not wearing it on his head." Cuckoldry is an obsessive theme of Quevedo's satire; see, for example, his *Carta de un cornudo a otro intitulado "El siglo del cuerno", Obras completas,* I, pp. 91-93.

  [12] *falda*: both "brim" and "slope."

  [13] *copa*: "crown" (of a tree or hat).

  [14] *gavilanes*: both "quillons" of a sword (see Book II, Chapt. I, n. 14) and "sparrowhawks" (thereby justifying the reference to the "caza del Rey").

  [15] *coleto de ante*: see Book II, Chapt. I, n. 35.

  [16] *de punto*: "knitted." But "punto" also refers to stitches, thus justifying the phrase which follows: "porque a puros chirlos la tenía toda hilvanada."

  [17] *el Garroso*: this seems to be an adjectival form of "garra" ("claw," "talon"), perhaps in reference to this individual's ability to steal. (For "Romo" see Book I, Chapt. III, n. 8.)

  [18] *porque*: *para que.*

  [19] *penca ... suelas*: a whip with three thongs.

  [20] *palmearon*: "palmear" literally means "to applaud." *Autoridades*, however, notes that in the argot of the underworld "significa azotar."

chete,—"que se lo pagué yo sobrado a Lobrezno en Murcia, porque iba el borrico que remedaba el paso de la tortuga, y el bellaco me los asentó de manera que no se levantaron sino ronchas."²¹ Y el porquero, concomiéndose,²² dijo:—"Con virgo están mis espaldas."²³—

5.   "A cada puerco le viene su San Martín,"²⁴ dijo el demandador.²⁵ —"De eso me puedo alabar yo"—dijo mi buen tío—"entre cuantos manejan la zurriaga,²⁶ que, al que se me encomienda, hago lo que debo. Sesenta me dieron los de hoy, y llevaron unos azotes de amigo,²⁷ con penca sencilla."

10   Yo que vi cuán honrada gente era la que hablaba mi tío, confieso que me puse colorado, de suerte que no pude disimular la vergüenza. Echómelo de ver el corchete, y dijo:—"¿Es el padre²⁸ el que padeció el otro día, a quien se dieron ciertos empujones en el envés?"²⁹ Yo

²¹ *ronchas*: "welts" and "el daño recibido en materia de dinero, quando se le sacan con cautela, o engaño" (*Autoridades*). The "corchete" suffered both sorts, since after paying the bribe, not only did the donkey go slow (thereby allowing him to be beaten even more), but the executioner gave him a rather harsh whipping. Thus, his observation that "se lo pagué yo sobrado."

²² *concomiéndose*: using this very passage as an example, *Autoridades* defines "concomerse" as "mover a un tiempo los hombros y espaldas en señal de que alguna cosa le pica, o causa comezón: lo qual también se suele hacer quando se tiene o recibe algún gusto o satisfacción particular."

²³ *Con ... espaldas*: "my back [still] has its maidenhead" (that is, he has never been whipped).

²⁴ *A cada ... San Martín*: the time for slaughtering was traditionally around St. Martin's day; the meaning of the phrase would roughly be "your day will come."

²⁵ *demandador*: "alms-collector" (i.e., the "animero").

²⁶ *zurriaga*: "whip."

²⁷ *azotes de amigo*: "friendly lashes." "Azotes de amigo" was the term used to describe those given by an executioner who had been bribed (see Castro, p. 134). (The "penca sencilla" is a whip with just one thong, as opposed to the "penca de tres suelas.")

²⁸ *Es el padre*: there are two possible ways of looking at this: first, that the "corchete" thinks Pablos is a priest because of the type of robe he is wearing, typical of both students and the clergy, and that he is the same one punished several days earlier; or second, that he believes that Pablos's father was someone who had been whipped the other day (perhaps imagining that Pablos is there to make the pay-off). C.B. Morris assumes that this is a "euphemistic reminder of the death of Pablos's father" (p. 17), though the words of Ramplón which follow—seemingly correcting an error—would seem to obviate this possibility.

²⁹ *ciertos ... envés*: "certain pushes on the back" (i.e., "azotes").

respondí que no era hombre que padecía como ellos. En esto, se levantó mi tío y dijo:—"Es mi sobrino, maeso[30] en Alcalá, gran supuesto."[31] Pidiéronme perdón, y ofreciéronme toda caricia.

Yo rabiaba ya por comer, y por cobrar mi hacienda y huir de mi tío. Pusieron las mesas; y por una soguilla, en un sombrero, como suben la limosna los de la cárcel, subían la comida de un bodegón que estaba a las espaldas de la casa, en unos mendrugos de platos[32] y retacillos[33] de cántaros y tinajas. No podrá nadie encarecer mi sentimiento y afrenta. Sentáronse a comer, en cabecera el demandador,[34] y los demás sin orden. No quiero decir lo que comimos; sólo, que eran todas cosas para beber. Sorbióse el corchete tres de puro tinto. Brindóme a mí el porquero; me las cogía al vuelo,[35] y hacía más razones que decíamos todos. No había memoria de agua, y menos voluntad della.

Parecieron en la mesa cinco pasteles de a cuatro.[36] Y tomando un hisopo, después de haber quitado las hojaldres, dijeron un responso[37] todos, con su *requiem eternam*,[38] por el ánima del difunto cuyas eran aquellas carnes. Dijo mi tío:—"Ya os acordáis, sobrino, lo que os

[30] *maeso*: a vulgar form of "maestro."

[31] *gran supuesto*: "an important personage."

[32] *mendrugos de platos*: "crumbs of plates," i.e., pieces of broken plates.

[33] *retacillos*: *retazo* ("remnant," "piece") plus the diminutive *illo*.

[34] Here the Bueno manuscript continues with this passage:
Diciendo la iglesia en mexor sientese padre echo la vendicion mi tio, y como estaua hecho a santiguar espaldas parecian mas amagos de açotes que de cruces. (p. 139)

[35] *me las ... vuelo*: this is a rather ambiguous phrase of which even Lázaro Carreter is not sure: "La interpretación que proponemos para este difícil pasaje es la siguiente: 'Brindóme a mí el porquero; me las [las ocasiones u ofrecimientos] cogía al vuelo, y hacía más razones [correspondencias a los brindis] que [cosas razonables] decíamos todos.' Con todo, ignoro el sentido preciso de *las cogía*, en este contexto. Hallamos el pronombre *la* en fórmulas americanas para brindar o hacer la razón ..." (p. 139). Ife assumes that "las" refers to "razones": "The swineherd toasts Pablos and then takes the words (of his reply) from his mouth as he is uttering them (' al vuelo'—'in flight')" (p. 242). What we can be sure of is the pun on "razones" in "hacía más razones que decíamos todos": "razones" in the sense of "to respond to a toast" (by drinking another) and "words." The notion is that the number of toasts he was drinking was greater than the number of words being said (that is, since they were all busy indulging their appetite and thirst).

[36] *pasteles de a cuatro*: see Book I, Chapt. VII, n. 13.

[37] *responso*: prayer for the dead.

[38] requiem eternam: "eternal rest," the first words of the Mass for the dead ("Requiem aeternam dona eis, Domine").

escribí de vuestro padre." Vínoseme a la memoria; ellos comieron, pero yo pasé con los suelos[39] solos, y quedéme con la costumbre; y así, siempre que como pasteles, rezo una avemaría por el que Dios haya.[40]

Menudeóse sobre dos jarros; y era de suerte lo que hicieron el corchete y el de las ánimas, que se pusieron las suyas[41] tales, que, trayendo un plato de salchichas que parecía de dedos de negro, dijo uno que para qué traían pebetes[42] guisados. Ya mi tío estaba tal, que, alargando la mano y asiendo una, dijo, con la voz algo áspera y ronca, el un ojo medio acostado, y el otro nadando en mosto:[43]—"Sobrino, por este pan de Dios[44] que crió a su imagen y semejanza, que no he comido en mi vida mejor carne tinta."[45] Yo que vi al corchete que, alargando la mano, tomó el salero y dijo:—"Caliente está este caldo," y que el porquero se llevó el puño de sal, diciendo:—"Es buen el avisillo[46] para beber," y se lo chocló en la boca,[47] comencé a reír por una parte, y a rabiar por otra.

Trujeron caldo, y el de las ánimas tomó con entrambas manos una escudilla, diciendo:—"Dios bendijo la limpieza;" y alzándola para sorberla, por llevarla a la boca, se la puso en el carrillo, y, volcándola, se asó en caldo, y se puso todo de arriba abajo que era vergüenza. El, que se vio así, fuese a levantar, y como pesaba algo la cabeza, quiso ahirmar[48] sobre la mesa, que era destas movedizas; trastornóla, y manchó a los demás; y tras esto decía que el porquero le había empujado. El porquero que vio que el otro se le caía encima, levantóse, y

---

[39] *suelos*: "bottom crusts."

[40] *por el ... haya*: roughly, "for him whom may God preserve" (i.e., the departed soul).

[41] *suyas*: refers back to "ánimas."

[42] *pebetes*: "sticks of incense."

[43] *mosto*: "must" (unfermented grape juice), here meaning "wine."

[44] *por ... Dios*: Ramplón is swearing by the Host.

[45] *no he ... tinta*: Ramplón is so drunk that he refers to the meat in terms of wine, "tinto" being a term used exclusively to describe the latter.

[46] *avisillo*: *aviso* plus the diminutive *illo*. This would appear to mean that it is a good "bit of advice" to have some salt before drinking, given that it will spark your desire to drink more. (In the Santander manuscript [see Lázaro p. 140], however, it reads "apetitillo": "aperitif.")

[47] *se lo chocló*: Covarrubias defines "choclón" in the following terms: "Deste término usan los jugadores de argolla quando la bola de golpe se entra por las barras; y choclar el emboscarse en esta forma." (This would be akin to driving a ball through a wicket in croquet, a game related—as noted earlier—to the "juego de la argolla.")

[48] *ahirmar*: *afirmar* (i.e., to support himself on the table).

alzando el instrumento de güeso,[49] le dio con él una trompetada. Asiéronse a puños, y, estando juntos los dos, y teniéndole el demandador mordido de un carrillo, con los vuelcos y alteración, el porquero vomitó cuanto había comido en las barbas del de la demanda. Mi tío, que estaba más en juicio, decía que quién había traído a su casa tantos clérigos.

Yo que los vi que ya, en suma, multiplicaban,[50] metí en paz la brega, desasí a los dos, y levanté del suelo al corchete, el cual estaba llorando con gran tristeza; eché a mi tío en la cama, el cual hizo cortesía a un velador de palo que tenía, pensando que era convidado; quité el cuerno al porquero, el cual, ya que dormían los otros, no había hacerle callar, diciendo que le diesen su cuerno, porque no había habido jamás quien supiese en él más tonadas, y que él quería tañer con el órgano. Al fin, yo no me aparté dellos hasta que vi que dormían.

Salíme de casa; entretúveme en ver mi tierra toda la tarde, pasé por la casa de Cabra, tuve nueva de que ya era muerto, y no cuidé de preguntar de qué, sabiendo que hay hambre en el mundo.

Torné a casa a la noche, habiendo pasado cuatro horas, y hallé al uno despierto y que andaba a gatas por el aposento buscando la puerta, y diciendo que se les había perdido la casa. Levantéle, y dejé dormir a los demás hasta las once de la noche que despertaron; y, esperezándose,[51] preguntó mi tío que qué hora era. Respondió el porquero—que aún no la había desollado[52]—que no era nada sino la siesta, y que hacía grandes bochornos. El demandador, como pudo, dijo que le diesen su cajilla:—"Mucho han holgado las ánimas para tener a su cargo mi sustento;" y fuese, en lugar de ir a la puerta, a la ventana; y, como vio estrellas, comenzó a llamar a los otros con grandes voces, diciendo que el cielo estaba estrellado a mediodía, y que había un gran eclipse. Santiguáronse todos y besaron la tierra.

Yo que vi la bellaquería del demandador, escandalicéme mucho, y propuse de guardarme de semejantes hombres. Con estas vilezas e infamias que veía yo, ya me crecía por puntos[53] el deseo de verme

[49] *instrumento de güeso*: i.e., his hollowed-out animal horn.

[50] *Yo ... multiplicaban*: Castro says that "multiplicaban" means that they are seeing visions (p. 137); Ife takes it to mean that they are "seeing double" (p. 243). "En suma," besides entering into play with "multiplicaban," would seem to imply that the four are doing it "all together" ("added all together").

[51] *esperezándose*: i.e., *desperezándose* ("stretching," "shaking off drowsiness").

[52] *no la ... desollado*: the "la" refers to "zorra" ("drunkenness"). "Desollar la zorra"—"to sleep off drunkenness."

[53] *por puntos*: "from one moment to another."

entre gente principal y caballeros. Despachélos a todos uno por uno
lo mejor que pude, acosté a mi tío, que, aunque no tenía zorra, tenía
raposa,[54] y yo acomodéme sobre mis vestidos y algunas ropas de los
que Dios tenga,[55] que estaban por allí.

Pasamos desta manera la noche; a la mañana, traté con mi tío de
reconocer mi hacienda y cobralla. Despertó diciendo que estaba
molido, y que no sabía de qué. El aposento estaba, parte con las
enjaduaduras de las monas,[56] parte con las aguas que habían hecho
de no beberlas,[57] hecho una taberna de vinos de retorno.[58] Levantóse, tratamos largo en mis cosas, y tuve harto trabajo por ser hombre tan borracho y rústico. Al fin, le reduje a que me diera noticia[59]
de parte de mi hacienda, aunque no de toda, y así, me la dio de unos
trecientos ducados que mi buen padre había ganado por sus puños,[60]
y dejádolos en confianza de una buena mujer a cuya sombra se
hurtaba diez leguas a la redonda.

Por no cansar a v. m., vengo a decir que cobré y embolsé mi
dinero, el cual mi tío no había bebido ni gastado, que fue harto para
ser hombre de tan poca razón, porque pensaba que yo me graduaría
con éste, y que, estudiando, podría ser cardenal, que, como estaba en
su mano hacerlos,[61] no lo tenía por dificultoso. Díjome, en viendo
que los tenía:—"Hijo Pablos, mucha culpa tendrás si no medras y
eres bueno, pues tienes a quién parecer. Dinero llevas; yo no te he de
faltar, que cuanto sirvo y cuanto tengo, para ti lo quiero." Agradecíle
mucho la oferta.

---

[54] *raposa:* "female fox." Here, however, Pablos extends the meaning so as
to make it synonymous with "zorra" in its colloquial sense.

[55] *algunas ... tenga:* these clothes belonged to people whom Ramplón had
executed ("los que Dios tenga"—"those whom may God preserve [in
Heaven]").

[56] *enjaduaduras de las monas:* "monas" colloquially refers to "drunkenness."
"Enjaduaduras" ("enjuagaduras" in modern Spanish) normally means "rinse
water"; "enjaduaduras de las monas," however, is a witty reference to the
wine vomited the previous evening.

[57] *parte con ... beberlas:* "hacer aguas" means "to pass water." Pablos is
cleverly saying that the room is full of the "water" they had passed because
they had been drinking not water, but wine the night before.

[58] *taberna ... retorno:* "a tavern of returned wines" (i.e., wine which had
been vomited back).

[59] *le reduje ... noticia:* "I got him to inform me."

[60] *había ... puños:* "he had earned with his own hands" (in this case, by
pickpocketing and stealing).

[61] *como ... hacerlos:* "los" refers to "cardenales"—another pun on "cardenal" as "cardinal" and "bruise" (see Book I, Chapt. I, n. 13).

Gastamos el día en pláticas desatinadas y en pagar las visitas a los personajes dichos. Pasaron la tarde en jugar a la taba mi tío, el porquero y demandador. Este jugaba misas[62] como si fuera otra cosa. Era de ver cómo se barajaban la taba:[63] cogiéndola en el aire al que la echaba, y meciéndola en la muñeca, se la tornaban a dar. Sacaban de   5
taba como de naipe, para la fábrica de la sed,[64] porque había siempre un jarro en medio.

Vino la noche; ellos se fueron; acostámonos mi tío y yo cada uno en su cama, que ya había prevenido para mí un colchón. Amaneció y, antes que él despertase, yo me levanté y me fui a una posada, sin que   10
me sintiese; torné a cerrar la puerta por defuera, y echéle la llave por una gatera.[65]

Como he dicho, me fui a un mesón, a esconder y aguardar comodidad para ir a la corte. Dejéle en el aposento una carta cerrada, que contenía mi ida y las causas, avisándole que no me buscase, porque   15
eternamente no lo había de ver.

---

[62] *Este ... misas*: two possibilities suggest themselves: either the "demandador" is betting away the money he collected for masses for the dead, or he is literally betting masses, that is, if he loses, he will "pay up" by having masses said for them.

[63] *taba*: the knucklebone used in the game of the same name (in its plural form). The players throw it and bet on which side will land up. (This game is still played in rural parts of Argentina.)

[64] *Sacaban ... sed*: Pablos says that both cards and knucklebones served to build up a thirst ("fábrica" in the sense of "creation," "construction"). Castro points out, however, that "fábrica" also means "fondo que suele haber en las iglesias para los gastos del culto" (p. 140), which leads Ife to assume that they are drinking away the beggar's money (see p. 244)—a possibility that would not seem justified when one looks at the grammar. Another possibility is that they use the money won from each other in their games as a "drinking fund."

[65] *gatera*: see Book I, Chapt. III, n. 17.

Capítulo V

De mi huida, y los sucesos en ella hasta la corte

ARTÍA AQUELLA MAÑANA del mesón un arriero con cargas a la corte. Llevaba un jumento; alquilómele, y salíme a aguardarle a la puerta fuera del lugar. Salió, espetéme[1] en el dicho, y empecé mi jornada. Iba entre mí diciendo:— "Allá quedarás, bellaco, deshonrabuenos, jinete de gaznates."[2]

Consideraba yo que iba a la corte, adonde nadie me conocía—que era la cosa que más me consolaba—, y que había de valerme por mi habilidad allí. Propuse de colgar los hábitos[3] en llegando, y de sacar vestidos nuevos cortos al uso.[4] Pero volvamos a las cosas que el dicho mi tío hacía, ofendido con la carta, que decía en esta forma:

"Señor Alonso Ramplón: Tras haberme Dios hecho tan señaladas mercedes[5] como quitarme de delante a mi buen padre y tener a mi

---

[1] *espetéme*: "I sat myself" ("dicho" refers back to "jumento"). (See also Book III, Chapt. VI, n. 26.)

[2] *jinete de gaznates*: refers to the practice of having the hangman sit on the criminal's shoulders so as to make sure his neck broke ("gaznate"—"gullet," "windpipe"). (For the same phrase, see also "Respuesta de la Méndez a Escarramán," *Obra poética*, III, p. 279.)

[3] *hábitos*: refers to the long garment worn by students, similar to that employed by the clergy.

[4] *al uso*: "in the current style."

[5] *señaladas mercedes*: "remarkable favors." (One wonders whether Pablos is not playing on "señaladas" again [see Book II, Chapt. III, n. 70], the marks in question in this case being those left on his father's neck on being hanged and those left on his mother by the scourging she would undoubtedly receive).

madre en Toledo, donde, por lo menos, sé que hará humo,[6] no me
faltaba sino ver hacer en v. m. lo que en otros hace. Yo pretendo ser
uno de mi linaje, que dos es imposible, si no vengo a sus manos, y
trinchándome, como hace a otros. No pregunte por mí, ni me nombre, porque me importa negar la sangre que tenemos. Sirva al Rey, y
adiós."

No hay que encarecer las blasfemias y oprobios que diría contra
mí. Volvamos a mi camino. Yo iba caballero en el rucio de la Mancha,[7] y bien deseoso de no topar nadie, cuando desde lejos vi venir un
hidalgo de portante,[8] con su capa puesta, espada ceñida, calzas atacadas[9] y botas, y al parecer bien puesto, el cuello abierto, el sombrero
de lado. Sospeché que era algún caballero que dejaba atrás su coche;
y así, emparejando, le saludé.

Miróme y dijo:—"Irá v. m. señor licenciado, en ese borrico con
harto más descanso que yo con todo mi aparato." Yo, que entendí
que lo decía por coche y criados que dejaba atrás, dije:—"En verdad,
señor, que lo tengo por más apacible caminar que el del coche, porque aunque v. m. vendrá en el que trae detrás con regalo, aquellos
vuelcos que da, inquietan."—"¿Cuál coche detrás?" dijo él muy alborotado. Y, al volver atrás, como hizo fuerza, se le cayeron las calzas,
porque se le rompió una agujeta[10] que traía, la cual era tan sola que,
tras verme muerto de risa de verle, me pidió una prestada. Yo que vi
que, de la camisa, no se vía sino una ceja,[11] y que traía tapado el rabo
de medio ojo,[12] le dije:—"Por Dios, señor, si v. m. no aguarda a sus

---

[6] *hará humo*: seemingly a play on the two meanings of "hacer humo":
"Además del sentido recto, que es ocasionarle o causarle: metaphóricamente
vale hacer mansión en alguna parte" (*Autoridades*). Aldonza will be "staying
over" in Toledo, where she will also be "going up in smoke."

[7] *caballero ... Mancha*: some have taken this as an allusion to *Don Quijote*.
Since the work was published in 1605, this could provide a *terminus a quo* for
the composition of the novel.

[8] *de portante*: refers to the ambling gait of a horse.

[9] *calzas atacadas*: "buttoned breeches."

[10] *agujeta*: "latchet."

[11] *ceja*: "en los vestidos es lo que sobresale en el cosido a la tela principal: o
para que ésta no se gaste, como en los ruedos; o para adorno, como en las
guarniciones" (*Autoridades*).

[12] *traía ... ojo*: this phrase contains much wordplay. "Rabo" means both
"tail" and, colloquially, the "corner of the eye" ("mirar por el rabo del ojo").
"De medio ojo," according to *Autoridades*, means "no enteramente descu-
bierto o en público." "Ojo" also refers, of course, to the anus (see Quevedo's
hilarious *Gracias y desgracias del ojo del culo*, *Obras completas*, I, pp. 95-100). Thus,
while the phrase simply means that his bottom was only half-covered by the
tail of his shirt, there is a series of puns at work on eye-related words, one of
which is clearly obscene.

criados, yo no puedo socorrerle, porque vengo también atacado únicamente."[13]—"Si hace v. m. burla"—dijo él, con las cachondas[14] en la mano—, "vaya, porque no entiendo eso de los criados."

Y aclaróseme tanto en materia de ser pobre, que me confesó, a media legua que anduvimos, que si no le hacía merced de dejarle subir en el borrico un rato, no le era posible pasar adelante, por ir cansado de caminar con las bragas[15] en los puños; y, movido a compasión, me apeé; y, como él no podía soltar las calzas, húbele yo de subir. Y espantóme lo que descubrí en el tocamiento, porque, por la parte de atrás, que cubría la capa, traía las cuchilladas[16] con entretelas de nalga pura. El, que sintió lo que le había visto, como discreto, se previno diciendo:—"Señor licenciado, no es oro todo lo que reluce. Debióle parecer a v. m., en viendo el cuello abierto y mi presencia, que era un conde de Irlos.[17] Como destas hojaldres[18] cubren en el mundo lo que v. m. ha tentado."

Yo le dije que le aseguraba de que me había persuadido a muy diferentes cosas de las que veía.—"Pues aún no ha visto nada v. m."—replicó—, "que hay tanto que ver en mí como tengo, porque nada cubro. Veme aquí v. m. un hidalgo hecho y derecho,[19] de casa de solar montañés,[20] que, si como sustento la nobleza, me sustentara, no hubiera más que pedir. Pero ya, señor licenciado, sin pan y carne, no se sustenta buena sangre, y por la misericordia de Dios, todos la tienen colorada, y no puede ser hijo de algo[21] el que no tiene

---

[13] *atacado únicamente*: i.e., his breeches are being held up by just one latchet.

[14] *cachondas*: "breeches" (coll.).

[15] *bragas*: "breeches."

[16] *cuchilladas*: "unas aberturas a lo largo, que se solían hacer para adorno en los vestidos, de suerte que por ellas se viesse el aforro de otro color" (*Autoridades*). The "entretela" ("interlining") seen in Don Toribio's case is the flesh of his buttocks.

[17] *conde de Irlos*: a character who appeared in many *romances*.

[18] *hojaldres*: "crusts." In this instance, it is meant in the sense of "outer trimmings," though it could imply "engaños," as in "quitar la hojaldre al pastel": "significa descubrir algún enredo, trampa o maraña, que tratándose de ella se hizo patente y conocida" (*Autoridades*).

[19] *hecho y derecho*: "complete," "perfect" (coll.).

[20] *montañés*: refers to the mountainous area of Santander. Being from "la montaña" was considered sure proof that one was of *cristiano viejo* stock. Quevedo himself was ostentatiously proud of the fact that his family was from this area.

[21] *hijo de algo*: "hidalgo" is simply the contracted form of this phrase. This more archaic form is used so as to allow the play on "algo" and "nada."

nada. Ya he caído en la cuenta de las ejecutorias,[22] despúes que, hallándome en ayunas un día, no me quisieron dar sobre ella en un bodegón dos tajadas; pues, ¡decir que no tiene letras de oro![23] Pero más valiera el oro en las píldoras que en las letras,[24] y de más provecho es. Y, con todo, hay muy pocas letras con oro. He vendido hasta   5
mi sepultura, por no tener sobre qué caer muerto, que la hacienda de mi padre, Toribio Rodríguez Vallejo Gómez de Ampuero—que todos estos nombres tenía—, se perdió en una fianza.[25] Sólo el *don* me ha quedado por vender, y soy tan desgraciado que no hallo nadie con necesidad dél, pues quien no le tiene por ante,[26] le tiene por postre,   10
como el remendón, azadón, pendón, blandón, bordón, y otros así."

Confieso que, aunque iban mezcladas con risa, las calamidades del dicho hidalgo me enternecieron. Pregúntele cómo se llamaba, y adónde iba y a qué. Dijo que todos los nombres de su padre: don Toribio Rodríguez Vallejo Gómez de Ampuero y Jordán. No se vio   15
jamás nombre tan campanudo,[27] porque acababa en dan y empezaba en don, como son de badajo.[28] Tras esto dijo que iba a la corte, porque un mayorazgo[29] roído como él, en un pueblo corto, olía mal a dos días, y no se podía sustentar, y que por eso se iba a la patria común, adonde caben todos, y adonde hay mesas francas[30] para estó-   20
magos aventureros.—"Y nunca, cuando entro en ella, me faltan cien reales en la bolsa, cama, de comer y refocilo de lo vedado,[31] porque la

[22] *ejecutorias*: "legal patents of nobility." "Yo he caído en la cuenta de ejecutorias" could be translated as "I"ve come to realize the truth about legal patents of nobility."

[23] *letras de oro*: having the "ejecutoria" written in gold letters was an added note of distinction. Don Toribio is saying they would not give him two slices of ham with the "ejecutoria" as a deposit because it was not written in gold letters.

[24] *Pero ... letras*: *Autoridades* defines "píldora" as a "Pelotilla o bolilla de tamaño de un garbanzo, o más pequeña, compuesta y confeccionada con medicamentos purgantes o confortantes, y cubierta por encima de una telilla dorada o plateada." Don Toribio is saying that the gold used for adorning the "ejecutoria" would be better employed in making pills.

[25] *fianza*: security for a loan.

[26] *ante*: "first course."

[27] *campanudo*: "high-sounding." While Don Toribio's name is, in fact, "high-sounding," Pablos's reason for using this adjective (whose root, of course, is "campana") is to set up the *don/dan* witticism.

[28] *badajo* "clapper," "tongue" (of a bell).

[29] *mayorazgo*: owner of an estate inherited by primogeniture (that is, by being the first-born son of a family).

[30] *mesas francas*: "duty-free tables."

[31] *refocilo de lo vedado*: roughly, "pleasure of the forbidden kind" (presumably fornication).

industria en la corte es piedra filosofal,[32] que vuelve en oro cuanto
toca."

Yo vi el cielo abierto, y en son de entretenimiento para el camino,
le rogué que me contase cómo y con quiénes y de qué manera viven
5   en la corte los que no tenían, como él. Porque me parecía dificultoso
en este tiempo, que no sólo se contenta cada uno con sus cosas, sino
que aun solicitan las ajenas.—"Muchos hay de esos"—dijo—, "y
muchos de estotros.[33] Es la lisonja llave maestra, que abre a todas
voluntades en tales pueblos. Y porque no se le haga dificultoso lo que
10 digo, oiga mis sucesos y mis trazas, y se asegurará de esa duda."

---

[32] *piedra filosofal*: "philosopher's stone" (the stone which the alchemists
believed could turn any substance into gold).
[33] *estotros: estos otros.*

Capítulo VI

O primero ha de saber que en la corte hay siempre el más necio y el más sabio, más rico y más pobre, y los extremos de todas las cosas; que disimula los malos y esconde los buenos, y que en ella hay unos géneros de gentes como yo, que no se les conoce raíz ni mueble,[1] ni otra cepa[2] de la que decienden los tales. Entre nosotros nos diferenciamos con diferentes nombres; unos nos llamamos caballeros hebenes; otros, güeros, chanflones, chirles,[3] traspillados y caninos.[4]

"Es nuestra abogada la industria; pagamos las más veces los estómagos de vacío, que es gran trabajo traer la comida en manos ajenas. Somos susto de los banquetes,[5] polilla de los bodegones y convidados por fuerza.[6] Sustentámonos así del aire, y andamos contentos. Somos gente que comemos un puerro, y representamos un capón.[7] Entrará uno a visitarnos en nuestras casas, y hallará nuestros aposentos llenos de güesos de carnero y aves, mondaduras de frutas, la puerta embarazada con plumas y pellejos de gazapos;[8]

---

[1] *raíz ni mueble*: "real estate nor liquid assets."

[2] *cepa*: both "grapevine" and "family stock." The joke is that the only "cepa" that they have is their family background (since they own no vineyards).

[3] *güeros ... chirles*: see Book II, Chapt. III, notes 3 and 4.

[4] *traspillados y caninos*: "worn-out and hungry" ("hambre canina").

[5] *susto de los banquetes*: "the fright of banquets" (that is, because of the way they go after the food).

[6] *convidados por fuerza*: "uninvited guests."

[7] *comemos ... capón*: "we eat a leek, and go around acting as if it were a capon."

[8] *la puerta ... gazapo*: "the door hampered by feathers and rabbit skins."

todo lo cual cogemos de parte de noche por el pueblo, para honrar-
nos con ello de día. Reñimos en entrando el huésped:—'¿Es posible
que no he de ser yo poderoso para que barra esa moza? Perdone v.
m., que han comido aquí unos amigos, y estos criados...,' etc.
Quien no nos conoce cree que es así, y pasa por convite.⁹

"Pues ¿qué diré del modo de comer en casas ajenas? En hablando
a uno media vez, sabemos su casa, vámosle a ver, y siempre a la
hora de mascar, que se sepa que está en la mesa. Decimos que nos
llevan sus amores,¹⁰ porque tal entendimiento,¹¹ etc. Si nos pregun-
tan si hemos comido, si ellos no han empezado decimos que no; si
nos convidan, no aguardamos a segundo embite, porque destas
aguardadas nos han sucedido grandes vigilias. Si han empezado,
decimos que sí; y aunque parta muy bien el ave, pan o carne el que
fuere,¹² para tomar ocasión de engullir un bocado, decimos:—
'Ahora deje v. m., que le quiero servir de maestresala,¹³ que solía,
Dios le tenga en el cielo—y nombramos un señor muerto, duque o
conde—, gustar más de verme partir que de comer.' Diciendo esto,
tomamos el cuchillo y partimos bocaditos, y al cabo decimos:—'¡Oh,
qué bien güele! Cierto que haría agravio a la guisandera¹⁴ en no
probarlo. ¡Qué buena mano tiene!'¹⁵ Y diciendo y haciendo,¹⁶ va en
pruebas el medio plato:¹⁷ el nabo por ser nabo, el tocino por ser
tocino, y todo por lo que es. Cuando esto nos falta, ya tenemos sopa
de algún convento aplazada;¹⁸ no la tomamos en público, sino a lo
escondido, haciendo creer a los frailes que es más devoción que
necesidad.¹⁹

"Es de ver uno de nosotros en una casa de juego, con el cuidado
que sirve y despabila las velas, trae orinales, cómo mete naipes y

⁹ *pasa por convite:* "it passes as a party."
¹⁰ *Decimos ... amores:* "We say that we are brought there by our
admiration for them."
¹¹ *porque tal entendimiento:* "because such intelligence" (an example of the
type of flattery they bestow on the host).
¹² *el que fuere:* "whoever it be."
¹³ *maestresala:* "chief butler".
¹⁴ *guisandera: guisadora* ("cook").
¹⁵ *Que ... tiene:* roughly, "What a knack she has! "
¹⁶ *diciendo y haciendo:* roughly, "And in the blink of an eye."
¹⁷ *va en ... plato:* "half the dish goes in the sampling of it."
¹⁸ *tenemos ... convento:* monasteries and convents distributed food (usually
soup) to the poor.
¹⁹ *haciendo ... necesidad:* "making the friars believe we do it out of devotion
[i.e., as an act of piety] rather than necessity."

solemniza las cosas del que gana,[20] todo por un triste real de barato.[21]

"Tenemos de memoria, para lo que toca a vestirnos, toda la ropería vieja.[22] Y como en otras partes hay hora señalada para oración, la tenemos nosotros para remendarnos. Son de ver, a las mañanas, las diversidades de cosas que sanamos; que, como tenemos por enemigo declarado al sol, por cuanto nos descubre los remiendos, puntadas y trapos, nos ponemos, abiertas las piernas, a la mañana, a su rayo, y en la sombra del suelo vemos las que hacen los andrajos y hilachas de las entrepiernas,[23] y con unas tijeras las hacemos la barba a las calzas.

"Y como siempre se gastan tanto las entrepiernas, es de ver cómo quitamos cuchilladas de atrás para poblar lo de adelante; y solemos traer la trasera tan pacífica, por falta de cuchilladas, que se queda en las puras bayetas.[24] Sábelo sola la capa, y guardámonos de días de aire,[25] y de subir por escaleras claras[26] o a caballo. Estudiamos posturas contra la luz, pues, en día claro, andamos las piernas muy juntas, y hacemos las reverencias[27] con solos los tobillos, porque, si se abren las rodillas, se verá el ventanaje.[28]

"No hay cosa en todos nuestros cuerpos que no haya sido otra cosa y no tenga historia. *Verbi gratia*:[29] bien ve v. m.—dijo—esta ropilla;[30] pues primero fue gregüescos, nieta de una capa y bisnieta

[20] *solemniza ... gana*: "extol things said by the one who's winning."

[21] *barato*: the tip gamblers give to those who have waited on them during the game (doing the sorts of errands and services described by Don Toribio).

[22] *toda ... vieja*: "all the used clothing stores."

[23] *entrepiernas*: "crotch." Don Toribio says that they stand with their legs open so that any strands or tatters ("hilachas") in the crotch area of the breeches will cast a shadow; then, after locating them, they trim them: "con unas tijeras las hacemos la barba a las calzas."

[24] *solemos ... bayetas*: Pablos is playing on the double meaning of "cuchilladas"—the slash of a knife and "slash" in the sartorial sense (see Book II, Chapt., V, n. 16). Since all the "slashes" have been removed from the back of the garment, his "rear end" ("trasera") is now "peaceful," so much so that all that is left there now is the baize ("bayeta") of the lining.

[25] *días de aire*: "windy days." They are very careful on these days because of what might be revealed if a gust lifts up their capes.

[26] *escaleras claras*: probably "open-tread staircases" (as suggested by Ife, p. 247), since someone standing below would be able to "see through" them. It could also refer, however, simply to well-lit staircases.

[27] *hacemos las reverencias*: "we bow."

[28] *ventanaje*: "windows," "fenestration" (i.e., the holes in their breeches).

[29] Verbi gratia: *verbigracia* ("for example").

[30] *ropilla*: see Book I, Chapt. III, n. 65.

de un capuz,[31] que fue en su principio, y ahora espera salir para soletas[32] y otras cosas. Los escarpines,[33] primero son pañizuelos, habiendo sido toallas, y antes camisas, hijas de sábanas; y después hacemos dél polvos para resucitar los zapatos, que, de incurables, los he visto hacer revivir con semejantes medicamentos.

"Pues ¿qué diré del modo con que de noche nos apartamos de las luces, porque no se vean los herreruelos[34] calvos y las ropillas lampiñas?; que no hay más pelo en ellas que en un guijarro, que es Dios servido de dárnosle en la barba y quitárnosle en la capa. Pero, por no gastar con barberos, prevenimos siempre de aguardar a que otro de los nuestros tenga también pelambre, y entonces nos la quitamos el uno al otro, conforme lo del Evangelio: 'Ayudaos como buenos hermanos.'

"Traemos gran cuenta en no andar los unos por las casas de los otros, si sabemos que alguno trata la misma gente que otro. Es de ver cómo andan los estómagos en celo.

"Estamos obligados a andar a caballo una vez cada mes, aunque sea en pollino, por las calles públicas; y obligados a ir en coche una vez en el año, aunque sea en la arquilla o trasera.[35] Pero, si alguna vez vamos dentro del coche es de considerar que siempre es en el estribo,[36] con todo el pescuezo de fuera, haciendo cortesías porque[37] nos vean todos, y hablando a los amigos y conocidos aunque miren a otra parte.

"Si nos come[38] delante de algunas damas, tenemos traza para rascarnos en público sin que se vea; si es en el muslo, contamos que vimos un soldado atravesado desde tal parte a tal parte, y señalamos con las manos aquéllas que nos comen, rascándonos en vez de enseñarlas. Si es en la iglesia, y come en el pecho, nos damos *sanctus*

---

[31] *capuz*: "long cloak."

[32] *soletas*: patches for the sole of a stocking.

[33] *escarpines*: "Vale la funda de lienço que ponemos sobre el pie, debaxo de la calça, como la camisa debaxo del jubón" (Covarrubias).

[34] *herreruelos*: plain, short cape without a collar. Don Toribio refers to them as "calvos," and to the "ropillas" as "lampiñas," because of the lack of nap in the cloth ("no hay más pelo en ellas que en un guijarro").

[35] *arquilla o trasera*: the first is a kind of luggage compartment on the back of a coach; the second, the back of the coach itself.

[36] *estribo*: the seat next to the door of the coach.

[37] *porque*: *para que*.

[38] *Si nos come*: "If we itch" (presumably because of fleas).

aunque sea al *introibo*.³⁹ Levantámonos, y arrimándonos a una esquina en son de empinarnos para ver algo,⁴⁰ nos rascamos.

"¿Qué diré del mentir? Jamás se halla verdad en nuestra boca. Encajamos duques y condes en las conversaciones, unos por amigos, otros por deudos; y advertimos que los tales señores, o estén muertos o muy lejos.

"Y lo que más es de notar: que nunca nos enamoramos sino de *pane lucrando*,⁴¹ que veda la orden damas melindrosas, por lindas que sean; y así, siempre andamos en recuesta con⁴² una bodegonera por la comida, con la güéspeda por la posada, con la que abre los cuellos⁴³ por los que trae el hombre. Y aunque, comiendo tan poco y bebiendo tan mal, no se puede cumplir con tantas, por su tanda⁴⁴ todas están contentas.

"Quien ve estas botas mías, ¿cómo pensará que andan caballeras en las piernas en pelo,⁴⁵ sin media ni otra cosa? Y quien viere este cuello, ¿por qué ha de pensar que no tengo camisa? Pues todo esto le puede faltar a un caballero, señor licenciado, pero cuello abierto y almidonado, no. Lo uno, porque así es gran ornato de la persona; y después de haberle vuelto de una parte a otra, es de sustento, porque se cena el hombre en el almidón, chupándole con destreza.

"Y al fin, señor licenciado, un caballero de nosotros ha de tener más faltas⁴⁶ que una preñada de nueve meses, y con esto vive en la

³⁹ sanctus ... introibo: the first is a prayer said at the end of the preface of a Eucharistic service, beginning with the Latin word *sanctus* ("holy"); for the second, see Book II, Chapt. III, n. 50.

⁴⁰ *en son ... algo*: "as if we were standing on tiptoe to see something." It seems from the context that the strategy for scratching themselves has to do with the parts of the service in which the congregation sits (or kneels) and those in which it stands (although we would have to be familiar with the local practice of the time to be completely sure). The "caballeros chanflones" act as if the Mass were at the *sanctus* stage (where one should be standing) even if it is the *introit* (where presumably one should be sitting or kneeling); this allows them to move over to scratch themselves against a corner (as seen below).

⁴¹ pane lucrando: "done for profit only," "done for earning our daily bread."

⁴² *en recuesta con*: "wooing," "courting."

⁴³ *la que ... cuellos*: refers to the women who washed and starched the elaborate fluted collars worn at the time (see Castro"s extensive note, p. 152).

⁴⁴ *tanda*: "shift," "turn."

⁴⁵ *andan ... pelo*: "they go horseback on my bare legs" (that is, since he does not wear stockings). "Estar en pelo o entregar en pelo la bestia, es darla sin ningún adereço" (Covarrubias).

⁴⁶ *faltas*: "missed periods."

corte; y ya se ve en prosperidad y con dineros; y ya en el hospital.[47]
Pero, en fin, se vive,y el que se sabe bandear[48] es rey, con poco que
tenga."

Tanto gusté de las estrañas maneras de vivir del hidalgo, y tanto
me embebecí, que divertido con ellas y con otras, me llegué a pie
hasta las Rozas,[49] adonde nos quedamos aquella noche. Cenó conmigo el dicho hidalgo, que no traía blanca[50] y yo me hallaba obligado
a sus avisos,[51] porque con ellos abrí los ojos a muchas cosas, incli-
nándome a la chirlería.[52] Declaréle mis deseos antes que nos acostá-
semos; abrazóme mil veces, diciendo que siempre esperó que habían
de hacer impresión sus razones en hombre de tan buen entendimiento. Ofrecióme favor para introducirme en la corte con los
demás cofadres del estafón,[53] y posada en compañía de todos. Ace-
téla, no declarándole que tenía los escudos que llevaba, sino hasta
cien reales solos. Los cuales bastaron, con la buena obra que le había
hecho y hacía, a obligarle a mi amistad.

Compréle del huésped tres agujetas, atacóse, dormimos aquella
noche, madrugamos, y dimos con nuestros cuerpos en Madrid.

[47] *hospital:* "poorhouse."
[48] *se sabe bandear:* "knows how to shift for himself."
[49] *las Rozas:* a town not far from Madrid on the road to Segovia.
[50] *blanca:* a copper coin of little value.
[51] *yo me ... avisos:* "I found myself obliged [to him]for his tips."
[52] *chirlería:* derived from "chirle" (see Book II, Chapt, III, n. 4).
[53] *estafón:* *estafa* plus the augmentative ending *on*.

Libro Tercero

Capítulo I

De lo que me sucedió en la corte luego que llegué hasta que amaneció

NTRAMOS EN LA Corte a las diez de la mañana; 5
fuímonos a apear, de conformidad,[1] en casa de
los amigos de don Toribio. Llegó a la puerta y
llamó; abrióle una vejezuela[2] muy pobremente abrigada y muy vieja. Preguntó por los amigos, y respondió que habían ido a buscar.[3] 10
Estuvimos solos hasta que dieron las doce,
pasando el tiempo él en animarme a la profe-
sión de la vida barata, y yo en atender a todo.

A las doce y media, entró por la puerta una estantigua[4] vestida
de bayeta hasta los pies, más raída[5] que su vergüenza. Habláronse 15
los dos en germanía,[6] de lo cual resultó darme un abrazo y ofrecér-
seme. Hablamos un rato, y sacó un guante con diez y seis reales, y
una carta, con la cual, diciendo que era licencia para pedir para una
pobre, los había allegado.[7] Vació el guante y sacó otro, y doblólos a
usanza de médico.[8] Yo le pregunté que por qué no se los ponía, y 20

---

[1] *de conformidad*: "as agreed on."
[2] *vejezuela*: *vieja* plus the diminutive *uela*.
[3] *buscar*: see "Al lector," n. 2.
[4] *estantigua*: "La figura visión que se representa a los ojos... por otro nombre griego le llamamos fantasma. Suele el demonio, permitiéndolo Dios, tomar algunas figuras fantásticas, para poner horror y miedo, otras vezes la melancolía o la locura" (Covarrubias).
[5] *raída*: a pun involving both senses: "frayed" and "barefaced" or "shameless."
[6] *germanía*: "underworld slang."
[7] *los había allegado*: "[he] had gathered them" (i.e., the sixteen *reales*).
[8] *a usanza de médico*: "in the manner of a doctor."

dijo que por ser entrambos[9] de una mano, que era treta para tener guantes.

A todo esto, noté que no se desarrebozaba, y pregunté, como nuevo, para saber la causa de estar siempre envuelto en la capa, a lo cual respondió:—"Hijo, tengo en las espaldas una gatera,[10] acompañada de un remiendo de lanilla[11] y de una mancha de aceite; este pedazo de arrebozo[12] lo cubre, y así se puede andar." Desarrebozóse, y hallé que debajo de la sotana traía gran bulto. Yo pensé que eran calzas, porque eran a modo dellas, cuando él, para entrarse a espulgar,[13] se arremangó, y vi que eran dos rodajas de cartón[14] que traía atadas a la cintura y encajadas en los muslos, de suerte que hacían apariencia debajo del luto;[15] porque el tal no traía camisa ni gregüescos, que apenas tenía qué espulgar, según andaba desnudo. Entró al espulgadero,[16] y volvió una tablilla como las que ponen en las sacristías, que decía: "Espulgador hay," porque[17] no entrase otro. Grandes gracias di a Dios, viendo cuánto dio a los hombres en darles industria, ya que les quitase riquezas.

—"Yo"—dijo mi buen amigo—"vengo del camino con mal de calzas,[18] y así, me habré menester recoger a remendar." Preguntó si había algunos retazos (que la vieja recogía trapos dos días en la semana por las calles, como las que tratan en papel,[19] para acomodar incurables cosas de los caballeros); dijo que no, y que por falta de harapos se estaba, quince días había, en la cama, de mal de zaragüelles,[20] don Lorenzo Iñíguez del Pedroso.

En esto estábamos, cuando vino uno con sus botas de camino y su vestido pardo, con un sombrero, prendidas las faldas por los dos lados.[21] Supo mi venida de los demás, y hablóme con mucho afecto.

---

[9] *entrambos: ambos.*

[10] *gatera:* "cat-hole," but here used jocosely to describe the hole in the back of his garment.

[11] *lanilla:* a type of fine flannel.

[12] *arrebozo: rebozo.*

[13] *espulgar:* "delouse."

[14] *dos ... cartón:* "two disks of pasteboard."

[15] *luto:* refers to his long cape, the standard dress for mourning.

[16] *espulgadero:* place where delousing is done.

[17] *porque: para que.*

[18] *mal de calzas:* humorous adaptation of such phrases as "mal de cabeza," "mal de hígado," etc.

[19] *como ... papel:* refers to those who gather rags to sell them to paper producers.

[20] *zaragüelles:* wide pleated breeches. (For "mal de ... ," see n. 18 above.)

[21] *prendidas ... lados:* "the brim turned up and fastened on both sides."

Quitóse la capa, y traía—¡mire v. m. quién tal pensara!—la ropilla,[22] de pardo paño la delantera, y la trasera de lienzo blanco, con sus fondos en sudor.[23] No pude tener la risa, y él, con gran disimulación, dijo:—"Haráse a las armas,[24] y no se reirá. Yo apostaré que no sabe por qué traigo este sombrero con la falda presa arriba." Yo dije que por galantería, y por dar lugar a la vista.—"Antes por estorbarla"—dijo—"sepa que es porque no tiene toquilla,[25] y que así no lo echan de ver." Y, diciendo esto, sacó más de veinte cartas y otros tantos reales, diciendo que no había podido dar aquéllas. Traía cada una un real de porte,[26] y eran hechas por él mismo; ponía la firma de quien le parecía, escribía nuevas que inventaba a las personas más honradas, y dábalas en aquel traje, cobrando los portes. Y esto hacía cada mes, cosa que me espantó ver la novedad de la vida.

Entraron luego otros dos, el uno con una ropilla de paño, larga hasta el medio valón,[27] y su capa de lo mismo, levantado el cuello porque no se viese el anjeo,[28] que estaba roto. Los valones eran de chamelote,[29] mas no era más de lo que se descubría, y lo demás de bayeta[30] colorada. Este venía dando voces con el otro, que traía valona[31] por no tener cuello, y unos frascos[32] por no tener más de

---

[22] *ropilla*: see Book I, Chapt. III, n. 65.

[23] *fondos en sudor*: see Book I, Chapt. III, n. 19 for "fondos en ...." (See Castro"s extensive note on the use of this formula by Quevedo and other authors of the period, p. 158).

[24] *Haráse a las armas*: using this same passage as an example, *Autoridades* defines "hacerse a las armas" as "acostumbrarse y acomodarse a alguna cosa, a que le obliga la necesidad."

[25] *toquilla*: "hatband."

[26] *un real de porte*: "one *real* of postage" (which was paid by the receiver of the letter, not the sender). As seen from the context, this fellow would simply invent letters, bring them to people, and charge them the postage.

[27] *valón*: "walloons" (a style of pants worn in the Netherlands during this period).

[28] *anjeo*: "canvas."

[29] *chamelote*: "camlet," "strong cloth."

[30] *bayeta*: "baize."

[31] *valona*: Vandyke collar (less expensive than the "cuello" described in Book II, Chapt. VI, n. 43).

[32] *frascos*: I have been unable to find any reference to "frascos" as an article of clothing. Since this individual tries to pass himself off as a soldier, it might mean that they are powderhorns (this being one of the senses of the word). But given that they are presented as a substitute for breeches, it might be that Pablos is saying that he is "wearing" two "frascos" of wine, that is, he has been imbibing to ward off the cold he suffers.

una calza.³³ Hacíase soldado, y habíalo sido, pero malo y en partes quietas. Contaba estraños servicios³⁴ suyos, y, a título de soldado, entraba en cualquiera parte.

Decía el de la ropilla y casi gregüescos:³⁵—"La mitad me debéis, o por lo menos mucha parte, y si no me la dais, ¡juro a Dios...!"—"No jure a Dios"—dijo el otro—, "que, en llegando a casa, no soy cojo, y os daré con esta muleta mil palos." Sí daréis, no daréis, y en los mentises³⁶ acostumbrados, arremetió el uno al otro y, asiéndose, se salieron con los pedazos de los vestidos en las manos a los primeros estirones.³⁷

Metímoslos en paz, y preguntamos la causa de la pendencia. Dijo el soldado:—"¿A mí chanzas?³⁸ ¡No llevaréis ni medio! Han de saber vs. ms. que, estando hoy en San Salvador, llegó un niño a este pobrete, y le dijo que si era yo el alférez Juan de Lorenzana, y dijo que sí, atento a que le vio no sé qué cosa que traía en las manos. Llevómele, y dijo, nombrándome alférez:—"Mire v. m. qué le quiere este niño." Yo que luego entendí, dije que yo era. Recibí el recado, y con él doce pañizuelos, y respondí a su madre, que los inviaba a algún hombre de aquel nombre. Pídeme agora la mitad. Yo antes me haré pedazos que tal dé. Todos los³⁹ han de romper mis narices."

Juzgóse la causa en su favor. Sólo se le contradijo el sonar con ellos, mandándole que los entregase a la vieja, para honrar la comunidad haciendo dellos unos cuellos y unos remates de mangas⁴⁰ que se viesen y representasen camisas,⁴¹ que el sonarse estaba vedado en la orden, si no era en el aire, y las más veces sorbimiento,⁴² cosa de sustancia y ahorro. Quedó esto así.

---

³³ *por ... calza*: i.e., one of the legs of his breeches was missing.

³⁴ *estraños servicios*: refers to his military feats, pretentiously overblown.

³⁵ *casi gregüescos*: "semi-breeches" (that is, because of their "hybrid" composition).

³⁶ *mentises*: from "mentís" ("you lie"). In its noun form it means a complete refutation or denial (with obviously offensive overtones). "With the customary 'You liar!' would be a rough approximation in English.

³⁷ *estirones*: "yanks," "jerks."

³⁸ *chanzas*: in the slang of the underworld, "ingenio o astucia para hurtar" (*Autoridades*). The phrase could be translated as "Trying to pull one off on me?"

³⁹ *los*: refers to "pañizuelos" ("*My* nose will wear all of them out").

⁴⁰ *remates de mangas*: "cuffs."

⁴¹ *representasen camisas*: "would look like shirts."

⁴² *en el aire ... sorbimiento*: the first refers to blowing one's nose in the air (that is, without a handkerchief); the second, to sucking in the mucus. Use of handkerchiefs was considered a waste of good cloth, thus forcing them to deal with their runny noses in other ways.

Era de ver, llegada la noche, cómo nos acostamos en dos camas, tan juntos que parecíamos herramienta en estuche. Pasóse la cena de claro en claro.[43] No se desnudaron los más, que, con acostarse como andaban de día, cumplieron con el precepto de dormir en cueros.[44]

5

[43] *Pasóse ... claro*: roughly, "Dinner was not observed."

[44] *el precepto ... cueros*: "by lying down just as they went by day, they followed the rule of sleeping naked" (apparently considered a healthy practice).

Capítulo II

En que prosigue la materia comenzada y cuenta algunos raros sucesos

MANECIÓ EL Señor, y pusímonos todos en arma.[1] Ya estaba yo tan hallado[2] con ellos como si todos fuéramos hermanos, que esta facilidad y dulzura se halla siempre en las cosas malas. Era de ver a uno ponerse la camisa de doce veces, dividida en doce trapos, diciendo una oración a cada uno, como sacerdote que se viste.[3] A cual se le perdía una pierna en los callejones de las calzas, y la venía a hallar donde menos convenía asomada. Otro pedía guía para ponerse el jubón,[4] y en media hora no se podía averiguar con él.[5]

Acabado esto, que no fue poco de ver, todos empuñaron aguja y hilo para hacer un punteado en un rasgado y otro.[6] Cuál, para culcusirse[7] debajo del brazo, estirándole, se hacía L.[8] Uno, hincado de rodillas, arremedando un cinco de guarismo,[9] socorría a los cañones.[10] Otro, por plegar las entrepiernas, metiendo la cabeza entre

---

[1] Amaneció ... arma: "Day broke and we prepared for battle."

[2] tan hallado: "so at ease."

[3] como ... viste: refers to the prayers the priest says on putting on his different garments.

[4] jubón: see Book I, Chapt. III, n. 46.

[5] y ... él: roughly, "and for a half hour it was impossible to bring him to his senses."

[6] hacer ... otro: "to sew up one rip or another."

[7] culcusirse: corcusirse ("to sew or mend sloppily").

[8] se hacía L: "shaped himself like an "L.""

[9] arremedando ... guarismo: "mimicking a figure five" (i.e., "5").

[10] cañones: "un par de medias de seda, que usaban los hombres, mui largas y ajustadas, de las quales hacían unas arrugas en las piernas, que servía de gala" (Autoridades, which uses this passage as an example).

ellas, se hacía un ovillo.[11] No pintó tan estrañas posturas Bosco[12] como yo vi, porque ellos cosían y la vieja les daba los materiales, trapos y arrapiezos[13] de diferentes colores, los cuales había traído el soldado.

Acabóse la hora del remedio—que así la llamaban ellos—y fué- ronse mirando unos a otros lo que quedaba mal parado. Determina- ron de irse fuera, y yo dije que antes trazasen mi vestido, porque quería gastar los cien reales en uno, y quitarme la sotana.—"Eso no"—dijeron ellos—; "el dinero se dé al depósito, y vistámosle de lo reservado. Luego, señalémosle su diócesi en el pueblo, adonde él solo busque[14] y apolille."[15]

Parecióme bien; deposité el dinero y, en un instante, de la sotani- lla me hicieron ropilla[16] de luto de paño; y acortando el herreruelo,[17] quedó bueno. Lo que sobró de paño trocaron a un sombrero viejo reteñido; pusiéronle por toquilla unos algodones de tintero[18] muy bien puestos. El cuello y los valones me quitaron, y en su lugar me pusieron unas calzas atacadas, con cuchilladas[19] no más de por delante, que lados y trasera eran unas gamuzas.[20] Las medias cal- zas[21] de seda aun no eran medias,[22] porque no llegaban más de

[11] *se hacía un ovillo*: "hunched himself over."

[12] *Bosco*: i.e., Hieronymus Bosch. Quevedo also mentions Bosch in *El alguacil endemoniado* (*Sueños y discursos*, p. 96), a satire against Góngora (*Obra poética*, III, p. 247), and the aforementioned "Pintura de la mujer de un abogado" (*Obra poetica*, II, p. 511). Comparisons between Quevedo and Bosch are commonplace, particularly in regard to the *Sueños* (see, for example, Margarita Levisi's "Hieronymus Bosch y los *Sueños* de Francisco de Que- vedo," *Filología*, IX [1963], pp. 163-200). Notwithstanding the distinct possi- bility that Quevedo did, in fact, see Bosch's paintings, considering that they were well-known in Spain since Philip II started collecting them in the preceding century, I myself do not really believe it appropriate to speak of an "influence" as such (see my *Quevedo and the Grotesque*, Vol. II).

[13] *arrapiezos*: "rags," "tatters."

[14] *busque*: see "Al lector," n. 2.

[15] *apolille*: "apolillar" is defined by *Autoridades* as "buscar la vida con arte, maña y industria: como hacen los que se meten a holgazanes y tunantes, que andan vagando todo el año de lugar en lugar, fingiendo pobreza, y a veces hurtando con artificios." Thus, it is basically a synonym of "buscar."

[16] *ropilla*: see Book I, Chapt. III, n. 65.

[17] *herreruelo*: see Book II, Chapt. VI, n. 34.

[18] *algodones de tintero*: "qualquiera materia, ya sea seda, ya de lana, que se pone dentro del tintero, para que recoja la tinta, y la pluma tome sólo la que fuere menester para ir escribiendo" (*Autoridades*).

[19] *calzas ... cuchilladas*: see Book II, Chapt. V, n. 9 and n. 16, respectively.

[20] *gamuzas*: "shammy leather," "suede."

[21] *medias calzas*: "knee stockings."

[22] *medias*: a play on "media" as both "half" and "stocking."

cuatro dedos²³ más abajo de la rodilla; los cuales cuatro dedos cubría una bota justa sobre la media colorada que yo traía. El cuello estaba todo abierto, de puro roto;²⁴ pusiéronmele, y dijeron:—"El cuello está trabajoso²⁵ por detrás y por los lados. V. m., si le mirare uno, ha de ir volviéndose con él, como la flor del sol con el sol; si fueren dos y miraren por los lados, saque pies;²⁶ y para los de atrás, traiga siempre el sombrero caído sobre el cogote, de suerte que la falda cubra el cuello y descubra toda la frente; y al que preguntare que por qué anda así, respóndale que porque puede andar con la cara descubierta²⁷ por todo el mundo."

Diéronme una caja con hilo negro y blanco, seda, cordel y aguja, dedal, paño, lienzo, raso y otros retacillos, y un cuchillo; pusiéronme una espuela en la pretina,²⁸ yesca y eslabón²⁹ en una bolsa de cuero, diciendo:—"Con esta caja puede ir por todo el mundo, sin haber menester amigos ni deudos; en ésta se encierra todo nuestro remedio. Tómela y guárdela." Señaláronme por cuartel para buscar mi vida el de San Luis; y así, empecé mi jornada, saliendo de casa con los otros, aunque por ser nuevo me dieron, para empezar la estafa, como a misacantano,³⁰ por padrino el mismo que me trujo y convirtió.

Salimos de casa con paso tardo,³¹ los rosarios en la mano; tomamos el camino para mi barrio señalado. A todos hacíamos cortesías; a los hombres, quitábamos el sombrero, deseando hacer lo mismo con sus capas; a las mujeres hacíamos reverencias, que se huelgan con ellas y con las paternidades³² mucho. A uno decía mi buen ayo:—"Mañana me traen dineros;" a otro:—"Aguárdeme v. m. un

---

²³ *dedos:* "finger-breadths."

²⁴ *de puro roto:* his "cuello abierto" is "open" simply because it is torn or worn out.

²⁵ *trabajoso:* "defective."

²⁶ *saque pies:* "back away slowly." (*Autoridades* defines "sacar pies" as "retirarse poco a poco, sin volver la espalda.")

²⁷ *con ... descubierta:* i.e., he has no reason to hide his face.

²⁸ *pretina:* "belt."

²⁹ *eslabón:* the metal link would be used to strike the flint ("yesca") in order to start a fire.

³⁰ *misacantano:* a priest who is saying Mass for the first time.

³¹ *tardo:* lento.

³² *paternidades:* besides its usual meaning, *Autoridades* defines "paternidad" as "tratamiento y título que por reverencia se da a los religiosos, considerándolos como padres espirituales." Here, of course, Pablos is playing on both senses to make a sexual allusion.

día, que me trae en palabras[33] el banco." Cuál le pedía la capa, quién le daba prisa por la pretina; en lo cual conocí que era tan amigo de sus amigos, que no tenía cosa suya. Andábamos haciendo culebra[34] de una acera a otra, por no topar con casas de acreedores. Ya le pedía uno el alquiler de la casa, otro el de la espada y otro el de las sábanas y camisas, de manera que eché de ver que era caballero de alquiler, como mula.[35]

    Sucedió, pues, que vio desde lejos un hombre que le sacaba los ojos, según dijo, por una deuda, mas no podía el dinero.[36] Y porque[37] no le conociese, soltó de detrás de las orejas el cabello, que traía recogido, y quedó nazareno, entre Verónica y caballero lanudo;[38] plantóse un parche en un ojo, y púsose a hablar italiano conmigo. Esto pudo hacer mientras el otro venía, que aún no le había visto, por estar ocupado en chismes con una vieja. Digo de verdad que vi al hombre dar vueltas alrededor, como perro que se quiere echar; hacíase más cruces que un ensalmador,[39] y fuese diciendo:— "¡Jesús!, pensé que era él. A quien bueyes ha perdido...,"[40] etc. Yo moríame de risa de ver la figura de mi amigo. Entróse en un portal a recoger la melena y el parche, y dijo:—"Estos son los aderezos de negar deudas.[41] Aprended, hermano, que veréis mil cosas déstas en el pueblo."

5

10

15

20

---

[33] *me ... palabras*: "traer en palabras" is defined by *Autoridades* as "entretener a alguno con promessas u ofertas, sin llegar al efecto de lo que pretende."

[34] *haciendo culebra*: "zigzagging."

[35] *caballero ... mula*: "mula de alquiler" is a mule which is rented out (a "rental mule"). Don Toribio is described as a "caballero de alquiler" because all that he possesses has been rented from one source or another.

[36] *mas ... dinero*: i.e., "mas no podía [sacarle] el dinero."

[37] *porque: para que.*

[38] *nazareno ... lanudo*: "nazareno" refers to a sect of Jews who followed an ascetic life of contemplation, isolated from the general populace. As Covarrubias says, "Estos devían de traer los cabellos largos, y assí llamamos cabellera nazarena a la que traen algunos ermitaños o peregrinos, que les cae sobre los hombros." The "Verónica" (from *vera icon*) is the image of Christ's face left imprinted on a piece of cloth handed to him by St. Veronica so he could wipe away the sweat as he made his way to Calvary. The traditional representation of the Veronica shows Christ with his hair hanging loosely at the sides of his face; hence, this second comparison Pablos has made. "Caballero lanudo" means, simply, "wooly gentleman."

[39] *ensalmador*: "miracle healer."

[40] *A quien ... perdido*: the proverb in its entirety reads "quien bueyes ha perdido, los cencerros trae en el oído." The "mistake" has been made because of his overeagerness to recover his money.

[41] *Estos ... deudas*: roughly, "These are the tricks for evading debts."

Pasamos adelante y, en una esquina, por ser de mañana, tomamos dos tajadas de alcotín[42] y agua ardiente,[43] de una picarona que
nos lo dio de gracia, después de dar el bienvenido a mi adestrador.[44]
Y díjome:—"Con esto vaya el hombre descuidado de comer hoy; y,
5   por lo menos, esto no puede faltar." Aflígeme yo, considerando que
aún teníamos en duda la comida, y repliqué afligido por parte de mi
estómago. A lo cual respondió:—"Poca fe tienes con la religión y
orden de los caninos.[45] No falta el Señor a los cuervos ni a los grajos
ni aun a los escribanos,[46] ¿y había de faltar a los traspillados?[47] Poco
10   estómago tienes."[48]—"Es verdad"—dije—, "pero temo mucho tener
menos y nada en él."

En esto estábamos, y dio un reloj las doce; y como yo era nuevo
en el trato, no les cayó en gracia a mis tripas el alcotín, y tenía
hambre como si tal no hubiera comido. Renovada, pues, la memoria
15   con la hora, volvíme al amigo y dije:—"Hermano, este de la hambre
es recio noviciado; estaba hecho el hombre[49] a comer más que un
sabañón,[50] y hanme metido a vigilias. Si vos no lo sentís, no es
mucho, que criado con hambre desde niño, como el otro rey con
ponzoña,[51] os sustentáis ya con ella. No os veo hacer diligencia
20   vehemente para mascar, y así, yo determino de hacer la que
pudiere."—"¡Cuerpo de Dios"—replicó—"con vos! Pues dan agora
las doce, ¿y tanta prisa? Tenéis muy puntuales ganas y ejecutivas,[52]
y han menester llevar en paciencia algunas pagas atrasadas.[53] ¡No,
sino comer todo el día! ¿Qué más hacen los animales? No se escribe
25   que jamás caballero nuestro haya tenido cámaras;[54] que antes, de

---

[42] *alcotín:* "candied fruit" (as explained by Castro, p. 166).

[43] *agua ardiente: aguardiente* (brandy or other spirit).

[44] *adestrador:* "trainer."

[45] *caninos:* see Book II, Chapt. VI, n. 4.

[46] *ni ... escribanos:* a slap at this branch of the legal profession, for it
places its members at a level even lower than that of crows and jackdaws.

[47] *traspillados:* see Book II, Chapt. VI, n. 4.

[48] *Poco ... tienes:* "You don't have much guts."

[49] *el hombre:* refers to Pablos himself.

[50] *comer ... sabañón:* colloquial phrase meaning "to eat greedily."

[51] *como ... ponzoña:* a reference to Mithridates VI (120-63 B.C.) (Eupator
Dionysus, known as "the Great"), king of Pontus, who toward the end of
his life began to take doses of poison to render himself immune to it (only to
be killed by his guard with a sword).

[52] *ejecutivas:* "prompt."

[53] *han ... atrasadas:* "they must bear with patience some late payments"
(i.e., meals).

[54] *cámaras:* see Book II, Chapt.III, n. 100.

puro mal proveídos, no nos proveemos.[55] Ya os he dicho que a nadie
falta Dios. Y si tanta prisa tenéis, yo me voy a la sopa de San
Jerónimo,[56] adonde hay aquellos frailes de leche como capones,[57] y
allí haré el buche.[58] Si vos queréis seguirme, venid, y si no, cada uno
a sus aventuras."—"Adiós"—dije yo—, "que no son tan cortas mis
faltas, que se hayan de suplir con sobras de otros. Cada uno eche   5
por su calle."

Mi amigo iba pisando tieso, y mirándose a los pies; sacó unas
migajas de pan que traía para el efeto siempre en una cajuela, y
derramóselas por la barba y vestido, de suerte que parecía haber
comido. Ya yo iba tosiendo y escarbando,[59] por disimular mi fla-   10
queza, limpiándome los bigotes, arrebozado y la capa sobre el hombro izquierdo, jugando con el decenario,[60] que lo era porque no
tenía más de diez cuentas. Todos los que me veían me juzgaban por
comido,[61] y si fuera de piojos, no erraran.

Iba yo fiado en mis escudillos,[62] aunque me remordía la concien-   15
cia el ser contra la orden comer a su costa quien vive de tripas
horras[63] en el mundo. Yo me iba determinando a quebrar el ayuno,
y llegué con esto a la esquina de la calle de San Luis, adonde vivía un
pastelero. Asomábase uno[64] de a ocho tostado, y con aquel resuello
del horno tropezóme en las narices, y al instante me quedé del   20
modo que andaba, como el perro perdiguero[65] con el aliento de la
caza, puestos en él los ojos. Le miré con tanto ahínco, que se secó el
pastel como un aojado.[66] Allí es de contemplar las trazas que yo
daba para hurtarle; resolvíame otra vez a pagarlo.

[55] *de puro ... proveemos*: a play on the two senses of the word: "to provide"
and "to defecate."

[56] *sopa de San Jerónimo*: the charity soup provided by Hieronymite monks.

[57] *frailes ... capones*: "capones de leche" are special capons, fattened on
milk. The inference here is that the monks are very well-fed and plump. The
Hieronymite order was in fact one of the wealthier ones, and did apparently
live rather well. (One wonders whether Toribio is not also using "capón" in
the other sense: "eunuch" or "gelding.")

[58] *haré el buche*: "I'll stuff myself."

[59] *escarbando*: "picking my teeth" (i.e., to give the impression he has eaten).

[60] *decenario*: a rosary with ten small beads plus a single large one. (The
"decenario" Pablos is using is missing one of the beads; hence the witticism
that follows.)

[61] *Todos ... comido*: "All that saw me took me for someone who had eaten."

[62] *escudillos*: *escudos* plus the diminutive *illo*.

[63] *tripas horras*: "unencumbered innards" (i.e., "empty stomachs").

[64] *uno*: refers to "pastel" ("de a ocho" refers to the price).

[65] *perro perdiguero*: "pointer."

[66] *aojado*: someone suffering the effects of the evil eye.
garment). It also may be a reference to the tails of the animals pulling the cart.

En esto, me dio la una. Angustiéme de manera que me determiné a zamparme[67] en un bodegón de los que están por allí. Yo que iba haciendo punta a uno,[68] Dios que lo quiso,[69] topo con un licenciado Flechilla, amigo mío, que venía haldeando[70] por la calle abajo, con más barros[71] que la cara de un sanguino, y tantos rabos,[72] que parecía chirrión[73] con sotana. Arremetió a mí en viéndome, que, según estaba, fue mucho conocerme. Yo le abracé; preguntóme cómo estaba; díjele luego:—"¡Ah, señor licenciado, qué de cosas tengo que contarle! Sólo me pesa de que me he de ir esta noche y no habrá lugar."—"Eso me pesa a mí"—replicó—, "y si no fuera por ser tarde, y voy con prisa a comer, me detuviera más, porque me aguarda una hermana casada y su marido."—"¿Que aquí está mi señora Ana? Aunque lo deje todo, vamos, que quiero hacer lo que estoy obligado."

Abrí los ojos oyendo que no había comido. Fuime con él, y empecéle a contar que una mujercilla[74] que él había querido mucho en Alcalá, sabía yo dónde estaba, y que le podía dar entrada en su casa. Pegósele luego al alma el envite,[75] que fue industria tratarle de cosas de gusto.

Llegamos tratando en ello a su casa. Entramos; yo me ofrecí mucho a su cuñado y hermana, y ellos, no persuadiéndose a otra cosa sino a que yo venía convidado por venir a tal hora, comenzaron

---

[67] *zamparme*: "stuff myself."

[68] *haciendo ... uno*: "hacer punta" refers to the circling around of a falcon before attacking its prey (see Castro, p. 169). "I was sizing one up" would be an approximate rendition.

[69] *Dios ... quiso*: "as God would have it."

[70] *haldeando*: "rushing along with his cassock billowing." (*Autoridades*, noting that it is a "voz de las Aldeas," defines "haldear" as "andar de prisa las personas que tienen faldas.")

[71] *barros*: both "mud" (that stuck to his cassock) and "pimples."

[72] *rabos*: "las salpicaduras del lodo en las ropas largas" (Covarrubias); "las partes deshilachadas de la extremidad de la ropa a lo que suele pegarse el lodo" (*Autoridades*).

[73] *chirrión*: "creaking cart." There are several possible interpretations here. The "chirrión" is often associated with garbage collecting, so Pablos may be saying that he had so many tatters hanging from him that he looks like a garbage cart wearing a cassock. Ife suggests (see p. 253) that the image is that of an overloaded haywagon which is trailing part of its load (the implicit comparison being between the hay and the frayed ends of his garment). It may also be a reference to the tails of the animals pulling the cart.

[74] *mujercilla*: see Book I, Chapt. IV, n. 18.

[75] *envite*: "invitation."

a decir que si lo supieran que habían de tener tan buen güésped, que hubieran prevenido algo. Yo cogí la ocasión y convidéme, diciendo que yo era de casa y amigo viejo, y que se me hiciera agravio en tratarme con cumplimiento.

Sentáronse y sentéme; y porque[76] el otro lo llevase mejor, que ni me había convidado ni le pasaba por la imaginación, de rato en rato le pegaba yo con la mozuela, diciendo que me había preguntado por él, y que le tenía en el alma, y otras mentiras deste modo; con lo cual llevaba mejor el verme engullir, porque tal destrozo como yo hice en el ante, no lo hiciera una bala en el de un coleto.[77] Vino la olla, y comímela en dos bocados casi toda, sin malicia, pero con prisa tan fiera, que parecía que aun entre los dientes no la tenía bien segura. Dios es mi padre,[78] que no come un cuerpo más presto el montón de la Antigua de Valladolid[79]—que le deshace en veinte y cuatro horas—que yo despaché el ordinario;[80] pues fue con más priesa que un extraordinario el correo. Ellos bien debían notar los fieros tragos del caldo y el modo de agotar la escudilla, la persecución de los güesos y el destrozo de la carne. Y si va a decir verdad, entre burla y juego, empedré la faltriquera de mendrugos.[81]

Levantóse la mesa; apartámonos yo y el licenciado a hablar de la ida en casa de la dicha. Yo se lo facilité mucho. Y estando hablando con él a una ventana, hice que me llamaban de la calle, y dije:—"¿A mí, señor? Ya bajo." Pedíle licencia, diciendo que luego volvía. Quedóme aguardando hasta hoy, que desaparecí por lo del pan comido y la compañía deshecha.[82] Topóme otras muchas veces, y disculpéme con él, contándole mil embustes que no importan para el caso.

---

[76] *porque*: *para que*.

[77] *tal destrozo ... coleto*: a play on "ante" in two of its senses: "first course" and "buckskin." The "el" refers to the second meaning ("coleto" being a "jerkin").

[78] *Dios ... padre*: "As God is my father," "With God as my witness."

[79] *no come ... Valladolid*: it was believed that earth in the cemetery of the church of Nuestra Señora de la Antigua dissolved bodies very quickly. Tradition said that it had been brought by the Crusaders from the "Campo Damasceno" (see Castro, p. 172).

[80] *ordinario*: the "day's supply of food." It also means, however, the regular mail delivery; hence, the reference to "extraordinario"—"special mail courier."

[81] *empedré ... mendrugos*: "I lined my purse with crumbs."

[82] *del pan ... deshecha*: a proverb criticizing dinner guests who simply leave once the food is gone. *Autoridades* describes it as a saying "que se dice por los ingratos, que después de haber recibido el beneficio, se olvidan dél, y no hacen caso, y se apartan de aquél de quien le recibieron."

Fuime por las calles de Dios, llegué a la puerta de Guadalajara, y sentéme en un banco de los que tienen en sus puertas los mercaderes. Quiso Dios que llegaron a la tienda dos de las que piden prestado sobre sus caras,[83] tapadas de medio ojo, con su vieja y pajecillo.

5 Preguntaron si había algún terciopelo de labor extraordinaria. Yo empecé luego, para trabar conversación, a jugar del vocablo, de *tercio* y *pelado*, y *pelo* y *apelo* y *pospelo*, y no dejé güeso sano a la razón. Sentí que les había dado mi libertad algún seguro de algo de la tienda, y yo, como quien no aventuraba a perder nada, ofrecílas lo que quisie-

10 sen. Regatearon, diciendo que no tomaban de quien no conocían. Yo me aproveché de la ocasión, diciendo que había sido atrevimiento ofrecerles nada, pero que me hiciesen merced de acetar unas telas que me habían traído de Milán, que a la noche llevaría un paje (que les dije que era mío, por estar enfrente aguardando a su amo,

15 que estaba en otra tienda, por lo cual estaba descaperuzado). Y para que me tuviesen por hombre de partes[84] y conocido, no hacía sino quitar el sombrero a todos los oidores[85] y caballeros que pasaban, y, sin conocer a ninguno, les hacía cortesías como si los tratara familiarmente. Ellas se cegaron con esto, y con unos cien escudos en oro

20 que yo saqué de los que traía, con achaque de dar limosna a un pobre que me la pidió.

Parecióles irse, por ser ya tarde, y así me pidieron licencia, advirtiéndome con el secreto que había de ir el paje. Yo las pedí por favor y como en gracia, un rosario engarzado en oro que llevaba la más

25 bonita dellas, en prendas de que las había de ver a otro día sin falta. Regatearon dármele; yo les ofrecí en prendas los cien escudos, y dijéronme su casa. Y con intento de estafarme en más, se fiaron de mí y preguntáronme mi posada, diciendo que no podía entrar paje en la suya a todas horas, por ser gente principal.

30 Yo las llevé por la calle Mayor, y, al entrar en la de las Carretas, escogí la casa que mejor y más grande me pareció. Tenía un coche sin caballos a la puerta. Díjeles que aquélla era, y que allí estaba ella, y el coche y dueño para servirlas. Nombréme don Alvaro de Córdoba, y entréme por la puerta delante de sus ojos. Y acuérdome que,

35 cuando salimos de la tienda, llamé uno de los pajes, con grande

---

[83] *dos ... caras*: "two of those who use their faces [i.e., good looks] to obtain credit." Both had their faces covered up to their eyes ("tapadas de medio ojo").

[84] *hombre de partes*: "distinguished man."

[85] *oidores*: "judges."

autoridad, con la mano. Hice que le decía que se quedasen todos y
que me aguardasen allí—que así dije yo que lo había dicho—; y la
verdad es que le pregunté si era criado del comendador mi tío. Dijo
que no; y con tanto, acomodé los criados ajenos como buen caballero.   5

Llegó la noche escura, y acogímonos a casa todos. Entré y hallé
al soldado de los trapos con una hacha de cera que le dieron para
acompañar un difunto, y se vino con ella. Llamábase éste Magazo,
natural de Olías;[86] había sido capitán en una comedia, y combatido
con moros en una danza.[87] A los de Flandes decía que había estado   10
en la China; y a los de la China, en Flandes. Trataba de formar un
campo,[88] y nunca supo sino espulgarse en él. Nombraba castillos, y
apenas los había visto en los ochavos.[89] Celebraba mucho la memoria del señor don Juan,[90] y oíle decir yo muchas veces de Luis Quijada[91] que había sido honra de amigos. Nombraba turcos, galeones   15
y capitanes, todos los que había leído en unas coplas que andaban
desto;[92] y como él no sabía nada de mar, porque no tenía de naval
más del comer nabos,[93] dijo, contando la batalla que había vencido el
señor don Juan en Lepanto,[94] que aquel Lepanto fue un moro muy
bravo, como no sabía el pobrete que era nombre del mar. Pasába-   20
mos con él lindos ratos.

Entró luego mi compañero, deshechas las narices y toda la

[86] *Olías*: Olías del Rey, a town in the province of Toledo.

[87] *combatido ... danza*: refers to the re-enactments of battles between
Moors and Christians in the form of dances presented at public celebrations
and festivities. The only "Moors" this pseudo-soldier has ever "fought" with
are those who perform in these dances.

[88] *campo*: both "countryside" and "field of operations." "Formar un
campo" would seem to mean that he would draw diagrams of a field of
operations.

[89] *ochavos*: copper coin from Castile, worth two *maravedís*, on one side of
which was depicted a castle.

[90] *señor don Juan*: Don Juan de Austria, illegitimate brother of Philip II and
victor in the Battle of Lepanto.

[91] *Luis de Quijada*: Luis Méndez de Quijada was the tutor of Don Juan de
Austria and occupied important positions in the government of Philip II. He
died during the military operations against the rebellious *moriscos* of Granada.

[92] *todos ... desto*: refers to the poems relating contemporary events which
circulated in oral form or in "pliegos sueltos."

[93] *no tenía ... nabos*: the same pun which appeared in the "rey de gallos"
episode (see Book I, Chapt. II, n. 35).

[94] *Lepanto*: see Book II, Chapt. III, n. 102.

cabeza entrapajada,[95] lleno de sangre y muy sucio. Preguntámosle
la causa, y dijo que había ido a la sopa de San Jerónimo y que pidió
porción doblada, diciendo que era para unas personas honradas y
pobres. Quitáronselo a los otros mendigos para dárselo, y ellos, con
el enojo, siguiéronle, y vieron que, en un rincón detrás de la puerta,
estaba sorbiendo con gran valor.[96] Y sobre si era bien hecho engañar por engullir y quitar a otros para sí, se levantaron voces, y tras
ellas palos, y tras los palos, chichones y tolondrones[97] en su pobre
cabeza. Embistiéronle con los jarros, y el daño de las narices se le
hizo uno con una escudilla de palo que se la dio a oler con más prisa
que convenía. Quitáronle la espada, salió a las voces el portero, y
aun no los podía meter en paz. En fin, se vio en tanto peligro el
pobre hermano, que decía:—"¡Yo volveré lo que he comido!"; y aun
no bastaba, que ya no reparaban sino en que pedía para otros, y no
se preciaba de sopón.—"¡Miren el todo trapos, como muñeca de
niños, más triste que pastelería en Cuaresma,[98] con más agujeros
que una flauta, y más remiendos[99] que una pía, y más manchas que
un jaspe,[100] y más puntos[101] que un libro de músico"—decía un
estudiantón destos de la capacha,[102] gorronazo—;[103] "que hay hombre en la sopa del bendito santo que puede ser obispo o otra cualquier dignidad, y se afrenta un don Peluche[104] de comer! ¡Graduado

[95] *entrapajada*: "wrapped in rags."

[96] *valor*: "nerve," "impudence."

[97] *chichones y tolondrones*: "bumps and lumps."

[98] *más triste ... Cuaresma*: the sale or consumption of meat was prohibited
during Lent.

[99] *remiendos*: both clothing patches and spots in the coloring of animals.
"Pía" here means a "pinto" or "piebald horse." ("More patches than a piebald
mare has spots.")

[100] *jaspe*: "jasper" (a type of mottled marble).

[101] *puntos*: here refers to musical notation.

[102] *estudiantón ... capacha*: a "capacha" is a small bowl for begging, woven
from palm leaves. It was most closely associated with the religious order of
St. John of God; Castro observes, however, that it would not seem from the
context that the student is a member of the latter, rather, that he is simply
poor and consequently forced to beg to subsist (see p. 177).

[103] *gorronazo*: *gorrón* plus the augmentative ending *azo. Autoridades* defines
"gorrón" as an "Estudiante que en las Universidades anda de gorra, y desta
suerte se entremete a comer, sin hacer gasto"; "gorra" is defined as "el
entrometimiento de alguna persona, sin ser llamada, a comer y beber, a
algún festín, o cosa semejante." In other words, the student is being called a
"sponger."

[104] *Peluche*: Castro assumes it to be a seventeenth-century version of
"pelanas" or "pelado" (see p. 177); "Don Nobody" would be a good rendition.

estoy de bachiller en artes por Sigüenza!"[105] Metióse el portero de
por medio, viendo que un vejezuelo que allí estaba decía que, aunque acudía al brodio,[106] que era decendiente del Gran Capitán,[107] y
que tenía deudos.

Aquí lo dejo, porque el compañero estaba ya fuera desaprensando los güesos.[108]

5

[105] *Sigüenza*: the University of Sigüenza was considered a bit of a joke at
the time. (Note that Pero Pérez, the village priest in *Don Quijote*, was also an
alumnus of it.)

[106] *brodio*: soup of leftovers dispensed to the poor at monasteries and
convents.

[107] *Gran Capitán*: Gonzalo Fernández de Córdoba (1453-1515), one of the
most important figures associated with the Reconquest of Granada; he was
eventually named Duke of Sessa.

[108] *desaprensando los güesos*: "straightening out his bones."

Capítulo III

ntró Merlo Díaz, hecha la pretina una sarta de búcaros y vidros,[1] los cuales, pidiendo de beber en los tornos[2] de las monjas, había agarrado con poco temor de Dios. Mas sacóle de la puja[3] don Lorenzo del Pedroso, el cual entró con una capa muy buena, la cual había trocado en una mesa de trucos[4] a la suya, que no se la cubriera pelo al que la llevó, por ser desbarbada.[5] Usaba éste quitarse la capa como que quería jugar, y ponerla con las otras, y tomaba la que mejor le parecía y salíase. Usábalo[6] en los juegos de argolla y bolos.[7]

---

[1] *vidros*: *vidrios* (in this case, "drinking glasses").

[2] *tornos*: revolving windows at the entrances of convents which enable objects to be passed back and forth without either individual seeing the other.

[3] *sacóle ... puja*: "did him one better" (coll.).

[4] *mesa de trucos*: "billiard table," but in this case, the extended sense: "billiard hall."

[5] *que no ... desbarbada*: "que no se la cubriera pelo" is an idiomatic expression which Lázaro Carreter correctly identifies (see p. 188) as one found in Correas: "No se la cubrirá pelo, y ojalá cuero." Deriving from the image of a wound so serious that hair will not grow back over it (maybe not even skin), it was used to describe any grave loss. But here a witticism is involved: no hair is going to grow back over the loss ("la" refers to "pérdida") because the cape which he took away has none ("desbarbada" referring to the lack of nap on its cloth). (Castro has mistakenly taken the phrase as one related to "buen pelo le va a lucir," see p. 177.)

[6] *Usábalo*: "lo" refers to this trick.

[7] *juego ... bolos*: see Book II, Chapt. III, n. 83.

Mas todo fue nada para ver entrar a don Cosme, cercado de muchachos con lamparones,[8] cáncer y lepra, heridos y mancos, el cual se había hecho ensalmador[9] con unas santiguaduras[10] y oraciones que había aprendido de una vieja. Ganaba éste por todos, porque si el que venía a curarse no traía bulto debajo de la capa, no sonaba dinero en la faldriquera, o no piaban algunos capones, no había lugar.[11] Tenía asolado medio reino.[12] Hacía creer cuanto quería, porque no ha habido tal artífice en el mentir, tanto, que aun por descuido no decía verdad. Hablaba del Niño Jesús, entraba en las casas con *Deo gracias*, decía lo del "Espíritu Santo sea con todos . . . ." Traía todo ajuar[13] de hipócrita: un rosario con unas cuentas frisonas; al descuido hacía que se le viese por debajo de la capa un trozo de diciplina[14] salpicada con sangre de narices; hacía creer, concomiéndose,[15] que los piojos eran silicios,[16] y que la hambre canina eran ayunos voluntarios. Contaba tentaciones; en nombrando al demonio, decía "Dios nos libre y nos guarde;" besaba la tierra al entrar en la iglesia; llamábase indigno; no levantaba los ojos a las mujeres, pero las faldas sí. Con estas cosas, traía el pueblo tal, que se encomendaban a él, y era como encomendarse al diablo. Porque él era jugador y lo otro[17] (*ciertos* los llaman, y por mal nombre *fulleros*).[18] Juraba el nombre de Dios unas veces en vano, y otras en vacío. Pues en lo que toca a mujeres, tenía seis hijos, y preñadas dos santeras.[19] Al fin, de los mandamientos de Dios, los que no quebraba, hendía.

Vino Polanco haciendo gran ruido, y pidió su saco pardo, cruz grande, barba larga postiza y campanilla. Andaba de noche desta

---

[8] *lamparones*: see Book I, Chapt. VI, n. 29.

[9] *ensalmador*: see Book III, Chapt. II, n. 39.

[10] *santiguaduras*: *santiguaderas* (i.e., "healing" by incantations accompanied by signs of the cross).

[11] *no había lugar*: roughly, "it was 'no go.'"

[12] *Tenía . . . reino*: "He had half the kingdom devastated."

[13] *ajuar*: "equipment," "paraphernalia."

[14] *diciplina*: whip used for self-flagellation by penitents. (The blood on it, however, came from a nosebleed, not from its actual application.)

[15] *concomiéndose*: see Book II, Chapt. IV, n. 22.

[16] *silicios*: *cilicios* (a garment of rough cloth used by penitents). The "ensalmador" makes everyone believe that the marks on his flesh left by fleabites were produced by a cilice.

[17] *lo otro*: refers to *"ciertos y fulleros"* (see below).

[18] ciertos . . . fulleros: two types of card-cheats.

[19] *santeras*: *Autoridades* defines "santero" as "la persona que pide limosna para el santo de alguna Hermita, y tiene cuidado de ella."

suerte, diciendo:—"Acordaos de la muerte, y haced bien por las ánimas...," etc. Con esto cogía mucha limosna, y entrábase en las casas que veía abiertas; si no había testigos ni estorbo, robaba cuanto había; si le topaban, tocaba la campanilla, y decía con una voz que él fingía muy penitente:—"Acordaos, hermanos...," etc.

Todas estas trazas de hurtar y modos extraordinarios conocí, por espacio de un mes, en ellos. Volvamos agora a que les enseñé el rosario y conté el cuento. Celebraron mucho la traza, y recibióle la vieja por su cuenta y razón para venderle. La cual se iba por las casas diciendo que era de una doncella pobre, y que se deshacía dél para comer. Y ya tenía para cada cosa su embuste y su trapaza.[20] Lloraba la vieja a cada paso; enclavijaba las manos y suspiraba de lo amargo; llamaba hijos a todos. Traía, encima de muy buena camisa, jubón, ropa, saya y manteo, un saco de sayal[21] roto, de un amigo ermitaño que tenía en las cuestas de Alcalá. Esta gobernaba el hato, aconsejaba y encubría.

Quiso, pues, el diablo, que nunca está ocioso en cosas tocantes a sus siervos, que, yendo a vender no sé qué ropa y otras cosillas a una casa, conoció uno no sé qué hacienda suya. Trujo un alguacil, y agarráronme la vieja, que se llamaba la madre Labruscas. Confesó luego todo el caso, y dijo cómo vivíamos todos, y que éramos caballeros de rapiña. Dejóla el alguacil en la cárcel, y vino a casa, y halló en ella a todos mis compañeros, y a mí con ellos. Traía media docena de corchetes—verdugos de a pie—, y dio con todo el colegio buscón en la cárcel, adonde se vio en gran peligro la caballería.[22]

[20] *trapaza*: "trick."
[21] *sayal*: a type of coarse woolen cloth.
[22] *caballería*: "knightly order."

Capítulo IV

CHÁRONNOS, EN ENTRANDO, a cada uno dos pa-
res de grillos, y sumiéronnos en un calabozo.   5
Yo que me vi ir allá, aprovechéme del dinero
que traía conmigo y, sacando un doblón, díjele
al carcelero:—"Señor, óigame v. m. en secreto." Y para que lo hiciese, dile escudo como
cara.[1] En viéndolos, me apartó.—"Suplico a v.   10
m."—le dije—"que se duela de un hombre de
bien." Busquéle las manos, y como sus palmas estaban hechas a
llevar semejantes dátiles,[2] cerró con los dichos veinte y seis,[3]
diciendo:—"Yo averiguaré la enfermedad y, si no es urgente, bajará

[1] *dile* ... *cara*: several interpretations seem possible. Ife presents the
following:
[T]he obverse ('cara') of the doubloon contained the arms ('escudo') of
Castile and León, i.e. he showed him one side of the coin. Note also that
the 'doblón' was worth two 'escudos,' and by showing him the 'cara' he
was also in a sense showing him only half its value: one 'escudo.' Pablos '
real meaning is, however, metaphorical: he gave the jailer a coin with the
implication that there would be more to follow. The 'los' in 'viéndolos'
refers to the two 'escudos' which make up the value of the 'doblón.' (p.
257)
However, Pablos may be saying that the "face" he shows to the jailer (i.e.,
the "first impression" he gives him) is an *escudo* (i.e., he puts on his "best
face" by showing him money). Or there may be play on the expression "dar
la cara" ("to take responsibility for something," "to be willing to face the
consequences"); that is, Pablos "faces" the situation by slipping money to the
guard.
[2] *dátiles*: "dates" (i.e., the food). As part of the wordplay on "palmas,"
Pablos refers to the money of the bribe as "dátiles," justified by the
resemblance of the word to "dar."
[3] *los* ... *seis*: "the aforesaid twenty six" (i.e., the twenty six *reales* of which
a *doblón* is composed).

al cepo."⁴ Yo conocí la deshecha,⁵ y respondíle humilde. Dejóme
fuera, y a los amigos descolgáronlos abajo.⁶

Dejo de contar la risa tan grande que, en la cárcel y por las calles,
había con nosotros; porque como nos traían atados y a empellones,⁷
unos sin capas y otros con ellas arrastrando, eran de ver unos cuerpos pías remendados,⁸ y otros aloques⁹ de tinto y blanco. A cuál, por
asirle de alguna parte segura, por estar todo tan manido¹⁰ le agarraba el corchete de las puras carnes, y aun no hallaba de qué asir,
según los tenía roídos la hambre. Otros iban dejando a los corchetes
en las manos los pedazos de ropillas y gregüescos; al quitar la soga
en que venían ensartados, se salían pegados los andrajos.

Al fin, yo fui, llegada la noche, a dormir a la sala de los linajes.¹¹
Diéronme mi camilla. Era de ver algunos dormir envainados, sin
quitarse nada; otros, desnudarse de un golpe todo cuanto traían
encima; cuáles jugaban. Y, al fin, cerrados, se mató la luz. Olvida-
mos todos los grillos.

Estaba el servicio¹² a mi cabecera; y, a la media noche, no hacían
sino venir presos y soltar presos.¹³ Yo que oí el ruido, al principio,
pensando que eran truenos, empecé a santiguarme y llamar a Santa
Bárbara.¹⁴ Mas, viendo que olían mal, eché de ver que no eran

⁴ *cepo*: "stocks."
⁵ *deshecha*: "sham," "pretense."
⁶ *y ... abajo*: "and they took my friends down below."
⁷ *a empellones*: "by pushes and shoves."
⁸ *cuerpos pías remendados*: "pías," "piebald mares," functions adjectivally,
modifying "cuerpos." "Remendados," while modifying "cuerpos," also refers
to "pías," in the sense of "spotted" (see also Book III, Chapt. II, n. 99).
⁹ *aloques*: a rosé wine produced either naturally or by simply mixing
white and red wines ("aloque de tinto y blanco"). Though the exact sense is
obscure, the phrase may refer to the flush of embarrassment provoked in
some by having been dragged through the streets half-naked, only to be
thrown unceremoniously into jail. It may also be that they have turned
reddish from the cold (given that they are not protected by clothing).
¹⁰ *manido*: a play on two meanings: "gamey," "high" (in reference to
meat) and "worn out" (in reference to clothes). Police had to grab on to their
"puras carnes" because their clothes were so "gamey" (i.e., worn out). And
even when this is attempted do they run into problems, given the emaciated
state of their bodies ("según los tenía roídos la hambre"—a continuation of
the meat imagery).
¹¹ *sala de linajes*: it would appear to refer to a somewhat more pleasant
cell, reserved for noble or wealthier prisoners.
¹² *servicio*: see Book I, Chapt. V, n. 40.
¹³ *no hacían ... presos*: the first "presos" refers to the prisoners; the second
to the "prisoners" they "release" (i.e., their feces).
¹⁴ *Santa Bárbara*: the saint invoked as protection against lightning.

truenos de buena casta.[15] Olían tanto, que por fuerza detenía las narices en la cama. Unos traían cámaras y otros aposentos.[16] Al fin, yo me vi forzado a decirles que mudasen a otra parte el vedriado.[17] Y sobre si le viene muy ancho o no,[18] tuvimos palabras. Usé el oficio de adelantado,[19] que es mejor serlo de un cachete que de Castilla, y metíle a uno media pretina en la cara. El, por levantarse aprisa, derramóle, y al ruido despertó el concurso.[20] Asábamonos a pretinazos a escuras,[21] y era tanto el mal olor, que hubieron de levantarse todos.

Alzóse el grito. El alcaide, sospechando que se le iban algunos vasallos, subió corriendo, armado, con toda su cuadrilla, abrió la sala, entró luz y informóse del caso. Condenáronme todos; yo me disculpaba con decir que en toda la noche me habían dejado cerrar los ojos, a puro abrir los suyos.[22] El carcelero, pareciéndole que por no dejarme zabullir en el horado[23] le daría otro doblón, asió del caso y mandóme bajar allá. Determinéme a consentir, antes que a pellizcar el talego más de lo que lo estaba.[24] Fui llevado abajo; recibiéronme con arbórbola[25] y placer los amigos.

Dormí aquella noche algo desabrigado. Amaneció el Señor,[26] y

---

[15] *truenos ... casta*: "high class thunder," "thunder of good breeding" (i.e., real thunder, not that produced by flatulence).

[16] *cámaras ... aposentos*: "cámaras" is both "chambers" and "diahrrea" (as noted above). The first meaning is what justifies the mention of "aposentos" (also "chambers" or "rooms"). As to what Pablos means by this, it is difficult to say. Given that he seems to be opposing it to "cámaras," it may mean that these prisoners are constipated (as suggested by Ife, p. 258). It could, however, simply refer to normal feces.

[17] *vedriado*: *vidriado* (in this instance, "glazed crock").

[18] *si le viene ... no*: i.e., if Pablos was "getting too big for his breeches or not." (The "le" refers to Pablos—he is adopting the perspective of the other prisoners.)

[19] *oficio del adelantado*: the office of governor. But "adelantado" also means "advanced" or "in advance" (e.g., "pagar por adelantado"); hence, "es mejor serlo de un cachete que de Castilla" (i.e., it's better to get your blow in first than to be governor of Castile).

[20] *concurso*: "assembly," "crowd."

[21] *Asábamonos ... escuras*: "We roasted each other with our belts in the dark."

[22] *los suyos*: i.e., "ojos del culo."

[23] *horado*: "cave," "grotto" (i.e., the lower dungeon).

[24] *antes que ... estaba*: "before pinching my moneybag more than it already was" (that is, Pablos does not want to pay out any more bribes to the jailer).

[25] *arbóbola*: *albórbola* ("shouts of joy," "cheering").

[26] *Amaneció el Señor*: see Book III, Chapt. II, n. 1.

salimos del calabozo. Vímonos las caras, y lo primero que nos fue notificado fue dar para la limpieza—y no de la Virgen sin mancilla—,[27] so pena de culebrazo fino.[28] Yo di luego seis reales; mis compañeros no tenían qué dar, y así, quedaron remitidos para la noche.[29]

Había en el calabozo un mozo tuerto, alto, abigotado, mohíno de cara,[30] cargado de espaldas[31] y de azotes en ellas. Traía más hierro que Vizcaya,[32] dos pares de grillos y una cadena de portada.[33] Llamábanle el Jayán.[34] Decía que estaba preso por cosas de aire, y así, sospechaba yo si era por algunas fuelles,[35] chirimías o abanicos, y decíale si era por algo desto. Respondía que no, que eran cosas de atrás. Yo pensé que pecados viejos quería decir. Y averigüé que por puto.[36] Cuando el alcaide le reñía por alguna travesura, le llamaba botiller[37] del verdugo y depositario general de culpas.[38] Otras veces le amenazaba diciendo:—"¿Qué te arriesgas, pobrete, con el que ha de hacer humo?[39] Dios es Dios, que te vendimie de camino."[40] Había confesado éste, y era tan maldito, que traíamos todos con carlancas, como mastines,[41] las traseras, y no había quien se osase ventosear,[42] de miedo de acordarle dónde tenía las asentaderas.

[27] *la Virgen sin mancilla*: "the Immaculate Virgin" (literally, "without blemish").

[28] *so . . . fino*: "under penalty of a solid whipping" (that is, if they did not give anything).

[29] *quedaron . . . noche*: "were put off until night" (i.e., they would be "taken care of" that night).

[30] *mohíno de cara*: "gloomy-faced."

[31] *cargado de espaldas*: "almost hunch-backed." "Cargado de" literally means "burdened with": "burdened with his back and the whiplashes received by it." Since he is friends with the "Jayán," the nickname may also mean "the mounted one" (in view of the latter's sexual inclinations).

[33] *cadena de portada*: refers to the heavy chains used to lock portals, or which sometimes serve as ornaments on the frontispiece or facade of a building.

[34] *Jayán*: "a big, husky person."

[35] *fuelles*: "bellows."

[36] *puto*: "queer," "faggot."

[37] *botiller*: "el que tiene a su cargo la botillería, la despensa de un señor, y tomó el nombre de las botas o cubetas del vino, aunque haya en ella todo género de vitualla" (Covarrubias). The "Jayán" calls him this because he takes care of the executioner's "pantry" or "winecellar" (i.e., the jail full of prisoners).

[38] *depositario . . . culpas*: "general keeper of guilt."

[39] *el que . . . humo*: persons convicted of sodomy could be burned at the stake.

[40] *que te . . . camino*: "may He reap [i.e., kill] you in passing."

[41] *con . . . mastines*: "with spike collars, like mastiffs."

[42] *ventosear*: "break wind," "fart."

Este hacía amistad con otro que llamaban Robledo, y por otro nombre el Trepado.[43] Decía que estaba preso por liberalidades; y, entendido, eran de manos en pescar lo que topaba. Este había sido más azotado que postillón:[44] no había verdugo que no hubiese probado la mano en él. Tenía la cara con tantas cuchilladas, que, a descubrirse puntos, no se la ganara un flux.[45] Tenía nones las orejas[46] y pegadas las narices,[47] aunque no tan bien como la cuchillada que se las partía.

A éstos se llegaban otros cuatro hombres, rapantes[48] como leones de armas, todos agrillados y condenados al hermano de Rómulo.[49] Decían ellos que presto podrían decir que habían servido a su Rey por mar y por tierra. No se podrá creer la notable alegría con que aguardaban su despacho.

Todos estos, mohínos de ver que mis compañeros no contribuían, ordenaron a la noche de darlos culebrazo bravo, con una soga dedicada al efecto.

Vino la noche. Fuimos ahuchados a la postrera faldriquera de la casa.[50] Mataron la luz; yo metíme luego debajo de la tarima. Empezaron a silbar dos dellos, y otro a dar sogazos. Los buenos caballeros

[43] *Trepado: Autoridades* defines "trepa" as "el castigo, que se da a alguno con azotes, patadas, etc.." There may, however, be play with his real name, "Robledo" ("oak grove"): "trepado" in the sense of "perched" (e.g., in a tree). Since he is friends with the "Jayán," the nickname may also mean "the mounted one" (in view of the latter's sexual inclinations).

[44] *postillón*: "postilion's horse."

[45] *a descubrirse ... flux*: "puntos" as both "stitches" and "points" in a card game. "Descubrirse puntos": "to show one's hand"; "flux": "flush" (usually a winning hand).

[46] *nones las orejas*: "an odd number of ears" (i.e., only one).

[47] *pegadas las narices*: "flat-nosed." But "pegadas" can also mean "stuck together," the meaning Pablos is actually using, considering the rest of the sentence: "pegar una cuchillada" is "to strike a blow with a knife." Thus, his nose has been stuck together, but not as well as it had been slashed.

[48] *rapantes*: "thieving." The phrase "como leones de armas," however, brings in the other sense of "rapante" (normally spelled "rampante"). The "león rampante" is the lion standing on its hind paws which appears on many coats of arms ("armas" meaning "coat of arms"). Significantly, *Autoridades* emphasizes that the lion has "la mano abierta, y las garras tendidas, en ademán de agarrar o asir."

[49] *condenados ... Rómulo*: the brother of Romulus is Remus—"Remo" in Spanish. "Remo" is also the word for "oar." Pablos is saying that they have been condemned to row in the galleys as punishment for their crimes.

[50] *ahuchados ... casa*: "hoarded into the back pocket of the house" (i.e., "pushed into the corner").

que vieron el negocio de revuelta, se apretaron de manera las carnes
ayunas—cenadas, comidas y almorzadas de sarna y piojos—, que
cupieron todos en un resquicio de la tarima. Estaban como liendres
en cabellos o chinches en cama. Sonaban los golpes en la tabla;
callaban los dichos. Los bellacos que vieron que no se quejaban,
dejaron el dar azotes, y empezaron a tirar ladrillos, piedras y cascote
que tenían recogido. Allí fue ella, que uno le halló el cogote a don
Toribio, y le levantó una pantorrilla[51] en él de dos dedos.[52] Comenzó a dar voces que le mataban. Los bellacos, porque no se oyesen
sus aullidos, cantaban todos juntos y hacían ruido con las prisiones.
El, por esconderse, asió de los otros para meterse debajo. Allí fue el
ver cómo, con la fuerza que hacían, les sonaban los güesos como
tablillas de San Lázaro.[53]

Acabaron su vida las ropillas; no quedaba andrajo en pie. Menudeaban tanto las piedras y cascotes, que, dentro de poco tiempo,
tenía el dicho don Toribio más golpes[54] en la cabeza que una ropilla
abierta. Y no hallando remedio contra el granizo, viéndose, sin san-
tidad, cerca de morir San Esteban,[55] dijo que le dejasen salir, que él
pagaría luego y daría sus vestidos en prendas.[56] Consintiéronselo,
y, a pesar de los otros, que se defendían con él, descalabrado y como
pudo, se levantó y pasó a mi lado.

Los otros, por presto que acordaron a prometer lo mismo, ya
tenían las chollas[57] con más tejas que pelos. Ofrecieron para pagar
la patente[58] sus vestidos, haciendo cuenta que era mejor estarse en
la cama por desnudos que por heridos. Y así, aquella noche los
dejaron, y a la mañana les pidieron que se desnudasen. Y se halló
que, de todos sus vestidos juntos, no se podía hacer una mecha a un
candil.[59]

Quedáronse en la cama, digo envueltos en una manta, la cual era
la que llaman ruana, donde se espulgan todos. Empezaron luego a
sentir el abrigo de la manta, porque había piojo con hambre canina,

---

[51] *pantorrilla*: "calf" (of a leg), here used figuratively to describe the
swelling produced by the blow he has received.

[52] *dedos*: see Book III, Chapt. II, n. 23.

[53] *tablillas ... Lázaro*: see Book I, Chapt. III, n. 14.

[54] *golpes*: "blows" and "pocket flaps."

[55] *San Esteban*: St. Stephen was stoned to death.

[56] *en prendas*: "as a pledge," "as a guaranty." ("Prendas," of course, also
means "garments," thus producing a bit of wordplay.)

[57] *chollas*: "noggins."

[58] *pagar la patente*: i.e., the "fee" being exacted by the thugs.

[59] *candil*: "oil lamp."

y otro que, en un brazo de uno dellos, quebraba ayuno de ocho días.
Habíalos frisones,[60] y otros que se podían echar a la oreja de un
toro.[61] Pensaron aquella mañana ser almorzados dellos; quitáronse
la manta, maldiciendo su fortuna, deshaciéndose a puras uñadas.

Yo salíme del calabozo, diciéndoles que me perdonasen si no les   5
hiciese mucha compañía, porque me importaba no hacérsela. Torné
a repasarle las manos al carcelero[62] con tres de a ocho[63] y, sabiendo
quién era el escribano de la causa, inviéle a llamar con un picarillo.[64]
Vino, metíle en un aposento, y empecéle a decir, después de haber
tratado de la causa, cómo yo tenía no sé qué dinero. Supliquéle que   10
me lo guardase y que, en lo que hubiese lugar, favoreciese la causa
de un hijodalgo desgraciado que, por engaño, había incurrido en tal
delito.—"Crea v. m."—dijo, después de haber pescado la mosca—,[65]
"que en nosotros está todo el juego, y que si uno da en no ser
hombre de bien, puede hacer mucho mal. Más tengo yo en galeras   15
de balde, por mi gusto, que hay letras en el proceso.[66] Fíese de mí, y
crea que le sacaré a paz y a salvo."

Fuese con esto, y volvióse desde la puerta a pedirme algo para el
buen Diego García, el alguacil, que importaba acallarle con mordaza
de plata,[67] y apuntóme no sé qué del relator,[68] para ayuda de comer-   20
se cláusula entera.[69] Dijo:—"Un relator, señor, con arquear las cejas, levantar la voz, dar una patada para hacer atender al alcalde
divertido, hacer una acción, destruye un cristiano." Dime por enten-

[60] *frisones*: see Book I, Chapt. II, n. 34.

[61] *que se ... toro*: an allusion to the large dogs used for bull-baiting (the
implication being that these fleas were large and savage enough to be
employed for this purpose).

[62] *Torné ... carcelero*: "I greased the jailer's palms again."

[63] *tres de a ocho*: refers to the "doblones de a ocho" (worth eight *escudos*
each).

[64] *picarillo*: *pícaro* plus the diminutive ending *illo*.

[65] *mosca*: both "fly" and "money" (coll.).

[66] *Más ... proceso*: "I have sent more men to the galleys without motive
[i.e., out of whim] than there are letters in the lawsuit." It would appear that
there is wordplay here on "letras" and "galeras," given that "galeras" also
refers (as does the English term "galleys") to the metal trays used to hold
type ("letras") which has been set.

[67] *mordaza de plata*: "gag of silver" (that is, he must be silenced with
money).

[68] *relator*: "court reporter," "clerk."

[69] *comerse ... entera*: "to swallow a whole clause" (of the indictment or case
against him). "Ayuda de comerse" is modelled on "ayuda de costa"—
"expenses."

dido, y añadí otros cincuenta reales; y en pago me dijo que endereza-
se el cuello de la capa, y dos remedios para el catarro que tenía de la
frialdad del calabozo. Y últimamente me dijo, mirándome con
grillos:—"Ahorre de pesadumbre, que, con ocho reales que dé al
alcaide, le aliviará; que ésta es gente que no hace virtud si no es por
interés." Cayóme en gracia la advertencia. Al fin, él se fue. Yo di al
carcelero un escudo; quitóme los grillos.

Dejábame entrar en su casa. Tenía una ballena por mujer, y dos
hijas del diablo, feas y necias, y de la vida,[70] a pesar de sus caras.
Sucedió que el carcelero—se llamaba tal Blandones de San Pablo,[71] y
la mujer doña Ana Moráez—vino a comer, estando yo allí, muy
enojado y bufando. No quiso comer. La mujer, recelando alguna
gran pesadumbre, se llegó a él, y le enfadó tanto con las acostum-
bradas importunidades, que dijo:—"¿Qué ha de ser, si el bellaco
ladrón de Almendros, el aposentador,[72] me ha dicho, teniendo palabras con él sobre el arrendamiento, que vos no sois limpia?"[73]—
"¿Tantos rabos[74] me ha quitado el bellaco?"—dijo ella; "por el siglo
de mi agüelo, que no sois hombre, pues no le pelastes las barbas.
¿Llamo yo a sus criadas que me limpien?" Y volviéndose a mí,
dijo:—"Vale Dios que no me podrá decir que soy judía como él, que,
de cuatro cuartos[75] que tiene, los dos son de villano, y los otros ocho
maravedís,[76] de hebreo. A fe, señor don Pablos, que si yo lo oyera,
que yo le acordara que tiene las espaldas en el aspa de San Andrés."[77]

Entonces, muy afligido el alcaide, respondió: "¡Ay, mujer, que

[70] *de la vida*: i.e., prostitutes ("ser de la vida"—"to be engaged in
prostitution").

[71] *de San Pablo*: again, it should be noted that individuals who possessed
the names of saints as surnames were often of *converso* descent (see Book I,
Chapt. I, n.7). His wife's surname—Moráez—is composed of its root,
"moro," plus the patronymic ending "ez," also a very telling detail (see
Redondo, "Nueva interpretación," p. 708).

[72] *aposentador*: "chamberlain," "billeting officer."

[73] *que ... limpia*: i.e., that she possesses *converso* blood ("limpia" coming
from "limpieza de sangre").

[74] *rabos*: see Book III, Chapt. II, n. 72.

[75] *cuatro cuartos*: refers to the four branches of his family.

[76] *ocho maravedís*: each *cuarto* was comprised of four *maravedís*; hence "ocho
maravedís" refers to the other two quarters ("cuartos") of his family.

[77] *el aspa ... Andrés*: the cross sewn onto the back of the yellow cloak
worn by those punished by the Inquisition. Doña Ana is implying that
Almendros has been punished by the Inquisition at some point, or that
some member of his family has.

callé porque dijo que en esa teníades vos dos o tres madejas![78] Que lo sucio no os lo dijo por lo puerco, sino por el no lo comer."[79]— "Luego ¿judía dijo que era? ¿Y con esa paciencia lo decís, buenos tiempos?[80] ¿Así sentís la honra de doña Ana Moráez, hija de Este-ban Rubio y Juan de Madrid, que sabe Dios y todo el mundo?"— "¡Cómo! ¿Hija"—dije yo—"de Juan de Madrid?"—"De Juan de Ma-drid, el de Auñón."[81]—"Voto a Dios"—dije yo—"que el bellaco que tal dijo es un judío, puto y cornudo." Y volviéndome a ellas:—"Juan de Madrid, mi señor, que esté en el cielo, fue primo hermano de mi padre. Y daré yo probanza de quién es y cómo; y esto me toca a mí. Y si salgo de la cárcel, yo le haré desdecir cien veces al bellaco. Ejecutoria tengo en el pueblo, tocante a entrambos, con letras de oro."[82]

Alegráronse con el nuevo pariente, y cobraron ánimo con lo de la ejecutoria. Y ni yo la tenía, ni sabía quiénes eran. Comenzó el marido a quererse informar del parentesco por menudo. Yo, porque no me cogiese en mentira, hice que me salía de enojado, votando y jurando. Tuviéronme, diciendo que no se tratase más dello. Yo, de rato en rato, salía muy al descuido diciendo:—"¡Juan de Madrid! ¡Burlando es la probanza que yo tengo suya!" Otras veces decía:— "¡Juan de Madrid, el mayor! Su padre de Juan de Madrid fue casado con Ana de Acevedo, la gorda." Y callaba otro poco.

Al fin, con estas cosas, el alcaide me daba de comer y cama en su casa, y el escribano, solicitado dél y cohechado con el dinero, lo hizo tan bien, que sacaron a la vieja delante de todos, en un palafrén pardo a la brida,[83] con un músico de culpas[84] delante. Era el pregón:—"¡A esta mujer, por ladrona!" Llevábale el compás en las costillas el verdugo,[85] según lo que le habían recetado los señores de

[78] *madejas:* "skeins" (of wool). There is play here on another meaning of "aspa," that is, a device for winding wool. Almendros has thus accused her of having relatives who have been punished by the Inquisition.

[79] *el no lo comer:* the "lo" refers to "puerco." Not eating pork was taken as a sure sign that one was of Jewish or Moorish blood (see Book I, Chapt. III, n. 54).

[80] *buenos tiempos:* "Se llaman aquellos que son felices y prósperos, y en que florecen buenas costumbres y abundancia; y por reprehensión, con ironía se aplica a los relaxados y malos" (*Autoridades*).

[81] *Auñón:* a small town roughly fifty miles to the east of Madrid.

[82] *Ejecutoria ... oro:* see Book II, Chapt. V, notes 22 and 23.

[83] *a la brida:* riding with long stirrups.

[84] *músico de culpas:* i.e., the "pregonero" ("towncrier").

[85] *Llevábale ... verdugo:* "The executioner marked out the time on her ribs" (i.e., with the whip).

los ropones.⁸⁶ Luego seguían todos mis compañeros, en los overos de echar agua,⁸⁷ sin sombreros y las caras descubiertas. Sacábanlos a la vergüenza, y cada uno, de puro roto,⁸⁸ llevaba la suya⁸⁹ de fuera.

5   Desterráronlos por seis años. Yo salí en fiado, por virtud del escribano. Y el relator no se descuidó, porque mudó tono, habló quedo y ronco, brincó razones y mascó cláusulas enteras.⁹⁰

---

⁸⁶ *señores ... ropones*: i.e., the judges ("ropones" being large loose gowns).

⁸⁷ *overos ... agua*: "overos" are gold- or egg-colored horses or donkeys; "overo de echar agua" is the donkey used to deliver water to houses (remember Lazarillo's job in the *Tratado sexto*), also utilized—as we find here— in the administering of punishments in public.

⁸⁸ *de puro roto*: i.e., "because of their tattered clothing."

⁸⁹ *la suya*: refers to "vergüenza," but in this case in the sense of "genitals."

⁹⁰ *brincó ... enteras*: "jumped words and swallowed entire clauses."

Capítulo V

De cómo tomé posada, y la desgracia que me sucedió en ella

ALÍ DE LA cárcel. Halléme solo y sin los amigos; aunque me avisaron que iban camino de Sevilla a costa de la caridad, no los quise seguir.

Determinéme de ir a una posada, donde hallé una moza rubia y blanca, miradora, alegre, a veces entremetida, y a veces entresacada y salida.[1] Ceceaba un poco; tenía miedo a los ratones; preciábase de manos y, por enseñarlas, siempre despabilaba las velas, partía la comida en la mesa, en la iglesia siempre tenía puestas las manos, por las calles iba enseñando siempre cuál casa era de uno y cuál de otro; en el estrado,[2] de contino tenía un alfiler que prender en el tocado; si se jugaba a algún juego, era siempre el de pizpirigaña,[3] por ser cosa de mostrar manos. Hacía que bostezaba, adrede, sin tener gana, por mostrar los dientes y hacer cruces en la boca.[4] Al fin, toda la casa tenía ya tan manoseada, que enfadaba ya a sus mismos padres.

Hospedáronme muy bien en su casa, porque tenían trato de alquilarla, con muy buena ropa, a tres moradores: fui el uno yo, el otro un portugués, y un catalán. Hiciéronme muy buena acogida.

A mí no me pareció mal la moza para el deleite, y lo otro la

---

[1] *entresacada y salida*: the first, "selected," "culled out" (it would seem that Pablos is using the word simply as part of a string of wordplay, starting with "entremetida"); the second, "in heat," "horny."

[2] *estrado*: "drawing room."

[3] *pizpirigaña*: a children's game involving play with the hands and the recitation of nonsense rhymes.

[4] *hacer . . . boca*: it apparently was a custom to make the sign of the cross over one's mouth when yawning.

comodidad de hallármela en casa. Di en poner en ella los ojos; contábales cuentos que yo tenía estudiados para entretener; traíales nuevas, aunque nunca las hubiese; servíales en todo lo que era de balde. Díjelas que sabía encantamentos, y que era nigromante,[5] que haría que pareciese que se hundía la casa y que se abrasaba, y otras cosas que ellas, como buenas creedoras, tragaron. Granjeé una voluntad en todos agradecida,[6] pero no enamorada, que, como no estaba tan bien vestido como era razón—aunque ya me había mejorado algo de ropa por medio del alcaide, a quien visitaba siempre, conservando la sangre[7] a pura carne y pan que le comía—, no hacían de mí el caso que era razón.[8]

Di, para acreditarme de rico que lo disimulaba, en enviar a mi casa amigos a buscarme cuando no estaba en ella. Entró uno, el primero, preguntando por el señor don Ramiro de Guzmán, que así dije que era mi nombre, porque los amigos me habían dicho que no era de costa el mudarse los nombres, y que era útil. Al fin, preguntó por don Ramiro, "un hombre de negocios rico, que hizo agora tres asientos con el Rey."[9] Desconociéronme en esto las huéspedas, y respondieron que allí no vivía sino un don Ramiro de Guzmán, más roto que rico, pequeño de cuerpo, feo de cara y pobre.—"Ese es"—replicó—"el que yo digo. Y no quisiera más renta al servicio de Dios que la que tiene a más de dos mil ducados." Contóles otros embustes, quedáronse espantadas, y él las dejó una cédula de cambio fingida,[10] que traía a cobrar en mí, de nueve mil escudos. Díjoles que me la diesen para que la acetase, y fuese.

Creyeron la riqueza la niña y la madre, y acotáronme luego para marido.[11] Vine yo con gran disimulación, y, en entrando, me dieron la cédula, diciendo.—"Dineros y amor mal se encubren, señor don Ramiro. ¿Cómo que nos esconda v. m. quién es, debiéndonos tanta

---

[5] *nigromante*: "necromancer."

[6] *Granjeé ... agradecida*: "I made a favorable impression on everyone" (more literally, "I captured a grateful will from everyone").

[7] *conservando la sangre*: "maintaining the blood ties" (that is, making the jailer think that they are actually relatives). But Pablos is also speaking literally: he is "conserving his blood" by dint of the bread and meat he eats at the jailer's house ("a pura carne... ").

[8] *no hacían ... razón*: "they didn't pay as much attention to me as I deserved."

[9] *tres ... Rey*: "three contracts with the King."

[10] *cédula ... fingida*: "fake draft of exchange."

[11] *acotáronme ... marido*: "they immediately staked me out for a husband."

voluntad?" Yo hice como que me había disgustado por el dejar de la
cédula, y fuime a mi aposento. Era de ver cómo, en creyendo que
tenía dinero, me decían que todo me estaba bien. Celebraban mis
palabras; no había tal donaire como el mío. Yo que las vi tan cebadas,[12] declaréle mi voluntad a la muchacha, y ella me oyó contentísima,   5
diciéndome mil lisonjas.

Apartámonos; y una noche, para confirmarlas más en mi riqueza, cerréme en mi aposento, que estaba dividido del suyo con sólo
un tabique muy delgado, y, sacando cincuenta escudos, estuve con-
tándolos en la mesa tantas veces, que oyeron contar seis mil escu-   10
dos. Fue esto de verme con tanto dinero de contado,[13] para ellas,
todo lo que yo podía desear, porque dieron en desvelarse[14] para
regalarme y servirme.

El portugués se llamaba *o senhor* Vasco de Meneses, caballero de
la cartilla, digo de Christus.[15] Traía su capa de luto, botas, cuello   15
pequeño y mostachos grandes. Ardía por doña Berenguela[16] de Robledo, que así se llamaba. Enamorábala sentándose a conversación,
y suspirando más que beata en sermón de Cuaresma. Cantaba mal,
y siempre andaba apuntado con[17] él el catalán, el cual era la criatura
más triste y miserable que Dios crió. Comía a tercianas,[18] de tres a   20
tres días, y el pan tan duro, que apenas le pudiera morder[19] un
maldiciente. Pretendía por lo bravo, y si no era el poner güevos, no

---

[12] *tan cebadas*: "so hooked."

[13] *de contado*: "in cash." Pablos is playing on words, for he only has that
amount "de contado" because he has been up all night, counting the same
coins over and over.

[14] *desvelarse*: "to go out of their way."

[15] *caballero ... Christus*: the alphabet at the beginning of the reading
primer ("cartilla") was normally preceded by a cross which was called a
"Christus" ("enseña que en su santo Nombre se han de empezar todas las
cosas," *Autoridades*). The Order of Christus, to which the gentleman belongs,
was a prominent military order of Portugal, similar to those of Santiago,
Alcántara and Calatrava in Spain.

[16] *Berenguela*: very close to "berenjena," "eggplant." It was commonly
associated with Moors because of their predilection for it. Since innkeepers
were often of Moorish descent (see Book I, Chapters IV and V), one
wonders whether the status of *cristianos nuevos* is being attributed to the
innkeeper and his family.

[17] *apuntado con*: "at odds with."

[18] *a tercianas*: refers to "tertian fever" (i.e., a fever which flares up every
three days), but here forms part of Pablos's wordplay: he uses it to mean "de
tres a tres días."

[19] *morder*: "bite" and "backbite," "gossip about."

le faltaba otra cosa para ser gallina, porque cacareaba[20] notablemente.

Como vieron los dos que yo iba tan adelante, dieron en decir mal de mí. El portugués decía que era un piojoso, pícaro, desarropado; el catalán me trataba de cobarde y vil. Yo lo sabía todo, y a veces lo oía, pero no me hallaba con ánimo para responder. Al fin, la moza me hablaba y recibía mis billetes. Comenzaba por lo ordinario: "Este atrevimiento, su mucha hermosura de v.m ...;" decía lo de "me abraso," trataba de penar, ofrecíame por esclavo, firmaba el corazón con la saeta... Al fin, llegamos a los túes,[21] y yo, para alimentar más el crédito de mi calidad, salíme de casa y alquilé una mula, y arrebozado y mudando la voz, vine a la posada y pregunté por mí mismo, diciendo si vivía allí su merced del señor don Ramiro de Guzmán, señor del Valcerrado y Vellorete.—"Aquí vive"—respondió la niña—"un caballero de ese nombre, pequeño de cuerpo." Y, por las señas, dije yo que era él, y la supliqué que le dijese que Diego de Solórzana, su mayordomo que fue de las depositarías, pasaba a las cobranzas,[22] y le había venido a besar las manos. Con esto me fui, y volví a casa de allí a un rato.

Recibiéronme con la mayor alegría del mundo, diciendo que para qué les tenía escondido el ser señor de Valcerrado y Vellorete. Diéronme el recado. Con esto, la muchacha se remató, cudiciosa de marido tan rico, y trazó de que la fuese a hablar a la una de la noche, por un corredor que caía a un tejado, donde estaba la ventana de su aposento.

El diablo, que es agudo en todo, ordenó que, venida la noche, yo, deseoso de gozar la ocasión, me subí al corredor, y, por pasar desde él al tejado que había de ser, vánseme los pies, y doy en el de un vecino escribano tan desatinado golpe, que quebré todas las tejas, y quedaron estampadas en las costillas. Al ruido, despertó la media casa, y pensando que eran ladrones—que son antojadizos dellos los de este oficio—,[23] subieron al tejado. Yo que vi esto, quíseme escon-

---

[20] *cacareaba*: "cackle" and "brag" ("to crow").

[21] *llegamos a los túes*: that is, they begin to use the familiar form *tú* in their dealings.

[22] *su mayordomo ... cobranzas*: roughly, "his steward of accounts was passing by on his way to collect rents."

[23] *este oficio*: refers to the "escribanos." The phrase "que son antojadizos dellos los de este oficio" could be translated approximately as "they are itchy about them [i.e., thieves], those of this profession" (the implication being that they themselves are thieves and thus see them everywhere).

der detrás de una chimenea, y fue aumentar la sospecha, porque el
escribano y dos criados y un hermano me molieron a palos y me
ataron a vista de mi dama, sin bastarme ninguna diligencia.[24] Mas
ella se reía mucho, porque, como yo la había dicho que sabía hacer
burlas y encantamentos, pensó que había caído por gracia y nigro-
mancia, y no hacía sino decirme que subiese, que bastaba ya. Con
esto, y con los palos y puñadas que me dieron, daba aullidos; y era lo
bueno que ella pensaba que todo era artificio, y no acababa de reír.

Comenzó luego a hacer la causa, y porque me sonaron unas
llaves en la faldriquera, dijo y escribió que eran ganzúas[25] y aunque
las vio, sin haber remedio de que no le fuesen. Díjele que era don
Ramiro de Guzmán, y rióse mucho. Yo, triste, que me había visto
moler a palos delante de mi dama, y me vi llevar preso sin razón y
con mal nombre, no sabía qué hacerme. Hincábame de rodillas, y ni
por esas ni por esotras bastaba con el escribano.[26]

Todo esto pasaba en el tejado, que los tales, aun de las tejas
arriba levantan falsos testimonios.[27] Dieron orden de bajarme abajo, y lo hicieron por una ventana que caía a una pieza que servía de
cocina.

[24] sin ... diligencia: "no effort being of any use."

[25] ganzúas: "picklocks."

[26] ni por ... escribano: roughly, "and neither did that nor any other thing
work with the court clerk."

[27]que los ... testimonios: "de tejas arriba" is a set phrase used to refer to
matters of divine influence or intervention ("de tejas abajo" referring to
those of man). Pablos employs the phrase literally: since they are on the
roof, and since the court clerk is bearing false witness, he is doing so "de
tejas arriba." The implication is, of course, that court clerks are willing to lie
even in areas having to do with God.

Capítulo VI

O cerré los ojos en toda la noche, considerando mi desgracia, que no fue dar en el tejado, sino en las manos del escribano. Y cuando me acordaba de lo de las ganzúas y las hojas que había escrito en la causa,[1] echaba de ver que no hay cosa que tanto crezca como culpa en poder de escribano.

Pasé la noche en revolver trazas; unas veces me determinaba rogárselo por Jesucristo, y considerando lo que le pasó con ellos vivo,[2] no me atrevía. Mil veces me quise desatar, pero sentíame luego, y levantábase a visitarme los nudos, que más velaba él en cómo forjaría el embuste que yo en mi provecho. Madrugó al amanecer, y vistióse a hora que en toda su casa no había otros levantados sino él y los testimonios.[3] Agarró la correa, y tornóme a repasar las costillas, reprehendiéndome el mal vicio de hurtar como quien tan bien le sabía.

En esto estábamos, él dándome y yo casi determinado de darle a él dineros, que es la sangre con que se labran semejantes diamantes,[4] cuando, incitados y forzados de los ruegos de mi querida, que

---

[1] *causa*: "action," "criminal process."

[2] *considerando ... vivo*: there are two reconcilable interpretations of this phrase: the "ellos" can refer simply to the members of the legal system (like the "escribanos"), or to the Jews (i.e., the implication being that the "escribano" here is a Jew). It was often the case that lawyers and others associated with the legal system were of *converso* ancestry.

[3] *no había ... testimonios*: "levantar testimonios"—"give evidence or testimony" (in this case, false).

[4] *la sangre ... diamantes*: it was believed at the time that diamonds could be

me había visto caer y apalear, desengañada de que no era encanto sino desdicha, entraron el portugués y el catalán; y en viendo el escribano que me hablaban, desenvainando la pluma, los quiso espetar por cómplices[5] en el proceso.

El portugués no lo pudo sufrir, y tratóle algo mal de palabra,   5
diciéndole que él era un caballero "fidalgo de casa du Rey," y que yo era un "home muito fidalgo,"[6] y que era bellaquería tenerme atado. Comenzóme a desatar y, al punto, el escribano clamó:—"¡Resistencia!"; y dos criados suyos, entre corchetes y ganapanes,[7] pisaron las capas, deshiciéronse los cuellos, como lo suelen hacer para represen-   10
tar las puñadas que no ha habido, y pedían favor al Rey. Los dos, al fin, me desataron, y viendo el escribano que no había quien le ayudase, dijo:—"Voto a Dios que esto no se puede hacer conmigo, y que a no ser vs. ms. quien son, les podría costar caro. Manden contentar estos testigos, y echen de ver que les sirvo sin interés." Yo vi luego   15
la letra;[8] saqué ocho reales y díselos, y aun estuve por volverle los palos que me había dado; pero, por no confesar que los había recibido, lo dejé, y me fui con ellos, dándoles las gracias de mi libertad y rescate.

Entré en casa con la cara rozada de puros mojicones,[9] y las   20
espaldas algo mohínas de los varapalos.[10] Reíase el catalán mucho, y decía a la niña que se casase conmigo, para volver el refrán[11] al revés, y que no fuese tras cornudo apaleado, sino tras apaleado cornudo. Tratábame de resuelto y sacudido,[12] por los palos; traíame afrentado con estos equívocos. Si entraba a visitarlos, trataban lue-   25
go de varear;[13] otros veces, de leña y madera.

Yo que me vi corrido y afrentado, y que ya me iban dando en la

worked with blood; as Covarrubias says, "con ningún instrumento se labra, si no es con otro diamante y con la sangre del cabrón caliente."

[5] *los ... cómplices*: "he wanted to skewer them as accomplices."

[6] *home muito fidalgo*: "hombre muy hidalgo."

[7] *entre ... ganapanes*: "crosses between policemen and porters."

[8] *Yo ... letra*: "I immediately got the point."

[9] *la cara ... mojicones*: "my face scraped up by dint of punches."

[10] *las espaldas ... varapalos*: "my back a bit downcast because of the clubbing."

[11] *refrán*: the saying in question is "tras cornudo, apaleado, y mandábanle bailar, y aun dicen que baila mal." It was used to refer to someone who, after having been done one injustice, thereupon suffers another. The Catalan, of course, is employing it in literal terms.

[12] *sacudido*: both "determined" or "resolute" and "shaken."

[13] *varear*: both "to beat with a rod" and "to measure" (with a "vara"—"yardstick").

flor[14] de lo rico, comencé a trazar de salirme de casa; y, para no pagar comida, cama ni posada, que montaba algunos reales, y sacar mi hato libre,[15] traté con un licenciado Brandalagas, natural de Hornillos,[16] y con otros dos amigos suyos, que me viniesen una noche a prender. Llegaron la señalada, y requirieron a la güéspeda que venían de parte del Santo Oficio, y que convenía secreto. Temblaron todas, por lo que yo me había hecho nigromántico[17] con ellas. Al sacarme a mí callaron; pero, al ver sacar el hato, pidieron embargo por la deuda,[18] y respondieron que eran bienes de la Inquisición. Con esto no chistó alma terrena.

Dejáronles salir, y quedaron diciendo que siempre lo temieron. Contaban al catalán y al portugués lo de aquellos que me venían a buscar; decían entrambos que eran demonios y que yo tenía familiar.[19] Y cuando les contaban del dinero que yo había contado, decían que parecía dinero, pero que no lo era; de ninguna suerte persuadiéronse a ello.

Yo saqué mi ropa y comida horra.[20] Di traza, con los que me ayudaron, de mudar de hábito, y ponerme calza de obra[21] y vestido al uso,[22] cuellos grandes y un lacayo en menudos:[23] dos lacayuelos, que entonces era uso. Animáronme a ello, poniéndome por delante el provecho que se me seguiría de casarme con la ostentación, a título de rico, y que era cosa que sucedía muchas veces en la corte. Y aún añadieron que ellos me encaminarían parte conveniente y que me estuviese bien, y con algún arcaduz[24] por donde se guiase. Yo, negro cudicioso de pescar mujer,[25] determinéme. Visité no sé cuán-

---

[14] *flor*: "trick" (in cards). The phrase "ya me iban..." could be translated as "they were already seeing through my trick of being rich."

[15] *sacar ... libre*: "to get my belongings out scot-free."

[16] *Hornillos*: a town near Valladolid.

[17] *nigromántico*: see Book III, Chapt. V, n.5.

[18] *pidieron ... deuda*: "they asked for an embargo (i.e., of Pablos's property) for the debt."

[19] *familiar*: "familiar demon" (i.e., one who acts as someone's companion and assistant—a "guardian demon").

[20] *horra*: "free."

[21] *de obra*: Castro hypothesizes "labradas," "adornadas" (p. 204).

[22] *vestido al uso*: see Book II, Chapt. V, n.4.

[23] *en menudos*: "in small change" ("a lackey in small change: two little lackeys, as was the custom").

[24] *arcaduz*: "pipe" or "aqueduct," and "way" or "means" (coll.).

[25] *negro ... mujer*: Castro cites the *Autoridades* definition of "negro" as "astuto" or "taimado" (in underworld parlance) (see p. 205). Ife disagrees with Castro, claiming that "negro" "functions as a type of intensifying

tas almonedas, y compré mi aderezo de casar. Supe dónde se alquilaban caballos, y espetéme en uno[26] el primer día, y no hallé lacayo.

Salíme a la calle Mayor, y púseme enfrente de una tienda de jaeces, como que concertaba alguno. Llegáronse dos caballeros, cada cual con su lacayo. Preguntáronme si concertaba uno de plata que tenía en las manos; yo solté la prosa y, con mil cortesías, los detuve un rato. En fin, dijeron que se querían ir al Prado[27] a bureo[28] un poco, y yo, que si no lo tenían a enfado, que los acompañaría. Dejé dicho al mercader que si viniesen allí mis pajes y un lacayo, que los encaminase al Prado. Di señas de la librea, y metíme entre los dos y caminamos. Yo iba considerando que a nadie que nos veía era posible el determinar cúyos eran los lacayos, ni cuál era el que no le llevaba.

Empecé a hablar muy recio de las cañas[29] de Talavera, y de un caballo que tenía porcelana.[30] Encarecíales mucho el roldanejo[31] que

adverb with echoes of some idiomatic usages, 'exasperated' ('poner negro a alguien') and 'in great difficulty' ('verse negro para hacer algo'), and possibly also with some of the associations of 'tener la negra' ('to be down on one's luck')" (pp. 265-66). While it would appear that the last suggestion is the best (especially since "negro" can mean "infeliz, infausto y desgraciado" [*Autoridades*]—an accurate way of describing Pablos in these circumstances), there is no need to suggest that the word is functioning adverbially; rather, it would seem that it is an adjective functioning as a noun. This is clearly what Castro understood on defining it as "astuto," but in refuting him Ife says that "the grammatical context... strongly suggests that 'negro cudicioso' are adverb + adjective rather than two uncoordinated adjectives" (ibid.).

[26] *espetéme en uno*: Covarrubias defines "espetado": "por alusión, el que anda muy derecho, que parece aver tragado algún asador; a estos suelen llamar traga virotes. De ordinario son grandes necios, malcriados, y malquistos." Thus, the phrase could probably be translated as "I sat up solemnly and stiffly on one." Using this exact sentence from *El buscón*, however, *Autoridades* says "por ampliación vale encaxarse, meterse en alguna parte estrecha, o fijarse en ella." The phrase might be translated, then, as "I stuck myself on one."

[27] *Prado*: not the museum (built at the end of the eighteenth century), but what is now the Parque del Buen Retiro.

[28] *bureo*: "entertainment," "amusement."

[29] *cañas*: mock war game, Moorish in origin, played on horseback with light pieces of cane in place of real lances.

[30] *porcelana*: "porcelain blue" (i.e., bluish-white).

[31] *roldanejo*: Castro admits he has never seen this word before (p. 206) and does not suggest a possible meaning; Ife conjectures that it is the name of the horse: "Roldán" plus the diminutive ending *ejo* (see p. 266). Until someone finds out otherwise, this would appear to be a reasonable explanation, especially since the word is, in fact, capitalized in the Bueno manuscript (see p. 221).

esperaba de Córdoba. En topando algún paje, caballo o lacayo, los hacía parar y les preguntaba cúyo era, y decía de las señales y si le querían vender. Hacíale dar dos vueltas en la calle, y aunque no la tuviese, le ponía una falta en el freno, y decía lo que había de hacer para remediarlo. Y quiso mi ventura que topé muchas ocasiones de hacer esto. Y porque los otros iban embelesados y, a mi parecer, diciendo:—"¿Quién será este tagarote escuderón?"[32]—porque el uno llevaba un hábito[33] en los pechos, y el otro una cadena de diamantes, que era hábito y encomienda todo junto—,[34] dije yo que andaba en busca de caballos para mí y a otro primo mío, que entrábamos en unas fiestas.

Llegamos al Prado y, en entrando, saqué el pie del estribo, y puse el talón por defuera[35] y empecé a pasear. Llevaba la capa echada sobre el hombro y el sombrero en la mano. Mirábanme todos; cuál decía:—"Este yo le he visto a pie;" otro:—"Hola, lindo va el buscón."[36] Yo hacía como que no oía nada, y paseaba.

Llegáronse a un coche de damas los dos, y pidiéronme que picardease un rato.[37] Déjeles la parte de las mozas, y tomé el estribo[38] de madre y tía. Eran las vejezuelas alegres, la una de cincuenta y la otra punto menos. Díjeles mil ternezas, y oíanme; que no hay mujer, por vieja que sea, que tenga tantos años como presunción. Prometílas regalos y preguntélas del estado de aquellas señoras, y respondieron que doncellas, y se les echaba de ver en la plática. Yo dije lo ordinario: que las viesen colocadas como merecían; y agradóles mu-

---

[32] *tagarote escuderón*: "tagarote" is a type of falcon, but Covarrubias notes that "suelen llamar tagarotes unos hidalgos pobres que se pegan adonde pueden comer, y esto si hallan que harán buena riza." "Escuderón" would imply a vain, pretentious "escudero" (the lowest rank of the nobility—"squire").

[33] *hábito*: insignia of one of Spain's military orders (Santiago, Calatrava and Alcántara), membership in which was highly prestigious (and lucrative, see below n. 34).

[34] *que era ... junto*: members of the aforementioned orders received "encomiendas," that is, grants of land and the income which accrued from it, as rewards for the services they had rendered to the Crown. It seems that Pablos is saying that the diamond chain is so luxurious and costly that it in itself is worth an "hábito y encomienda."

[35] *el talón ... fuera*: i.e., he lets his feet hang loosely (presumably a sort of swaggering gesture).

[36] *Hola ... buscón*: roughly, "Well now, there goes a fancy scoundrel."

[37] *picardease un rato*: roughly, "fool around awhile."

[38] *estribo*: see Book II, Chapt. VI, n. 36.

cho la palabra *colocadas.*[39] Preguntáronme tras esto que en qué me
entretenía en la corte. Yo les dije que en huir de un padre y madre,
que me querían casar contra mi voluntad con mujer fea y necia y
mal nacida, por el mucho dote.—"Y yo, señoras, quiero más una
mujer limpia[40] en cueros,[41] que una judía poderosa, que, por la   5
bondad de Dios, mi mayorazgo vale al pie de cuatro mil ducados de
renta. Y, si salgo con un pleito que traigo en buenos puntos, no
habré menester nada." Saltó tan presto la tía:—"¡Ay, señor, y cómo
le quiero bien! No se case sino con su gusto y mujer de casta, que le
prometo que, con ser yo no muy rica, no he querido casar mi sobri-   10
na, con haberle salido ricos casamientos, por no ser de calidad. Ella
pobre es, que no tiene sino seis mil ducados de dote, pero no debe
nada a nadie en sangre."—"Eso creo yo muy bien," dije yo.

En esto, las doncellitas remataron la conversacion con pedir algo
de merendar a mis amigos: 15

> Mirábase el uno al otro,
> y a todos tiembla la barba.[42]

Yo, que vi ocasión, dije que echaba menos[43] mis pajes, por no
tener con quien enviar a casa por unas cajas que tenía. Agradecié-   20
ronmelo, y yo las supliqué se fuesen a la Casa del Campo[44] al otro
día, y que yo las enviaría algo fiambre.[45] Acetaron luego; dijéronme

[39] colocadas: at the time, an erudite or sophisticated term (i.e., a
"cultismo").

[40] limpia: see Book III, Chapt. IV, n. 73.

[41] en cueros: "penniless," "dirt poor" (literally, "naked").

[42] Mirábase ... barba: verses from a romance about the death of Alonso de
Aguilar (see Castro, p. 208). It is not entirely clear what Pablos means by
citing the verses, though two explanations seem conceivable: that neither of
the two have money with them at the moment (or at all, see C. Johnson's
interpretation, p. 6), thus leaving them in an embarrassing lurch; the other,
that they are both stunned at the sucess they have had (that is, to the point
that the girls are already asking them for a "merienda"). It should be noted
that Autoridades, using this exact passage as an example, defines "temblar la
barba" as an "Expressión jocosa con que se explica lo mismo que tener
miedo, u recelar de alguno, u de alguna cosa." This would seem to back up
the first of the interpretations just offered, though it may fit with the
second as well (that is, their surprise is also tinged with an element of
suspicion).

[43] echaba menos: an earlier version of "echar de menos." Pablos says that
he misses his pages, for he would have liked to send them back to his house
for some food.

[44] Casa del Campo: still in existence today as a public park, it was originally
set up as a game preserve by Philip II.

[45] algo fiambre: i.e., a cold luncheon.

su casa y preguntaron la mía. Y, con tanto, se apartó el coche, y yo y los compañeros comenzamos a caminar a casa.

Ellos, que me vieron largo[46] en lo de la merienda, aficionáronse, y, por obligarme, me suplicaron cenase con ellos aquella noche. Híceme algo de rogar, aunque poco, y cené con ellos, haciendo bajar a buscar mis criados, y jurando de echarlos de casa. Dieron las diez, y yo dije que era plazo de cierto martelo[47] y que, así, me diesen licencia. Fuime, quedando concertados de vernos a la tarde, en la Casa del Campo.

Fui a dar el caballo al alquilador, y desde allí a mi casa. Hallé a los compañeros jugando quinolicas.[48] Contéles el caso y el concierto hecho, y determinamos enviar la merienda sin falta, y gastar docientos reales en ella.

Acostámonos con estas determinaciones. Yo confieso que no pude dormir en toda la noche, con el cuidado de lo que había de hacer con el dote. Y lo que más me tenía en duda era el hacer dél una casa o darlo a censo,[49] que no sabía yo cuál sería mejor y de más provecho.

---

[46] *largo*: "generous."

[47] *martelo*: "la unión y correspondencia cariñosa entre dos personas" (*Autoridades*). (Castro notes that it derives from the Italian *martello*, p. 209.) Pablos says he has a tryst he must attend to.

[48] *quinolicas*: a type of card game.

[49] *darlo a censo*: "invest it in mortgages" (so as to live off the income).

Capítulo VII

En que se prosigue lo mismo, con otros sucesos y desgracias que me sucedieron

 MANECIÓ, Y DESPERTAMOS a dar traza en los criados, plata y merienda. En fin, como el dinero ha dado en mandarlo todo, y no hay quien le pierda el respeto, pagándoselo a un repostero[1] de un señor, me dio plata, y la sirvió él y tres criados.

Pasóse la mañana en aderezar lo necesario, y a la tarde ya yo tenía alquilado mi caballito. Tomé el camino, a la hora señalada, para la Casa del Campo. Llevaba toda la pretina llena de papeles, como memoriales,[2] y desabotonados seis botones de la ropilla, y asomados unos papeles. Llegué, y ya estaban allá las dichas y los caballeros y todo. Recibiéronme ellas con mucho amor, y ellos llamándome de vos, en señal de familiaridad. Había dicho que me llamaba don Felipe Tristán, y en todo el día había otra cosa sino don Felipe acá y don Felipe allá. Yo comencé a decir que me había visto tan ocupado con negocios de su Majestad y cuentas de mi mayorazgo, que había temido el no poder cumplir; y que, así, las apercibía a merienda de repente.[3]

En esto, llegó el repostero con su jarcia,[4] plata y mozos; los otros y ellas no hacían sino mirarme y callar. Mandéle que fuese al cenador[5] y aderezase allí, que entre tanto nos íbamos a los estanques. Llegáronse a mí las viejas a hacerme regalos, y holguéme de ver

---

[1] *repostero:* "oficial en casa de los señores que tiene cuidado de la plata y del servicio de mesa" (Covarrubias).

[2] *memoriales:* "documents," "legal briefs."

[3] *las apercibía ... repente:* "I warned them that it was an impromptu merienda."

[4] *jarcia:* "rigging" (of a ship); here "bundle of things" (coll.).

[5] *cenador:* "bower," "arbor."

descubiertas las niñas, porque no he visto, desde que Dios me crió,
tan linda cosa como aquella en quien yo tenía asestado el matrimo-
nio: blanca, rubia, colorada, boca pequeña, dientes menudos y espe-
sos, buena nariz,[6] ojos rasgados y verdes, alta de cuerpo, lindas
manazas y zazosita.[7] La otra no era mala, pero tenía más desenvol-
tura, y dábame sospechas de hocicada.[8]

Fuimos a los estanques, vímoslo todo y, en el discurso, conocí
que la mi desposada corría peligro en tiempo de Herodes,[9] por inocente. No sabía; pero como yo no quiero las mujeres para consejeras
ni bufonas, sino para acostarme con ellas, y si son feas y discretas es
lo mismo que acostarse con Aristóteles o Séneca o con un libro,
procúrolas de buenas partes para el arte de las ofensas;[10] que, cuando sea boba, harto sabe si me sabe bien. Esto me consoló. Llegamos
cerca del cenador, y, al pasar una enramada,[11] prendióseme en un
árbol la guarnición del cuello y desgarróse un poco. Llegó la niña, y
prendiómelo con un alfiler de plata, y dijo la madre que enviase el
cuello a su casa al otro día, que allá lo aderezaría doña Ana, que así
se llamaba la niña.

Estaba todo cumplidísimo; mucho que merendar, caliente y
fiambre, frutas y dulces. Levantaron los manteles y, estando en
esto, vi venir un caballero con dos criados, por la güerta adelante. Y
cuando no me cato,[12] conozco a mi buen don Diego Coronel. Acer-
cóse a mí, y como estaba en aquel hábito, no hacía sino mirarme.
Habló a las mujeres y tratólas de primas; y, a todo esto, no hacía
sino volver y mirarme. Yo me estaba hablando con el repostero, y
los otros dos, que eran sus amigos, estaban en gran conversación
con él.

---

[6] *buena nariz:* Redondo suggests that "buena" also alludes to its size, an indication that she is of Jewish descent (see "Nueva interpretación," p. 707).

[7] *zazosita:* "a bit of a lisper."

[8] *hocicada: besuqueada* (i.e., she has already been "broken in").

[9] *Herodes:* King Herod. In Spanish his slaughter of the newborn is referred to as the "degollación de los inocentes." Here, of course, Pablos is using the phrase to suggest that the young lady is ingenuous, though Redondo points out that this, too, might be an allusion to her Jewish descent (see p. 707).

[10] *de buenas ... ofensas:* "de buenas partes" means "attractive" or "good-looking," but "partes" can also refer to the sexual organs ("private parts"). "Ofensas," as Castro points out (p. 213), means "el pecado carnal" in the slang of the time.

[11] *enramada:* "grove," "arbor."

[12] *Y ... cato:* roughly, "And lo and behold."

Preguntóles, según se echó de ver después, mi nombre, y ellos dijeron:—"Don Felipe Tristán, un caballero muy honrado y rico." Veíale yo santiguarse. Al fin, delante dellas y de todos, se llegó a mí y dijo:—"V. m. me perdone, que por Dios que le tenía, hasta que supe su nombre, por bien diferente de lo que es; que no he visto cosa tan parecida a un criado que yo tuve en Segovia, que se llamaba Pablillos, hijo de un barbero del mismo lugar." Riéronse todos mucho, y yo me esforcé para que no me desmintiese la color, y díjele que tenía deseo de ver aquel hombre, porque me habían dicho infinitos que le era parecidísimo.—"¡Jesús!"—decía el don Diego—. "¿Cómo parecido? El talle, la habla, los meneos...[13] ¡No he visto tal cosa! Digo, señor, que es admiración grande, y que no he visto cosa tan parecida." Entonces las viejas, tía y madre, dijeron que cómo era posible que a un caballero tan principal se pareciese un pícaro tan bajo como aquél. Y porque[14] no sospechase nada dellas, dijo la una:—"Yo le conozco muy bien al señor don Felipe, que es el que nos hospedó por orden de mi marido, que fue gran amigo suyo, en Ocaña." Yo entendí la letra,[15] y dije que mi voluntad era y sería de servirlas con mi poca posibilidad en todas partes.

El don Diego se me ofreció, y me pidió perdón del agravio que me había hecho en tenerme por el hijo del barbero. Y añadía:—"No creerá v. m.: su madre era hechicera, su padre ladrón y su tío verdugo, y él el más ruin hombre y más mal inclinado que Dios tiene en el mundo." ¿Qué sentiría yo oyendo decir de mí, en mi cara, tan afrentosas cosas? Estaba, aunque lo disimulaba, como en brasas.

Tratamos de venirnos al lugar. Yo y los otros dos nos despedimos, y don Diego se entró con ellas en el coche. Preguntólas que qué era la merienda y el estar conmigo, y la madre y tía dijeron cómo yo era un mayorazgo de tantos ducados de renta, y que me quería casar con Anica; que se informase y vería si era cosa, no sólo acertada, sino de mucha honra para todo su linaje.

En esto pasaron el camino hasta su casa, que era en la calle del Arenal, a San Felipe. Nosotros nos fuimos a casa juntos, como la otra noche. Pidiéronme que jugase, cudiciosos de pelarme. Yo entendíles la flor[16] y sentéme. Sacaron naipes: estaban hechos.[17] Perdí

---

[13] *meneos*: "gestures," "body movements."
[14] *porque: para que.*
[15] *entendí la letra*: "I got the message."
[16] *entendíles la flor*: roughly, "I got what they were up to."
[17] *estaban hechos*: "they were marked."

una mano. Di en irme por abajo,[18] y ganéles cosa de trecientos
reales; y con tanto, me despedí y vine a mi casa.

Topé a mis compañeros, licenciado Brandalagas y Pero López,
los cuales estaban estudiando en unos dados tretas flamantes.[19] En
viéndome lo dejaron, cudiciosos de preguntarme lo que me había
sucedido. Yo venía cariacontecido y encapotado;[20] no les dije más de
que me había visto en un grande aprieto. Contéles cómo me había
topado con don Diego, y lo que me había sucedido. Consoláronme,
aconsejando que disimulase y no desistiese de la pretensión por
ningún camino ni manera.

En esto, supimos que se jugaba, en casa de un vecino boticario,
juego de parar.[21] Entendíalo yo entonces razonablemente, porque
tenía más flores que un mayo,[22] y barajas hechas, lindas. Determi-
námonos de ir a darles un muerto—que así se llama el enterrar una
bolsa—;[23] envié los amigos delante, entraron en la pieza, y dijeron si
gustarían de jugar con un fraile benito[24] que acababa de llegar a
curarse en casa de unas primas suyas, que venía enfermo y traía
mucho del real de a ocho y escudo. Crecióles a todos el ojo,[25] y
clamaron:—"¡Venga el fraile enhorabuena!"—"Es hombre grave en
la orden"[26]—replicó Pero López—"y, como ha salido, se quiere entretener, que él más lo hace por la conversación."—"Venga, y sea
por lo que fuere."—"No ha de entrar nadie de fuera, por el recato,"[27] dijo Brandalagas.—"No hay tratar de más," respondió el huésped. Con esto, ellos quedaron ciertos del caso, y creída la mentira.

Vinieron los acólitos,[28] y ya yo estaba con un tocador[29] en la
cabeza, mi hábito de fraile benito, unos antojos y mi barba, que por

---

[18] *Di ... abajo*: Castro notes (p. 216) that this seems to be an allusion to
the type of card-cheating referred to as "ida" (though he is not sure of its
exact nature).

[19] *tretas flamantes*: roughly, "brand new tricks."

[20] *cariacontecido y encapotado*: "crestfallen and frowning."

[21] *juego de parar*: see Book II, Chapt. III, n. 89.

[22] *mayo*: "maypole" (usually adorned with flowers, fruits, etc.).

[23] *bolsa*: here, "moneybag."

[24] *benito*: "Benedictine."

[25] *Crecióles ... ojo*: "Their eyes all got bigger."

[26] *hombre ... orden*: "an important man in the order."

[27] *por el recato*: "for the sake of discretion."

[28] *acólitos*: refers to Brandalagas and López ("acolytes" because of Pablos's
new status as a "friar").

[29] *tocador*: "nightcap" (that is, because he is "convalescing" and also
because he does not have a tonsure).

ser atusada no desayudaba.[30] Entré muy humilde, sentéme, comenzóse el juego. Ellos levantaban bien;[31] iban tres al mohíno;[32] pero quedaron mohínos los tres, porque yo, que sabía más que ellos, les di tal gatada[33] que, en espacio de tres horas, me llevé más de mil y trecientos reales. Di baratos[34] y, con mi "loado sea Nuestro Señor," me despedí, encargándoles que no recibiesen escándalo de verme jugar, que era entretenimiento y no otra cosa. Los otros, que habían perdido cuanto tenían, dábanse a mil diablos. Despedíme, y salímonos fuera.

Venimos a casa a la una y media, y acostámonos después de haber partido la ganancia. Consoléme con esto algo de lo sucedido, y, a la mañana, me levanté a buscar mi caballo, y no hallé por alquilar ninguno; en lo cual conocí que había otros muchos como yo. Pues andar a pie pareciera mal, y más entonces, fuime a San Felipe, y topéme con un lacayo de un letrado, que tenía un caballo y le aguardaba, que se había acabado de apear a oír misa. Metíle cuatro reales en la mano, porque, mientras su amo estaba en la iglesia, me dejase dar dos vueltas en el caballo por la calle del Arenal, que era la de mi señora.

Consintió, subí en el caballo, y di dos vueltas calle arriba y calle abajo, sin ver nada; y, al dar la tercera, asomóse doña Ana. Yo que la vi, y no sabía las mañas del caballo ni era buen jinete, quise hacer galantería. Dile dos varazos, tiréle de la rienda; empínase y, tirando dos coces, aprieta a correr y da conmigo por las orejas en un charco.

Yo que me vi así, y rodeado de niños que se habían llegado, y delante de mi señora, empecé a decir:—"¡Oh, hi de puta! ¡No fuérades vos valenzuela![35] Estas temeridades me han de acabar. Habíanme dicho las mañas, y quise porfiar con él." Traía el lacayo ya el caballo, que se paró luego. Yo torné a subir; y, al ruido, se había asomado don Diego Coronel, que vivía en la misma casa de sus primas. Yo que le vi, me demudé. Preguntóme si había sido algo;

---

[30] *por ... desayudaba*: "because it was groomed didn't hurt."

[31] *Ellos ... bien*: "They cut the deck well" (implying, of course, that they are cheating).

[32] *tres al mohíno*: see Book I, Chapt. VI, n. 12. The use of "mohínos" in "quedaron mohínos los tres" is literal: because they all end up losing, they are left "gloomy."

[33] *les ... gatada*: "I played such a dirty trick on them."

[34] *baratos*: see Book II, Chapt. VI, n. 21.

[35] *valenzuela*: a very distinguished breed of horses whose name comes from the head groom of the Duke of Sessa, Juan de Valenzuela (see Castro, p. 219).

dije que no, aunque tenía estropeada una pierna. Dábame el lacayo priesa, porque no saliese su amo y lo viese, que había de ir a palacio.

Y soy tan desgraciado, que, estándome diciendo el lacayo que nos fuésemos, llega por detrás el letradillo, y, conociendo su rocín, arremete al lacayo y empieza a darle de puñadas, diciendo en altas voces que qué bellaquería era dar su caballo a nadie. Y lo peor fue que, volviéndose a mí, dijo que me apease con Dios, muy enojado. Todo pasaba a vista de mi dama y de don Diego; no se ha visto en tanta vergüenza ningún azotado. Estaba tristísimo de ver dos desgracias tan grandes en un palmo[36] de tierra. Al fin, me hube de apear; subió el letrado y fuese. Y yo, por hacer la deshecha,[37] quedéme hablando desde la calle con don Diego, y dije:—"En mi vida subí en tan mala bestia. Está ahí mi caballo overo en San Felipe, y es desbocado en la carrera y trotón.[38] Dije cómo yo le corría y hacía parar; dijeron que allí estaba uno en que no lo haría, y era éste deste licenciado. Quise probarlo. No se puede creer qué duro es de caderas; y con mala silla, fue milagro no matarme."—"Sí fue"—dijo don Diego—; "y, con todo, parece que se siente v. m. de esa pierna."—"Sí siento"—dije yo—; "y me querría ir a tomar mi caballo y a casa."

La muchacha quedó satisfecha y con lástima de mi caída, mas el don Diego cobró mala sospecha de lo del letrado, y fue totalmente causa de mi desdicha, fuera de otras muchas que me sucedieron. Y la mayor y fundamento de las otras fue que, cuando llegué a casa, y fui a ver una arca, adonde tenía en una maleta todo el dinero que me había quedado de mi herencia y lo que había ganado—menos cien reales que yo traía conmigo—, hallé que el buen licenciado Brandalagas y Pero López habían cargado con ello, y no parecían.[39] Quedé como muerto, sin saber qué consejo tomar de mi remedio. Decía entre mí:—"¡Malhaya quien fía en hacienda mal ganada, que se va como se viene! ¡Triste de mí! ¿Qué haré?" No sabía si irme a buscarlos, si dar parte a la justicia.[40] Esto no me parecía bien, porque, si los prendían, habían de aclarar lo del hábito[41] y otras cosas, y era morir en la horca. Pues seguirlos, no sabía por dónde. Al fin, por no perder también el casamiento, que ya yo me consideraba reme-

---

[36] *palmo:* "palm," "span" (a unit of measure equivalent to eight inches).
[37] *hacer la deshecha:* "to patch up appearances."
[38] *desbocado ... trotón:* "a bolter when running and a trotter."
[39] *parecían:* aparecían.
[40] *dar ... justicia:* "notify the police."
[41] *lo del hábito:* i.e., his wearing the habit of a friar.

diado con el dote, determiné de quedarme y apretarlo sumamente.

Comí, y a la tarde alquilé mi caballico, y fuime hacia la calle; y como no llevaba lacayo, por no pasar sin él, aguardaba a la esquina, antes de entrar, a que pasase algún hombre que lo pareciese, y, en pasando, partía detrás dél, haciéndole lacayo sin serlo; y en llegando al fin de la calle, metíame detrás de la esquina, hasta que volviese otro que lo pareciese; metíame detrás, y daba otra vuelta.

Yo no sé si fue la fuerza de la verdad de ser yo el mismo pícaro que sospechaba don Diego, o si fue la sospecha del caballo del letrado, u qué se fue, que don Diego se puso a inquirir quién era y de qué vivía, y me espiaba. En fin, tanto hizo, que por el más extraordinario camino del mundo supo la verdad; porque yo apretaba en lo del casamiento, por papeles, bravamente, y él, acosado de ellas, que tenían deseo de acabarlo, andando en mi busca, topó con el licenciado Flechilla, que fue el que me convidó a comer cuando yo estaba con los caballeros. Y éste, enojado de cómo yo no le había vuelto a ver, hablando con don Diego, y sabiendo cómo yo había sido su criado, le dijo de la suerte que me encontró cuando me llevó a comer, y que no había dos días que me había topado a caballo muy bien puesto, y le había contado cómo me casaba riquísimamente.

No aguardó más don Diego, y, volviéndose a su casa, encontró con los dos caballeros del hábito y la cadena amigos míos, junto a la Puerta del Sol, y contóles lo que pasaba, y díjoles que se aparejasen y, en viéndome a la noche en la calle, que me magullasen los cascos;[42] y que me conocerían en la capa que él traía, que la llevaría yo. Concertáronse, y, en entrando en la calle, topáronme; y disimularon de suerte los tres que jamás pensé que eran tan amigos míos como entonces. Estuvímonos en conversación, tratando de lo que sería bien hacer a la noche, hasta el avemaría. Entonces despidiéronse los dos; echaron hacia abajo, y yo y don Diego quedamos solos y echamos a San Felipe.

Llegando a la entrada de la calle de la Paz, dijo don Diego:—"Por vida de don Felipe, que troquemos capas, que me importa pasar por aquí y que no me conozcan"—"Sea en buen hora," dije yo. Tomé la suya inocentemente, y dile la mía. Ofrecíle mi persona para hacerle espaldas,[43] mas él, que tenía trazado el deshacerme las mías, dijo que le importaba ir solo, que me fuese.

No bien me aparté dél con su capa, cuando ordena el diablo que

---

[42] *cascos:* "noggin."
[43] *hacerle espaldas:* "cover his back" (i.e., protect him from behind).

dos que lo aguardaban para cintarearlo[44] por una mujercilla,[45] entendiendo por la capa que yo era don Diego, levantan y empiezan una lluvia de espaldarazos[46] sobre mí. Yo di voces, y en ellas y la cara conocieron que no era yo. Huyeron, y yo quedéme en la calle con los cintarazos. Disimulé tres o cuatro chichones que tenía, y detúveme un rato, que no osé entrar en la calle, de miedo. En fin, a las doce, que era a la hora que solía hablar con ella, llegué a la puerta; y, emparejando, cierra uno de los dos que me aguardaban por don Diego, con un garrote conmigo, y dame dos palos en las piernas y derríbame en el suelo; y llega el otro, y dame un trasquilón[47] de oreja a oreja, y quítanme la capa, y déjanme en el suelo, diciendo:—"¡Así pagan los pícaros embustidores[48] mal nacidos!"

Comencé a dar gritos y a pedir confesión;[49] y como no sabía lo que era—aunque sospechaba por las palabras que acaso era el huésped de quien me había salido con la traza de la Inquisición, o el carcelero burlado, o mis compañeros huídos . . . ; y, al fin, yo esperaba de tantas partes la cuchillada, que no sabía a quién echársela; pero nunca sospeché en Don Diego ni en lo que era—, daba voces:— "¡A los capeadores!"[50] A ellas vino la justicia; levantáronme, y, viendo mi cara con una zanja[51] de un palmo, y sin capa ni saber lo que era, asiéronme para llevarme a curar. Metiéronme en casa de un barbero, curóme, preguntáronme dónde vivía, y lleváronme allá.

Acostáronme, y quedé aquella noche confuso, viendo mi cara de dos pedazos, y tan lisiadas las piernas de los palos, que no me podía tener en ellas ni las sentía, robado, y de manera que ni podía seguir a los amigos, ni tratar del casamiento, ni estar en la corte, ni ir fuera.

---

[44] *cintarearlo*: "cintarear" is a colloquial term meaning to strike someone with the flat of a sword.

[45] *mujercilla*: see Book, I, Chapt. IV, n. 18.

[46] *espaldarazos*: "blows on the back."

[47] *trasquilón*: "shearing" (here, a "slash").

[48] *embustidores*: *embusteros*.

[49] *pedir confesión*: Pablos thinks he has been mortally wounded, and wants to give his last confession.

[50] *capeadores*: thieves who specialized in stealing capes at night.

[51] *zanja*: "trench" (i.e., his wound). (For "palmo," see n. 36 above.)

Capítulo VIII

De mi cura y otros sucesos peregrinos

 E AQUÍ A LA mañana amanece a mi cabecera la huéspeda de casa, vieja de bien, edad de marzo—cincuenta y cinco[1]—con su rosario grande y su cara hecha en orejón[2] o cáscara de nuez, según estaba arada.[3] Tenía buena fama en el lugar, y echábase a dormir con ella y con cuantos querían; templaba gustos y careaba placeres.[4] Llamábase tal de la Guía;[5] alquilaba su casa, y era corredora[6] para alquilar otras. En todo el año no se vaciaba la posada de gente.

[1] *edad ... cinco*: Pablos seems to be punning here. While "marzo" would seem to indicate that the woman is quite young (since March is one of the first months of the year and the beginning of spring), we are rapidly disabused of this impression when it turns out that she is fifty five. This is the number of points won by a particular hand—called "mazo"—in "la primera," a kind of card game (see Book I, Chapt. I, n. 21). "Mazo" is, in fact, found in the Santander manuscript, thus moving Castro to substitute it for "marzo" in his 1927 edition (see p. 225). Yet since the same expression is found in a poem by Quevedo (where "marzo" is the only possible reading), and since it is found in both the *princeps* edition and the Córdoba manuscript, Lázaro Carreter has decided to leave it that way (see p. 243). (Raimundo Lida, in "Pablos de Segovia," p. 296, says that he prefers the "mazo" reading.) One wonders whether the choice of "marzo" ties in with the use of "arada" for describing metaphorically the wrinkles of the woman's face, March being a month in which plowing begins in many parts of Spain.

[2] *orejón*: "dried fruit." Both "orejón" and "cáscara de nuez" are among Quevedo's favorite metaphors for describing wrinkled skin (see my *Quevedo and the Grotesque*, I, p. 135).

[3] *según estaba arada*: Pablos is referring to her wrinkles, presumably very deep, as the furrows in a field. (The Bueno manuscript has a much more elaborate description of her: "vieja de bien arrugada, y llena de afeyte, que

Era de ver cómo ensayaba una muchacha en el taparse, lo primero enseñándola cuáles cosas había de descubrir de su cara. A la de
buenos dientes, que riese siempre, hasta en los pésames; a la de
buenas manos, se las enseñaba a esgrimir;[7] a la rubia, un bamboleo
de cabellos y un asomo de vedijas[8] por el manto y la toca estrema-
do;[9] a buenos ojos, lindos bailes con las niñas[10] y dormidillos, ce-
rrándolos, y elevaciones mirando arriba. Pues tratada en materia de
afeites,[11] cuervos[12] entraban y les corregía las caras de manera que,
al entrar en sus casas, de puro blancas no las conocían sus maridos.
Y en lo que ella era más estremada era en arremedar virgos y
adobar doncellas.[13] En solos ocho días que yo estuve en casa, la vi
hacer todo esto. Y, para remate de lo que era,[14] enseñaba a pelar,[15] y
refranes que dijesen, a las mujeres. Allí les decía cómo habían de
encajar la joya:[16] las niñas por gracia, las mozas por deuda, y las
viejas por respeto y obligación. Enseñaba pediduras[17] para dinero
seco, y pediduras para cadenas y sortijas. Citaba a la Vidaña, su
concurrente[18] en Alcalá, y a la Plañosa, en Burgos, mujeres de todo
embustir.

Esto he dicho para que se me tenga lástima de ver a las manos
que vine, y se ponderen mejor las razones que me dijo; y empezó

parecia higo enarinado, niña si se lo preguntaban, con su cara de muesca
entre chufa, y castaña apilada, tartamuda, barbada, y vizca, y Roma, no le
faltaua una gota para bruxa"(p. 243).

    4 *templaba* ... *placeres*: "she tempered desires and matched up pleasures"
(i.e., she was a go-between or procuress, and probably a whore herself).

    5 *tal de la Guía*: "so-and-so de la Guía," "somebody or other de la Guía."

    6 *corredora*: "broker." The "otras," within the context, refers to houses as
well as to other women.

    7 *se las* ... *esgrimir*: "she taught them how to wield them."

    8 *vedijas*: "tufts of hair."

    9 *estremado*: refers back to "asomo."

    10 *niñas*: "pupils."

    11 *afeites*: "cosmetics."

    12 *cuervos*: in view of the rest of the sentence, it must refer to excessively
dark-complexioned women.

    13 *en arremedar* ... *doncellas*: "at faking maidenheads and repairing virgins"
("adobar" can also be translated as "to pickle" or "preserve").

    14 *para* ... *era*: roughly, "to top off what she was."

    15 *pelar*: "to fleece."

    16 *encajar la joya*: roughly, "to land the jewel" (though Castro says that
this refers to "la petición de la joya," p. 227).

    17 *pediduras*: i.e., "asking techniques."

    18 *concurrente*: "competitor."

por estas palabras, que siempre hablaba por refranes:—"De do[19] sacan y no pon, hijo don Felipe, presto llegan al hondón;[20] de tales polvos, tales lodos;[21] de tales bodas, tales tortas. Yo no te entiendo, ni sé tu manera de vivir. Mozo eres; no me espanto que hagas algunas travesuras, sin mirar que, durmiendo, caminamos a la güesa:[22] yo, como montón de tierra,[23] te lo puedo decir. ¡Qué cosa es que me digan a mí que has desperdiciado mucha hacienda sin saber cómo, y que te han visto aquí ya estudiante, ya pícaro, ya caballero, y todo por las compañías![24] Dime con quién andas, hijo, y diréte quién eres;[25] cada oveja con su pareja;[26] sábete, hijo, que de la mano a la boca se pierde la sopa.[27] Anda, bobillo, que si te inquietaban mujeres, bien sabes tú que soy yo fiel[28] perpetuo, en esta tierra de esa mercaduría, y que me sustento de las posturas,[29] así que enseño como que pongo, y que nos damos con ellas en casa;[30] y no andarte

[19] do: donde.

[20] hondón: "bottom" (of a hollow object). She seems to use this proverb—whose sense is that by always taking and never putting back one quickly comes to the end—to refer to Pablos's current economic status; that is, Pablos has apparently wasted all of his money.

[21] de tales ... lodos: i.e., "As ye sow, so shall ye reap."

[22] sin mirar ... güesa: the idea is, of course, that man's death catches up with him sooner than he thinks (and that therefore he should not involve himself in "travesuras"). ("Güesa"—"huesa," i.e., "tomb.")

[23] montón de tierra: a reference to her own condition as an old woman, "made of mortal clay."

[24] y ... compañías: "and all because of the company you keep."

[25] Dime ... eres: roughly equivalent to "Birds of a feather flock together."

[26] cada ... pareja: the idea of this saying is that everyone should keep to his proper place in society.

[27] de ... sopa: approximate equivalent of "There's many a slip twixt the cup and the lip" (that is, unforeseen disasters can happen even in the surest of situations).

[28] fiel: i.e., "fiel ejecutor": "cargo en las repúblicas del que tiene cuydado de mirar las mercaderías que se venden, y si se da en ellas el peso justo y fiel" (Covarrubias), i.e., "public inspector."

[29] posturas: seems to be a play on "posturas" as both "cosmetics" ("el afeite con que las mugeres se componen y aderezan el rostro," Autoridades) and "el precio en que se pone alguna cosa venal" (Covarrubias), e.g., the price officially set on certain types of food. She teaches how to use cosmetics and establishes prices on the merchandise of prostitution. Lázaro Carreter suggests another set of possibilities related to a type of card game (see p. 246), but Ife's objections to them seem to be valid (see p. 274).

[30] que nos ... casa: based on the proverb, "Dánse con ello, con ellas," which is used "[c]uando las cosas abaratan" (Correas). Thus, she is saying that the "merchandise" is cheap at her house.

con un pícaro y otro pícaro, tras una alcorzada[31] y otra redomada,[32] que gasta las faldas con quien .hace sus mangas.[33] Yo te juro que hubieras ahorrado muchos ducados si te hubieras encomendado a mí, porque no soy nada amiga de dineros. Y por mis entenados[34] y difuntos, y así yo haya buen acabamiento,[35] que aun lo que me debes de la posada no te lo pidiera agora, a no haberlo menester para unas candelicas y hierbas;" que trataba en botes[36] sin ser boticaria, y si la untaban las manos,[37] se untaba y salía de noche por la puerta del humo.[38]

Yo que vi que había acabado la platica y sermón en pedirme— que, con ser su tema, acabó en él, y no comenzó, como todos hacen—, no me espanté de la visita, que no me la había hecho otra vez mientras había sido su huésped, si no fue un día que me vino a dar satisfaciones de que había oído que me habían dicho no sé qué de hechizos, y que la quisieron prender y escondió la calle;[39] vínome a desengañar y a decir que era otra Guía; y no es de espantar que, con tales guías, vamos todos desencaminados.

Yo la conté su dinero y, estándosele dando, la desventura, que nunca me olvida, y el diablo, que se acuerda de mí, trazó que la

[31] *alcorzada*: derived from "alcorza" ("sugar icing"), it refers to someone who is using an excessive amount of make-up.

[32] *redomada*: "artful," "crafty." However, it is also an adjectival form of "redoma," the flask in which unguents, cosmetics, etc. are kept; thus, it is also basically a synonym of "alcorzada" in the sense that it refers to the over-use of cosmetics.

[33] *que gasta ... mangas*: play on "mangas" as both "sleeves" and "presents." The phrase "que gasta sus faldas" has obvious sexual connotations, the resulting idea being that Pablos should not waste his time running after painted hussies who will accede their favors to him only if he gives them expensive gifts. (See Castro's extensive note on p. 228 discussing various examples in which both "faldas" and "mangas" appear.)

[34] *entenados*: "stepchildren."

[35] *y ... acabamiento*: "and may I have a good death" (i.e., she is swearing by her own death, as well as by her stepchildren and dead relatives).

[36] *botes*: "pots," "jars." As seen from the rest of the sentence, the jars in question contain ointments for the practice of witchcraft.

[37] *y si ... manos*: "untar las manos" means "to bribe" ("to grease someone's palms").

[38] *se untaba ... humo*: it was believed that witches rubbed themselves with ointment in preparation for their nocturnal flights to participate in Witches'' Sabbaths, etc. (see Cervantes's *El coloquio de los perros*). Pablos is saying that one could pay her to use her powers of witchcraft.

[39] *escondió la calle*: i.e., she had "hidden the street" by means of magic so authorities could not find and arrest her.

venían a prender por amancebada,[40] y sabían que estaba el amigo en casa. Entraron en mi aposento y, como me vieron en la cama, y a ella conmigo, cerraron con ella y conmigo, y diéronme cuatro o seis empellones muy grandes, y arrastráronme fuera de la cama. A ella la tenían asida otros dos, tratándola de alcagüeta y bruja. ¡Quién tal pensara de una mujer que hacía la vida referida!

A las voces del alguacil y a mis quejas, el amigo, que era un frutero que estaba en el aposento de adentro, dio a correr. Ellos que lo vieron, y supieron por lo que decía otro güésped de casa que yo lo era, arrancaron tras el pícaro, y asiéronle, y dejáronme a mí repelado y apuñeado; y con todo mi trabajo, me reía de lo que los picarones decían a la Guía. Porque uno la miraba y decía:—¡"Qué bien os estará una mitra,[41] madre, y lo que me holgaré de veros consagrar tres mil nabos[42] a vuestro servicio!" Otro:—"Ya tienen escogidas plumas los señores alcaldes, para que entréis bizarra."[43] Al fin, trujeron el picarón, y atáronlos a entrambos. Pidiéronme perdón, y dejáronme solo.

Yo quedé algo aliviado de ver a mi buena huéspeda en el estado que tenía sus negocios; y así, no tenía otro cuidado sino el de levantarme a tiempo que la tirase mi naranja.[44] Aunque, según las cosas que contaba una criada que quedó en casa, yo desconfié de su prisión, porque me dijo no sé qué de volar, y otras cosas que no me sonaron bien.

Estuve en la casa curándome ocho días, y apenas podía salir; diéronme doce puntos en la cara, y hube de ponerme muletas. Halléme sin dinero, porque los cien reales se consumieron en la cura, comida y posada; y así, por no hacer más gasto no teniendo dinero, determiné de salirme con dos muletas de la casa, y vender mi vestido, cuellos y jubones, que era todo muy bueno. Hícelo, y compré con lo que me dieron un coleto de cordobán viejo[45] y un jubonazo de

[5]

[10]

[15]

[20]

[25]

[30]

---

[40] por amancebada: "for cohabitation."

[41] mitra: jocose way of referring to the conical hat placed on the heads of those being punished in public (see also Book I, Chapt. II, n. 10).

[42] tres mil nabos: onlookers often peppered those being punished in public (especially for offenses like the old woman's) with vegetables and pieces of fruit (see the reference to the "berenjenas" thrown at Pablos's mother, Book I, Chapt. II, p. 11).

[43] Ya ... bizarra: a jocose allusion to tarring and feathering.

[44] sino ... naranja: Pablos wants to be in condition to throw things at the old woman when they bring her through the streets on the back of a mule.

[45] coleto ... viejo: "old cordovan jerkin."

estopa famoso,[46] mi gabán de pobre,[47] remendado y largo, mis polainas[48] y zapatos grandes, la capilla[49] del gabán en la cabeza; un Cristo de bronce traía colgando del cuello, y un rosario.

Impúsome en la voz y frases doloridas de pedir un pobre que entendía de la arte mucho; y así, comencé luego a ejercitallo por las calles. Cosíme sesenta reales que me sobraron, en el jubón; y, con esto, me metí a pobre, fiado en mi buena prosa.[50] Anduve ocho días por las calles, aullando en esta forma, con voz dolorida y realzamiento de plegarias:[51]—"¡Dalde, buen cristiano, siervo del Señor, al pobre lisiado y llagado; que me veo y me deseo!"[52] Esto decía los días de trabajo, pero los días de fiesta comenzaba con diferente voz, y decía:—"¡Fieles cristianos y devotos del Señor! ¡Por tan alta princesa como la Reina de los Angeles, Madre de Dios, dadle una limosna al pobre tullido y lastimado de la mano del Señor!" Y paraba un poco— que es de grande importancia—, y luego añadía:—"¡Un aire corruto, en hora menguada,[53] trabajando en una viña, me trabó mis miembros, que me vi sano y bueno como se ven y se vean, loado sea el Señor!"

Venían con esto los ochavos trompicando,[54] y ganaba mucho dinero. Y ganara más, si no se me atravesara un mocetón[55] mal encarado, manco de los brazos y con una pierna menos, que me rondaba las mismas calles en un carretón, y cogía más limosna con pedir mal criado. Decía con voz ronca, rematando en chillido:— "¡Acordáos siervos de Jesucristo, del castigado del Señor por sus pecados! ¡Dalde al pobre lo que Dios reciba!" Y añadía:—"¡Por el buen Jesú!"; y ganaba que era un juicio.[56] Yo advertí, y no dije más *Jesús*, sino quitábale la *s*, y movía a más devoción. Al fin, yo mudé de frasecicas, y cogía maravillosa mosca.[57]

[46] *jubonazo ... famoso:* "first-rate big doublet made of burlap."
[47] *gabán de pobre:* "poorman's overcoat."
[48] *polainas:* "leggings."
[49] *capilla:* "hood."
[50] *prosa:* labia (i.e., ability to fast-talk).
[51] *realzamiento de plegarias:* roughly, "wail of supplications."
[52] *me ... deseo:* "phrase, con que se explica el cuidado, fatiga, u afán, que cuesta el executar alguna cosa" (*Autoridades*). "I really do try" or "I try my hardest" might be satisfactory renderings.
[53] *aire ... menguada:* see Book I, Chapt. VI, n. 41.
[54] *trompicando:* "stumbling over one another."
[55] *mocetón:* "big lad."
[56] *ganaba ... juicio:* a colloquial phrase used to describe something extraordinary, particularly in regard to numbers.
[57] *mosca:* "money" (coll.).

Llevaba metidas entrambas piernas en una bolsa de cuero, y liadas, y mis dos muletas. Dormía en un portal de un cirujano, con un pobre de cantón,[58] uno de los mayores bellacos que Dios crió. Estaba riquísimo, y era como nuestro retor; ganaba más que todos; tenía una potra[59] muy grande, y atábase con un cordel el brazo por arriba, y parecía que tenía hinchada la mano y manca, y calentura, todo junto. Poníase echado boca arriba en su puesto, y con la potra defuera, tan grande como una bola de puente,[60] y decía:—"¡Miren la pobreza y el regalo que hace el Señor al cristiano!" Si pasaba mujer, decía:—"¡Ah, señora hermosa, sea Dios en su ánima!"; y las más, porque las llamase así, le daban limosna y pasaban por allí aunque no fuese camino para sus visitas. Si pasaba un soldadico:—"¡Ah, señor capitán!" decía; y si otro hombre cualquiera:—"¡Ah, señor caballero!" Si iba alguno en coche, luego le llamaba *señoría*,[61] y si clérigo en mula, *señor arcediano*.[62] En fin, él adulaba terriblemente. Tenía modo diferente para pedir los días de los santos; y vine a tener tanta amistad con él, que me descubrió un secreto con que, en dos días, estuvimos ricos. Y era que este tal pobre tenía tres muchachos pequeños, que recogían limosna por las calles y hurtaban lo que podían; dábanle cuenta a él, y todo lo guardaba. Iba a la parte[63] con dos niños de cajuela[64] en las sangrías[65] que hacían dellas. Yo tomé el mismo arbitrio[66] y él me encaminó la gentecica a propósito.[67]

Halléme en menos de un mes con más de docientos reales horros.[68] Y últimamente me declaró, con intento que nos fuésemos juntos, el mayor secreto y la más alta industria que cupo en mendigo, y la hicimos entrambos. Y era que hurtábamos niños, cada día,

[58] *pobre de cantón*: *Autoridades* gives one of the meanings of "pobre" as "el mendigo que pide limosna de puerta en puerta"; a "pobre de cantón" would thus seem to be a beggar who stations himself, instead, on a streetcorner ("cantón") (note that Pablos later refers to his "puesto").

[59] *potra*: "hernia."

[60] *bola de puente*: refers to the large stone spheres which often adorned the parapets of bridges during the period.

[61] señoría: "lordship."

[62] arcediano: "archdeacon."

[63] *Iba a la parte*: "He took shares."

[64] *niños de cajuela*: children who begged for religious orders.

[65] *sangrías*: "bloodlettings" (i.e., "snitchings") (the same term Lazarillo uses to describe his father's thefts of flour, see *Tratado primero*, p. 92).

[66] *arbitrio*: "scheme."

[67] *la ... propósito*: "the right little people."

[68] *docientos ... horros*: "two hundred *reales* free and clear."

entre los dos, cuatro o cinco; pregonábanlos,[69] y salíamos nosotros a
preguntar las señas, y decíamos:—"Por cierto, señor, que le topé a
tal hora, y que si no llego, que le mata un carro; en casa está."
Dábannos el hallazgo,[70] y veníamos a enriquecer de manera que me
hallé yo con cincuenta escudos, y ya sano de las piernas, aunque las
traía entrapajadas.[71]

Determiné de salirme de la corte, y tomar mi camino para Toledo, donde ni conocía ni me conocía nadie. Al fin, yo me determiné.
Compré un vestido pardo, cuello y espada, y despedíme de Valcázar,
que era el pobre que dije, y busqué por los mesones en qué ir a
Toledo.

---

[69] *pregonábanlos*: that is, the towncrier would announce that the children
were missing.
[70] *hallazgo*: "reward."
[71] *entrapajadas*: see Book III, Chapt. II, n. 95.

Capítulo ix

OPÉ EN UN paraje[3] una compañía de farsantes[4] que iban a Toledo. Llevaban tres carros, y quiso Dios que, entre los compañeros, iba uno que lo había sido mío del estudio en Alcalá, y había renegado y metídose al oficio.[5] Díjele lo que me importaba ir allá y salir de la corte; y apenas el hombre me conocía con la cuchillada, y no hacía sino santiguarse de mi *per signum crucis*.[6] Al fin, me hizo amistad, por mi dinero, de alcanzar de los demás lugar para que yo fuese con ellos.

Ibamos barajados hombres y mujeres, y una entre ellas, la bailarina, que también hacía las reinas y papeles graves en la comedia, me pareció estremada sabandija.[7] Acertó a estar su marido a mi lado, y yo, sin pensar a quien hablaba, llevado del deseo de amor y gozarla, díjele:—"A esta mujer, ¿por qué orden la podremos hablar, para gastar con su merced unos veinte escudos, que me ha parecido hermosa?"—"No me está bien a mí el decirlo, que soy su marido"— dijo el hombre—, "ni tratar deso; pero sin pasión, que no me mueve ninguna,[8] se puede gastar con ella cualquier dinero, porque tales

---

[1] *representante*: "actor."

[2] *galán de monjas*: "wooer of nuns."

[3] *paraje*: "inn."

[4] *farsantes*: "actors." (Until relatively late the word "farsa" meant simply "play.")

[5] *oficio*: i.e., that of "farsante."

[6] per signum crucis: see Book II, Chapt. I, n. 37.

[7] *estremada sabandija*: "great-looking broad."

[8] *pero ... ninguna*: on the one hand, the husband may be stressing that he is "rational" or "clear-headed" about these matters; on the other, he may be admitting that he is impotent, and therefore does not care with whom she goes to bed (as long as money is paid).

carnes no tiene el suelo,[9] ni tal juguetoncita." Y diciendo esto, saltó del carro y fuese al otro, según pareció, por darme lugar a que la hablase.

Cayóme en gracia la respuesta del hombre, y eché de ver que éstos son de los que dijera algún bellaco que cumplen el preceto de San Pablo[10] de tener mujeres como si no las tuviesen, torciendo la sentencia en malicia. Yo gocé de la ocasión, habléla, y preguntóme que adónde iba, y algo de mi vida. Al fin, tras muchas palabras, dejamos concertadas para Toledo las obras. Ibamonos holgando por el camino mucho.

Yo, acaso,[11] comencé a representar un pedazo de la comedia de San Alejo,[12] que me acordaba de cuando muchacho, y representélo de suerte que les di cudicia. Y sabiendo, por lo que yo le dije a mi amigo que iba en la compañía, mis desgracias y descomodidades, díjome que si quería entrar en la danza con ellos.[13] Encareciéronme tanto la vida de la farándula;[14] y yo, que tenía necesidad de arrimo,[15] y me había parecido bien la moza, concertéme por dos años con el autor.[16] Hícele escritura de estar con él, y diome mi ración[17] y representaciones.[18] Y con tanto, llegamos a Toledo.

Diéronme que estudiase tres o cuatro loas,[19] y papeles de barba,[20] que los acomodaba bien con mi voz. Yo puse cuidado en todo, y eché la primera loa en el lugar. Era de una nave—de lo que son todas[21]—que venía destrozada y sin provisión; decía lo de "este es el

[9] *el suelo*: i.e., *la tierra.*

[10] *preceto de San Pablo*: St. Paul's words in First Corinthians 7:29: "from now on, let those who have wives live as though they had none."

[11] *acaso*: "by chance."

[12] *la comedia de San Alejo*: Castro has pointed out that a play by Juan López de Ubeda appears under this name in the *Cancionero general de la doctrina cristiana*, published in Alcalá in 1579 (see p. 238).

[13] *entrar ... ellos*: roughly, "enter the business with them."

[14] *farándula*: "acting," "theater" (i.e., the profession) or "wandering company of actors" (as is this one).

[15] *arrimo*: "support," "protection."

[16] *concertéme ... autor*: "I signed up for two years with the producer" ("autor"—"theatrical producer").

[17] *ración*: "allowance."

[18] *representaciones*: "roles."

[19] *loas*: prologues in verse recited before the play itself begins.

[20] *papeles de barba*: "old men's roles." *Autoridades* defines "barba" in the following manner: "El que hace en las Comedias el papel del viejo o anciano. Díxose assí, porque se pone una cabellera cana, y barbas postizas, para representar con propriedad el papel."

[21] *de ... todas*: refers to "loas" in general.

puerto," llamaba a la gente "senado," pedía perdón de las faltas y silencio, y entréme. Hubo un víctor de rezado,[22] y al fin parecí bien en el teatro.

Representamos una comedia de un representante nuestro, que yo me admiré de que fuesen poetas, porque pensaba que el serlo era de hombres muy doctos y sabios, y no de gente tan sumamente lega. Y está ya de manera esto, que no hay autor que no escriba comedias, ni representante que no haga su farsa de moros y cristianos;[23] que me acuerdo yo antes, que si no eran comedias del buen Lope de Vega, y Ramón,[24] no había otra cosa.

Al fin, hízose la comedia el primer día, y no la entendió nadie; al segundo, empezámosla, y quiso Dios que empezaba por una guerra, y salía yo armado y con rodela,[25] que, si no, a manos de mal membrillo, tronchos y badeas,[26] acabo. No se ha visto tal torbellino, y ello merecíalo la comedia; porque traía un rey de Normandía, sin propósito, en hábito de ermitaño, y metía dos lacayos por hacer reír; y al desatar de la maraña,[27] no había más de casarse todos, y allá vas.[28] Al fin, tuvimos nuestro merecido.

Tratamos todos muy mal al compañero poeta, y yo principalmente, diciéndole que mirase de la que nos habíamos escapado y escarmentase. Díjome que jurado a Dios, que no era suyo nada de la comedia, sino que de un paso[29] tomado de uno, y otro de otro, había hecho aquella capa de pobre, de remiendo, y que el daño no había estado sino en lo mal zurcido. Confesóme que los farsantes que hacían comedias todo les obligaba a restitución,[30] porque se aprovechaban de cuanto habían representado, y que era muy fácil, y que el interés de sacar trecientos o cuatrocientos reales, les ponía a aque-

---

[22] *víctor de rezado*: "víctor" is equivalent to our "bravo"; "de rezado" implies that the "víctor" was delivered somewhat perfunctorily or without enormous enthusiasm (coming into play here is the difference between a "misa rezada" and the more impressive "misa cantada").

[23] *farsa ... cristianos*: "play about Moors and Christians."

[24] *Ramón*: Fray Alonso Ramón, now considered a rather minor playwright, hardly meriting mention in the same breath as Lope.

[25] *rodela*: "buckler."

[26] *tronchos y badeas*: "cabbage stalks and melons."

[27] *y ... maraña*: "and on the untangling of the mess."

[28] *y allá vas*: "and that was that."

[29] *paso*: "El lance o sucesso que se introduce en ella [la comedia], para texer la representación. Por extensión se dice de qualquiera cosa que mueve a risa o hace harmonía o extrañeza" (*Autoridades*).

[30] *todo ... restitución*: "everything obliged them to restitution." i.e., "they ought to return what they've written" (because all has been plagiarized).

llos riesgos; lo otro, que como andaban por esos lugares, les leen
unos y otros comedias:—"Tomámoslas para verlas, llevámonoslas,
y, con añadir una necedad y quitar una cosa bien dicha, decimos que
es nuestra." Y declaróme como no había habido farsante jamás que
5   supiese hacer una copla de otra manera.

No me pareció mal la traza, y yo confieso que me incliné a ella,
por hallarme con algún natural a la poesía;[31] y más, que tenía yo
conocimiento con algunos poetas, y había leído a Garcilaso;[32] y así,
determiné de dar en el arte. Y con esto y la farsanta y representar,
10   pasaba la vida; que pasado un mes que había que estábamos en
Toledo, haciendo comedias buenas y enmendando el yerro pasado,
ya yo tenía nombre, y habían llegado a llamarme Alonsete, que yo
había dicho llamarme Alonso; y por otro nombre me llamaban *el
Cruel*, por serlo una figura que había hecho con gran aceptación de
15   los mosqueteros y chusma vulgar.[33] Tenía ya tres pares de vestidos,
y autores que me pretendían sonsacar de la compañía. Hablaba ya
de entender de la comedia, murmuraba de los famosos, reprehendía
los gestos a Pinedo, daba mi voto en el reposo natural de Sánchez,
llamaba bonico a Morales,[34] pedíanme el parecer en el adorno de los
20   teatros y trazar las apariencias.[35] Si alguno venía a leer comedia, yo
era el que la oía.

Al fin, animado con este aplauso, me desvirgué de poeta en un
romancico,[36] y luego hice un entremés,[37] y no pareció mal. Atreví-

[31] *natural a la poesía*: "disposition toward poetry," "temperament suitable
for poetry."
[32] *Garcilaso*: Garcilaso de la Vega (1501-1536), the great poet and soldier
of the early sixteenth century. He and his friend, Juan Boscán, were
instrumental in propagating Italian metrical forms and poetic sensibility in
Spain, their combined works marking the beginning of a new stage in the
development of Hispanic poetry.
[33] *mosqueteros ... vulgar*: "groundlings [i.e., the spectators of modest
means who stood in the pit of the theater during performances] and rabble."
[34] *Pinedo ... Sánchez ... Morales*: well-known actors of the time. "[D]aba
mi voto en el reposo natural de Sánchez": "I gave my opinion on the natural
easefulness of Sánchez" (*Autoridades* notes that "dar su voto," besides its
strict sense, "se usa para notar al que se entremete a juzgar la materia, que
no entiende, o no le toca"). "Bonico" is the diminutive form of "bueno"; its
use here possesses slightly disdainful overtones (about like saying "not
bad").
[35] *apariencias*: "stage scenery."
[36] *me desvirgué ... romancico*: "I lost my maidenhead as a poet on a little
ballad" (i.e., he began his career as a poet by writing a traditional-style
ballad).
[37] *entremés*: see Book II, Chapt. II, n. 15.

me a una comedia, y porque no escapase de ser divina cosa, la hice
de Nuestra Señora del Rosario. Comenzaba con chirimías,[38] había
sus ánimas de Purgatorio y sus demonios, que se usaban entonces,[39] con su "bu, bu" al salir, y "ri, ri"[40] al entrar; caíale muy en
gracia al lugar el nombre de Satán en las coplas, y el tratar luego de   5
si cayó del cielo, y tal. En fin, mi comedia se hizo, y pareció muy
bien.

No me daba manos a trabajar, porque acudían a mí enamorados,
unos por coplas de cejas, y otros de ojos, cuál soneto de manos, y
cuál romancico para cabellos.[41] Para cada cosa tenía su precio, aun-   10
que, como había otras tiendas, porque acudiesen a la mía, hacía
barato.

¿Pues villancicos?[42] Hervía en sacristanes y demandaderas[43] de
monjas; ciegos me sustentaban a pura oración—ocho reales de cada
una—; y me acuerdo que hice entonces la del Justo Juez, grave y   15
sonorosa, que provocaba a gestos. Escribí para un ciego, que las sacó
en su nombre,[44] las famosas que empiezan:

> madre del Verbo humanal,
> Hija del Padre divino,
> dame gracia virginal, etc.   20

Fui el primero que introdujo acabar las coplas como los sermones, con "aquí gracia y después gloria," en esta copla de un cautivo
de Tetuán:[45]

> Pidámosle sin falacia   25
> al alto Rey sin escoria,
> pues ve nuestra pertinacia,
> que nos quiera dar su gracia,
> y después allá la gloria. Amén.
>   30

Estaba viento en popa[46] con estas cosas, rico y próspero, y tal,

---

[38] chirimías: "flageolets."

[39] que ... entonces: "which were in vogue then."

[40] bu, bu ... ri, ri: noises produced by the typical stage demon of the time.

[41] cejas ... ojos ... manos ... cabellos: i.e., poems in which these different features of the beloved would be praised.

[42] villancicos: "carols."

[43] demandaderas: "messenger girls" (at convents).

[44] que ... nombre: "who brought them out under his own name."

[45] cautivo de Tetuán: i.e., a Christian captive in the hands of the Moors in Tetuán.

[46] viento en popa: full speed ahead" (literally it meant "before the wind")..

que casi aspiraba ya a ser autor.[47] Tenía mi casa muy bien adereza-
da, porque había dado, para tener tapicería barata, en un arbitrio del
diablo,[48] y fue de comprar reposteros[49] de tabernas, y colgarlos.
Costáronme veinte y cinco o treinta reales, y eran más para ver que
cuantos tiene el Rey, pues por éstos se veía de puro rotos, y por
esotros no se verá nada.[50]

Sucedióme un día la mejor cosa del mundo, que, aunque es en mi
afrenta, la he de contar. Yo me recogía en mi posada, el día que
escribía comedia, al desván, y allí me estaba y allí comía; subía una
moza con la vianda, y dejábamela allí. Yo tenía por costumbre escribir representando recio, como si lo hiciera en el tablado. Ordena el
diablo que, a la hora y punto que la moza iba subiendo por la escalera, que era angosta y escura, con los platos y olla, yo estaba en un
paso de una montería,[51] y daba grandes gritos componiendo mi
comedia; y decía:

> Guarda el oso, guarda el oso,
> que me deja hecho pedazos,
> y baja tras ti furioso;

que entendió la moza—que era gallega—,[52] como oyó decir "baja
tras ti" y "me deja," que era verdad, y que la avisaba. Va a huir y,
con la turbación, písase la saya, y rueda toda la escalera, derrama la
olla y quiebra los platos y sale dando gritos a la calle, diciendo que
mataba un oso a un hombre. Y, por presto que yo acudí, ya estaba
toda la vecindad conmigo preguntando por el oso; y aun contándo-
les yo como había sido ignorancia de la moza, porque era lo que he
referido de la comedia, aun no lo querían creer; no comí aquel día.
Supiéronlo los compañeros, y fue celebrado el cuento en la ciudad.
Y destas cosas me sucedieron muchas mientras perseveré en el
oficio de poeta y no salí del mal estado.

Sucedió, pues, que a mi autor—que siempre paran en esto—,

---

[47] *autor*: see above, n. 16.

[48] *arbitrio del diablo*: "ingenious scheme."

[49] *reposteros*: "paño quadrado con las armas del señor, que se pone sobre
las acémilas" (Covarrubias), though they were also used as wall hangings.

[50] *eran ... nada*: Pablos is playing here with the phrase "eran más para
ver." Whereas in the standard sense this would mean that "they were more
worth seeing," Pablos is using it literally: they were "for seeing," because
they were full of holes as opposed to the king's.

[51] *paso ... montería*: "hunting scene."

[52] *que era gallega*: the Galician servant women were stereotypically
presented as rather ignorant in the literature of the period.

sabiendo que en Toledo le había ido bien, le ejecutaron[53] no sé por qué deudas, y le pusieron en la cárcel, con lo cual nos desmembramos todos, y echó cada uno por su parte. Yo, si va a decir verdad, aunque los compañeros me querían guiar a otras compañías, como no aspiraba a semejantes oficios y el andar en ellos era por necesidad, ya que me veía con dineros y bien puesto, no traté de más que de holgarme.

Despedíme de todos; fuéronse, y yo, que entendí salir de mala vida con no ser farsante, si no lo ha v. m. por enojo,[54] di en amante de red,[55] como cofia, y por hablar más claro, en pretendiente de Antecristo,[56] que es lo mismo que galán de monjas. Tuve ocasión para dar en esto porque una, a cuya petición había yo hecho muchos villancicos se aficionó en un auto del Corpus[57] de mí, viéndome representar un San Juan Evangelista, que lo era ella.[58] Regalábame la mujer con cuidado, y habíame dicho que sólo sentía que fuese farsante, porque yo había fingido que era hijo de un gran caballero, y dábala compasión. Al fin, me determiné de escribirla lo siguiente:

CARTA

"Más por agradar a v. m. que por hacer lo que me importaba, he

---

[53] *le ejecutaron*: "they attached his property" (i.e., they seized and sold his property for debts accumulated).

[54] *si ... enojo*: "if you don't take offense."

[55] *red*: grating at the locutory of convents, but also "net"; hence, the reference to "cofia," "coif" (i.e., "hair net").

[56] *pretendiente de Antecristo*: "candidate for Anti-Christ." Two ways of looking at this should be considered. First, it was believed that the Anti-Christ would be born of a clergyman and a nun. Given that Pablos is not a priest and that he is not going to be the offspring of any union with a nun, we must take "pretendiente de Antecristo" in a very loose sense—that is, he is a candidate for the status of Anti-Christ because of his attempt to become involved with a nun. The other way of looking at this, suggested by Ife, is that since nuns are considered symbolic brides of Christ, Pablos's attempts to seduce them away from Him make him a chief antagonist or rival (see p. 279).

[57] *auto del Corpus*: refers to the "autos sacramentales"—a variety of religious play performed as part of the observance of Corpus Christi. Note how Pablos arranges the syntax of the sentence to achieve a rather risqué result: "se aficionó en un auto del Corpus de mí" (rather than the more normal "se aficionó de mí en un auto del Corpus"). Since "Corpus" means "body," the nun ends up becoming an "aficionada" of Pablos's *body*.

[58] *que ... ella*: the "lo" refers back to "San Juan Evangelista" (i.e., she was a member of the religious order associated with this saint).

dejado la compañía; que, para mí, cualquiera sin la suya es soledad. Ya seré tanto más suyo, cuanto soy más mío. Avíseme cuándo habrá locutorio,[59] y sabré juntamente cuándo tendré gusto," etc.

Llevó el billetico[60] la andadera;[61] no se podrá creer el contento de la buena monja sabiendo mi nuevo estado. Respondióme desta manera:

RESPUESTA

"De sus buenos sucesos, antes aguardo los parabienes[62] que los doy, y me pesara dello a no saber que mi voluntad y su provecho es todo uno. Podemos decir que se mida con la que yo tendré. El locutorio dudo por hoy, pero no deje de venirse v. m. a vísperas, que allí nos veremos, y luego por las vistas,[63] y quizá podré yo hacer alguna pandilla[64] a la abadesa. Y adiós."

Contentóme el papel, que realmente la monja tenía buen entendimiento y era hermosa. Comí y púseme el vestido con que solía hacer los galanes en las comedias. Fuime derecho a la iglesia, recé, y luego empecé a repasar todos los lazos y agujeros de la red[65] con los ojos, para ver si parecía; cuando Dios y enhorabuena—que más era diablo y en hora mala—, oigo la seña antigua: empieza a toser, y yo a toser; y andaba una tosidura de Barrabás.[66] Arremedábamos un catarro,[67] y parecía que habían echado pimiento en la iglesia. Al fin, yo estaba cansado de toser, cuando se me asoma a la red una vieja tosiendo, y echo de ver mi desventura, que es peligrosísima seña en los conventos; porque como es seña a las mozas, es costumbre en

---

[59] *locutorio*: here, the period in which the nuns are allowed to speak with people on the outside of the convent.

[60] *billetico*: *billete* ("note") plus the diminutive ending *ico*.

[61] *andadera*: "messenger."

[62] *parabienes*: "congratulations."

[63] *vistas*: "se llaman las galerías, u ventanas desde donde se ve. Dícese especialmente de los Conventos de Monjas" (*Autoridades*).

[64] *pandilla*: "ruse," "trick." (*Autoridades* defines it as the "liga o unión que hacen algunas para engañar a otros, o hacerles algún daño.")

[65] *red*: see above, n. 55.

[66] *Barrabás*: Barrabas, the criminal whom the Jewish populace chose to have pardoned instead of Christ when asked by Pontius Pilate. The phrase "tosidura de Barrabás" could be translated roughly as "a hell of a coughing session."

[67] *Arremedábamos un catarro*: "We were mimicking a cold."

las viejas, y hay hombre que piensa que es reclamo de ruiseñor, y le sale después graznido de cuervo.

Estuve gran rato en la iglesia, hasta que empezaron vísperas. Oílas todas, que por esto llaman a los enamorados de monjas "solenes enamorados," por lo que tienen de vísperas, y tienen también que nunca salen de vísperas del contento,[68] porque no se les llega el día jamás.

No se creerá los pares de vísperas que yo oí. Estaba con dos varas[69] de gaznate más del que tenía cuando entré en los amores—a puro estirarme para ver—, gran compañero del sacristán y monacillo, y muy bien recibido del vicario, que era hombre de humor.[70] Andaba tan tieso, que parecía que almorzaba asadores y que comía virotes.

Fuime a las vistas,[71] y allá, con ser una plazuela bien grande, era menester enviar a tomar lugar a las doce, como para comedia nueva:[72] hervía en devotos.[73] Al fin me puse en donde pude; y podíanse ir a ver, por cosas raras, las diferentes posturas de los amantes. Cuál, sin pestañear, mirando, con su mano puesta en la espada y la otra con el rosario, estaba como figura de piedra sobre sepulcro; otro, alzadas las manos y estendidos los brazos a lo seráfico, recibiendo las llagas;[74] cuál, con la boca más abierta que la de mujer pedigüeña,[75] sin hablar palabra, la enseñaba a su querida las entrañas por el gaznate; otro, pegado a la pared, dando pesadumbre a los ladrillos, parecía medirse con la esquina; cuál se paseaba como si le

5

10

15

20

---

[68] *vísperas del contento*: Pablos plays on the other meaning of "vísperas," that is, "eve." These "galanes" are always on the "eve of happiness" because they never achieve the end they desire.

[69] *varas*: an antiquated Spanish unit of measure, equivalent to .84 of a meter (i.e., appproximately a yard).

[70] *hombre de humor*: "Se llama el de genio jovial, festivo y agudo" (*Autoridades*).

[71] *vistas*: see above, n. 63.

[72] *era menester ... nueva*: plays began at two o'clock from October to March, but the box offices opened at twelve. Since the demand was greater to see a "comedia nueva," one had to reserve a seat as soon as the theater opened.

[73] *hervía en devotos*: "it was bubbling over with devotees" (in this case, devotees of the nuns rather than the saints).

[74] *alzadas ... llagas*: an allusion to St. Francis receiving the stigmata. Pablos refers here to the way the saint was often depicted in paintings and sculptures.

[75] *mujer pedigüeña*: "a woman pestering for money."

hubieran de querer por el portante,[76] como a macho;[77] otro, con
una cartica[78] en la mano, a uso de cazador con carne, parecía que
llamaba halcón. Los celosos era otra banda; éstos, unos estaban en
corrillos riéndose y mirando a ellas; otros, leyendo coplas y ense-
ñándoselas; cuál, para dar picón,[79] pasaba por el terrero[80] con una
mujer de la mano; y cuál hablaba con una criada echadiza[81] que le
daba un recado.

Esto era de la parte de abajo y nuestra, pero de la de arriba,
adonde estaban las monjas, era cosa de ver también; porque las
vistas era una torrecilla[82] llena de redendijas[83] toda, y una pared con
deshilados,[84] que ya parecía salvadera,[85] ya pomo de olor.[86] Estaban
todos los agujeros poblados de brújulas;[87] allí se veía una pepito-

[76] *portante*: "ambling gait" (of a horse, mule, etc.).

[77] *macho*: "he-mule."

[78] *cartica*: *carta* plus the diminutive ending *ica*.

[79] *picón*: "el chasco, zumba o burla que se hace para picar e incitar a otro
a que execute alguna cosa. Usase regularmente junto con el verbo Dar"
(*Autoridades*, which uses this precise sentence as an example.)

[80] *terrero*: "el sitio, o parage, desde donde cortejaban en Palacio a las
Damas" (*Autoridades*).

[81] *echadiza*: "in cahoots" (that is, the message was not a real one, but
simply part of a fraud to induce jealousy).

[82] *torrecilla*: *torre* plus the diminutive ending *cilla*.

[83] *redendijas*: *rendijas* ("slits").

[84] *deshilados*: "un género de labor de aguja, que se hace en las cosas de
punto y telas, dexando huecos artificialmente para su hermosura" (*Autoridades*), i.e., "open work" or "drawn work." In this case the term is being
used to describe metaphorically a wall with ornamental openings.

[85] *salvadera*: as noted earlier (Book I, Chapt. III, n. 55), a receptacle to
hold sand for sprinkling on wet ink. Pablos is apparently referring to the
top, similar to that on a salt-shaker.

[86] *pomo de olor*: "pomander box." Covarrubias defines it as "una pieça
labrada, redonda, de oro o plata, agujerada, dentro de la qual suelen traer
olores y cosas contra la peste."

[87] *brújulas*: sights on a gun as well as what is seen through them (in this
case, the various parts of the bodies of nuns mentioned in the rest of the
sentence). (See Castro's extensive note—p. 251—on uses of this term.)
Domingo Ynduráin has added more to our understanding of the passage
by pointing out that the term was also part of the cardplayers' slang of
the time, being used to describe the practice of identifying a card one has
been dealt by merely looking at the lines at its edge rather than the card in
its entirety (presumably a defensive measure to keep the other players
and the onlookers from peeking):

> Creo que—ahora—el sentido es claro: las monjas son *brújulas*, pues sólo
> por la raya (el pie o la mano), sin verlas enteras, hay que adivinar el
> conjunto; la apreciación de Quevedo en este caso es coherente con su

ria,[88] una mano y acullá un pie; en otra parte había cosas de sábado:[89] cabezas y lenguas, aunque faltaban sesos; a otro lado se
mostraba buhonería:[90] una enseñaba el rosario, cuál mecía el pañizuelo, en otra parte colgaba un guante, allí salía un listón[91] verde.
Unas hablaban algo recio, otras tosían, cuál hacía la seña de los   5
sombrereros, como si sacara arañas, ceceando.[92]

planteamiento general, cuando señala, por ejemplo, que no se pasa de
tosiduras o del paloteado en la reja (p. 270).

[88] *pepitoria*: "giblet stew," or, colloquially, "hodgepodge."

[89] *cosas de sábado*: it was a Castilian custom not to eat meat on Saturdays
(as well as Fridays), though eventually it was permitted to eat the
trimmings and innards of the animals. ("Sesos" would be a typical dish for
Saturday; hence Pablos's derogatory reference to the lack of them in the
case of the nuns.)

[90] *buhonería*: "peddler's wares."

[91] *listón*: see Book II, Chapt. III, n. 9.

[92] *la seña ... ceceando*: this passage is rather difficult to interpret. In the
princeps it reads "sombreros" rather than "sombrereros" ("hat-makers")—
"absurdo que no tiene sentido" in the opinion of Castro (see p. 253). The
correction provided by the Santander manuscript (corroborated by the
Bueno) makes it clearer: the "sombrereros" were famous for importuning
customers in the street, calling them with the "ce" sound ("ceceando")
used to catch someone's attention. As *Autoridades* says: "Ce"—"voz con que
se llama a alguna persona, se la hace detener, o se la pide atención." Less
convincing is Castro's interpretation of the phrase "como si sacara
arañas": "los dedos sacados por entre los agujeros, para hacer seña al
amigo, semejaban desde la calle patas de araña en movimiento" (ibid.).
What makes this dubious is the phrase's position, which makes it seem
that it modifies "seña de los sombrereros." Castro's interpretation makes
no such connection at all, thereby putting into question its validity. While
it may be that the text is still faulty, there is another way of attempting to
make sense of it. If it is a matter of a blowing sound used to call attention,
it may be that Pablos is comparing it to the sound made by someone
blowing a spider off an article of clothing. (*Autoridades* defines "cecear" as
"sonar, cerrando los dientes, uniendo a ellos la lengua, algo más a los de
arriba, como un silvo a lo sordo ....") Note that "ceceando" ends up
modifying "como si sacara arañas," thus establishing a link between that
act and that of "sacar arañas."

Ynduráin has attempted to clear up the confusion by tying the phrase
to the *tarantela*, the frenetic dance engaged in by those who had been bitten
by the dreaded tarantula as a way of counteracting the effects of its
poison. Noting that the practice was referred to as "sacarse la araña," the
Spanish critic goes on to observe that:

...Quevedo se refiere, quizá, a que la monja hacía movimientos
descompuestos, agitando las manos sobre la cabeza, como quien se saca
o cura la picadura de araña, para llamar la atención, al mismo tiempo
que cecea o chista. Si esto fuera así entonces la seña o señal de los

En verano, es de ver cómo no sólo se calientan al sol, sino se chamuscan; que es gran gusto verlas a ellas tan crudas[93] y a ellos tan asados. En ivierno acontece, con la humedad, nacerle a uno de nosotros berros y arboledas en el cuerpo. No hay nieve que se nos escape, ni lluvia que se nos pase por alto; y todo esto, al cabo, es para ver una mujer por red y vidrieras, como güeso de santo;[94] es como enamorarse de un tordo en jaula, si habla, y, si calla, de un retrato. Los favores son todos toques, que nunca llegan a cabes:[95] un paloteadico[96] con los dedos. Hincan las cabezas en las rejas, y apúntanse los requiebros por las troneras.[97] Aman al escondite. ¿Y verlos hablar quedito y de rezado?[98] ¡Pues sufrir una vieja que riñe, una portera que manda y una tornera[99] que miente! Y lo mejor es ver cómo nos piden celos de las de acá fuera,[100] diciendo que el verdade-

sombreros o sombrereros podría ser bien el gesto de llevarse la mano a la cabeza (al sombrero), bien la seña que se hace agitando los sombreros. (see p. 279)

[93] *crudas*: "se toma algunas vezes por cruel, áspero, desapiadado; o por ser como fiera que se seba en la carne cruda, o por ser desabrida como lo es qualquier fruto de la tierra quando no está sazonado y cozido con el calor del sol" (Covarrubias). Since the nuns mostly never return completely the love offered by their suitors, they merit being called "crudas" (that is, because of their "cruelty"—a commonplace accusation in love poetry). But since the nuns hardly ever see the light of day (as opposed to the lovers who are "roasted" by the sun), they also deserve to be called "crudas" in the second sense offered by Covarrubias.

[94] *güeso de santo*: i.e., "holy relic."

[95] *toques ... cabes*: terms from the game of "argolla." Whereas the "cabe" is a direct hit between two balls (see Book II, Chapt. III, n. 83), a "toque" is just a brush. Pablos starts using "toque" in its normal sense ("touch" or "touching"), and then jumps to that of "argolla" on mentioning "cabe." Within the context, a "cabe" would be full physical consumption (a "direct hit") as opposed to just caresses.

[96] *paloteadico*: *paloteado* plus the diminutive ending *ico*. A "paloteado" is a type of stick dance: "danza rústica que se hace entre muchos, con unos palos en las manos, como baquetas de tambor, con los quales bailando dan unos contra otros, haciendo ruído concertado al compás del instrumento" (*Autoridades*). Pablos compares the touching of the fingers of "galanes" and nuns to the beating together of sticks in this dance.

[97] *apúntanse ... troneras*: "aim their wooing through the loopholes" (i.e., the holes in fortresses out of which the soldiers shoot).

[98] *de rezado*: "in a low voice" (within the context, however, "de rezado" takes on obvious irony).

[99] *tornera*: "doorkeeper" (of a convent).

[100] *Y ... fuera*: *Autoridades* defines "pedir zelos" as "hacer cargo a la persona amada de haber mudado su cariño, y puéstole en otro"; thus, the nuns accuse their admirers of "cheating on them."

ro amor es el suyo, y las causas tan endemoniadas que hallan para probarlo.

Al fin, yo llamaba ya "señora" a la abadesa, "padre" al vicario y "hermano" al sacristán, cosas todas que, con el tiempo y el curso, alcanza un desesperado. Empezáronme a enfadar las torneras con despedirme y las monjas con pedirme. Consideré cuán caro me costaba el infierno, que a otros se da tan barato y en esta vida, por tan descansados caminos. Veía que me condenaba a puñados,[101] y que me iba al infierno por sólo el sentido del tacto. Si hablaba, solía— porque no me oyesen los demás que estaban en las rejas—juntar tanto con ellas la cabeza, que por dos días siguientes traía los hierros estampados en la frente, y hablaba como sacerdote que dice las palabras de la consagración. No me veía nadie que no decía:—"¡Maldito seas, bellaco monjil!" y otras cosas peores.

Todo esto me tenía revolviendo pareceres,[102] y casi determinado a dejar la monja, aunque perdiese mi sustento. Y determinéme el día de San Juan Evangelista, porque acabé de conocer lo que son las monjas. Y no quiera v. m. saber más de que las Bautistas[103] todas enronquecieron adrede, y sacaron tales voces, que, en vez de cantar la misa, la gimieron; no se lavaron las caras, y se vistieron de viejo. Y los devotos de las Bautistas,[104] por desautorizar[105] la fiesta, trujeron banquetas en lugar de sillas a la iglesia, y muchos pícaros del rastro. Cuando yo vi que las unas por el un santo, y las otras por el otro, trataban indecentemente dellos, cogiéndola a la monja mía, con título de rifárselos,[106] cincuenta escudos de cosas de labor[107]— medias de seda, bolsicos de ámbar y dulces—,[108] tomé mi camino para Sevilla, temiendo que, si más aguardaba, había de ver nacer mandrágoras[109] en los locutorios.

[101] *a puñados*: "by handfuls" (obviously a pun here).

[102] *revolviendo pareceres*: "mulling over opinions."

[103] *las Bautistas*: the nuns belonging to the Order of St. John the Baptist. In the next few lines Pablos describes how they purposefully sabotage the celebration of the feast day of St. John the Evangelist, that is, because he is the patron of what is apparently their rival order.

[104] *devotos de las Bautistas*: i.e., the wooers of the nuns belonging to the Order of St. John the Baptist.

[105] *desautorizar*: "discredit."

[106] *con ... rifárselos*: "with the excuse of raffling them for her" (that is, to raise money for the Order).

[107] *labor*: "needlework."

[108] *bolsicos ... dulces*: "little pouches filled with amber and sweets."

[109] *mandrágoras*: "mandrakes." This plant possesses a root system which vaguely resembles the shape of the human body. For ages there have been

Lo que la monja hizo de sentimiento,[110] más por lo que la llevaba que por mí, considérelo el pío lector.

---

legends and beliefs about its properties, one of which is that it has aphrodisiacal effects. As Castro observes (see pp. 255-56), the fact that the mandrake grows in dark places would make the connection with the locutory of a convent appropriate; also, the powerful amorous sentiments of the nuns, those which prompt Pablos to make the comment (and the editor of the *princeps* to leave it out).

[110] *Lo . . . sentimiento*: roughly, "What the nun did out of sentiment." Pablos goes on to say that the sentiment was induced by the loss of her property rather than of him.

Capítulo X

De lo que sucedió en Sevilla hasta embarcarme a Indias.

 ASÉ EL CAMINO DE TOLEDO a Sevilla próspera-
mente, porque, como yo tenía ya mis princi-
pios de fullero,[1] y llevaba dados cargados con
nueva pasta[2] de mayor y de menor, y tenía la
mano derecha encubridora de un dado—pues
preñada de cuatro, paría tres—,[3] llevaba gran
provisión de cartones de lo ancho y de lo largo
para hacer garrotes de morros y ballestilla;[4] y
así, no se me escapaba dinero.

Dejo de referir otras muchas flores,[5] porque, a decirlas todas, me
tuvieran más por ramillete que por hombre; y también, porque antes
fuera dar que imitar, que referir vicios de que huyan los hombres.
Mas quizá declarando yo algunas chanzas[6] y modos de hablar, esta-
rán más avisados los ignorantes, y los que leyeren mi libro serán
engañados por su culpa.

No te fíes, hombre, en dar tú la baraja, que te la trocarán al

---

[1] *fullero*: see Book II, Chapt. III, n. 106.

[2] *dados ... pasta*: "dice loaded with paper pulp" ("de mayor y de menor"
refers to dice loaded to give either higher or lower numbers).

[3] *pues ... tres*: Pablos says that although his hand was filled with four dice
(one of which was loaded), it would only throw three (i.e., he would switch
the loaded dice for one of the regular ones).

[4] *garrotes ... ballestilla*: "garrote" refers to a way of cheating at cards which
involves marking them by compressing them in certain ways with pieces of
cardboard. "Morros" and "ballestilla" seem to refer to various parts of the
cards. (See Castro's extensive note—p. 257—in which he ends up confessing
that there is not much real knowledge about the practices of card-cheating
during this period.)

[5] *flores*: see Book III, Chapt. VI, n. 14.

[6] *chanzas*: "tricks," "ruses."

despabilar de una vela.⁷ Guarda el naipe de tocamientos, raspados o bruñidos,⁸ cosa con que se conocen los azares.⁹ Y por si fueres pícaro,¹⁰ lector, advierte que, en cocinas y caballerizas, pican con un alfiler o doblan los azares, paras conocerlos por lo hendido. Y si tratares con gente honrada, guárdate del naipe, que desde la estampa fue concebido en pecado, y que, con traer atravesado el papel, dice lo que viene.¹¹ No te fíes de naipe limpio, que, al que da vista y retiene,¹² lo más jabonado es sucio. Advierte que, a la carteta,¹³ el que hace los naipes que no doble más arqueadas las figuras, fuera de los reyes,¹⁴ que las demás cartas, porque el tal doblar es por tu dinero difunto.¹⁵ A la primera,¹⁶ mira no den de arriba las que descarta el que da,¹⁷ y procura que no se pidan cartas o por los dedos en el naipe o por las primeras letras de las palabras.¹⁸

No quiero darte luz de más cosas; éstas bastan para saber que has

---

⁷ *al ... vela*: roughly, "at the drop of a hat," "in the twinkling of an eye."

⁸ *tocamientos ... bruñidos*: refers to someone's marking the cards with his hands as the game proceeds, either by scraping or polishing them (probably with the grease of the hand). Thus, if one sees a player feeling the cards, he should be aware that they are being marked.

⁹ *azares*: "En el juego de naipes y dados se llama la suerte contraria: porque assí en estos como en otros juegos se dice azar la casualidad que impide jugar con felicidad" (*Autoridades*, using this exact passage as an example). "Bad cards" is the probable meaning here.

¹⁰ *pícaro*: here, in the sense of "kitchen-helper" or "scullion."

¹¹ *que desde ... viene*: Pablos is referring to cards that are marked at the time of their printing.

¹² *al ... retiene*: seems to refer to two techniques of cheating at cards: one, simply managing to catch sight of cards one is dealing and subsequently remembering them, or to that of "retén," which involves holding on to one or more cards instead of dealing them to the player to whom they correspond.

¹³ *carteta*: a variety of card game called "parar" (see Book II, Chapt. III, n. 89).

¹⁴ *que no doble ... reyes*: "that he not bend the face cards more, except the kings." Neither Castro nor Ife explain why one need not worry about the kings being marked. My only conjecture would be that in this game (whose exact rules at the time are unknown) the kings were cards of no importance, therefore making it superfluous to mark them.

¹⁵ *el tal ... difunto*: a pun on "doblar" as "to bend" and "to toll."

¹⁶ *primera*: see Book I, Chapt. I, n. 21.

¹⁷ *mira ... da*: i.e., one should be sure that the dealer is not giving you cards which he himself has just discarded.

¹⁸ *procura ... palabras*: i.e., one should be sure that other players do not tip off the dealer (with whom they are collaborating) as to the cards they want by signs with their fingers or by using the first letters of words as codes.

de vivir con cautela, pues es cierto que son infinitas las maulas[19] que te callo. "Dar muerte" llaman quitar el dinero, y con propiedad; "revesa" llaman la treta contra el amigo, que de puro revesada[20] no la entiende; "dobles" son los que acarrean sencillos para que los desuellen estos rastreros de bolsas; "blanco" llaman al sano de[21] malicia y bueno como el pan, y "negro" al que deja en blanco sus diligencias.[22]

Yo, pues, con este lenguaje y estas flores, llegué a Sevilla; con el dinero de las camaradas, gané el alquiler de las mulas, y la comida y dineros a los huéspedes de las posadas. Fuime luego a apear al mesón del Moro, donde me topó un condiscípulo mío de Alcalá, que se llamaba Mata, y agora se decía, por parecerle nombre de poco ruido,[23] Matorral. Trataba en vidas,[24] y era tendero de cuchilladas,[25] y no le iba mal. Traía la muestra dellas en su cara,[26] y por las que le habían dado, concertaba tamaño y hondura de las que había de dar. Decía: —"No hay tal maestro como el bien acuchillado";[27] y tenía razón, porque la cara era una cuera,[28] y él un cuero.[29] Díjome que me había de ir a cenar con él y otros camaradas, y que ellos me volverían al mesón.

Fui; llegamos a su posada, y dijo: —"Ea, quite la capa vuacé,[30] y

[19] *maulas*: "tricks."

[20] *revesada*: "intricate," "difficult."

[21] *sano de*: "free of."

[22] *deja ... diligencias*: roughly, "does away with his precautions (or defenses)."

[23] *nombre ... ruido*: "a name without much of a ring to it." The name "Matorral" also appears in "Respuesta de la Méndez a Escarramán" (see *Obra poética*, III, p. 279) amid a series of other names associated with the Sevillian criminal milieu; one wonders whether this character is based on an actual "jaque" of the period.

[24] *Trataba en vidas*: "He dealt in lives" (i.e., he was a hired killer).

[25] *tendero de cuchilladas*: "a merchant of knife-slashes" (i.e., he would be hired by people to slash their enemies, as seen also in Cervantes's *Rinconete y Cortadillo*).

[26] *Traía ... cara*: "He carried his samples on his face."

[27] *No ... acuchillado*: this seems to be a variation of a saying found in Covarrubias: "'Del bien acuchillado se haze el buen cirujano,' porque ninguno está también en la theórica de las cosas, como el que prácticamente ha passado por ellas ...." In Matorral's case, of course, "acuchillado" functions in a very literal sense, given the number of slashes on his face.

[28] *cuera*: a type of leather jacket. The comparison with Matorral's face would have to do with the jacket's stitched seams, reminiscent of all the "stitching" which the former has had to undergo.

[29] *cuero*: "sot," "drunkard" (literally, "wineskin").

[30] *vuacé*: like "vucé" below, a vulgar variation of "vuestra merced."

parezca hombre, que verá esta noche todos los buenos hijos de Jevilla.[31] Y porque no lo tengan por maricón,[32] ahaje[33] ese cuello y agobie de espaldas;[34] la capa caída, que siempre nosotros andamos de
capa caída;[35] ese hocico, de tornillo:[36] gestos a un lado y a otro; y
haga vucé de las *g, h* y de las *h, g*. Diga conmigo: *gerida, mogino, jumo,*
pahería, mohar, habalí y harro de vino."[37] Tomélo de memoria. Prestóme una
daga, que en lo ancho era alfanje,[38] y, en lo largo, de comedimiento
suyo[39] no se llamaba espada, que bien podía. —"Bébase" —me dijo—
"esta media azumbre[40] de vino puro, que si no da vaharada,[41] no
parecerá valiente."

   Estando en esto, y yo con lo bebido atolondrado,[42] entraron cuatro dellos, con cuatro zapatos de gotoso por caras,[43] andando a lo
columpio,[44] no cubiertos con las capas sino fajados por los lomos;[45]
los sombreros empinados sobre la frente, altas las faldillas de delante, que parecían diademas;[46] un par de herrerías enteras por guarniciones de dagas y espadas; las conteras,[47] en coversación con el
calcañar derecho; los ojos derribados, la vista fuerte;[48] bigotes buidos

---

   [31] *Jevilla: Sevilla*. This pronunciation is typical of the Sevillian underworld.
   [32] *maricón*: "sissy" (not "queer" or "homosexual," as it usually means in
Spain today).
   [33] *ahaje: aje* (from the verb "ajar"—"to rumple").
   [34] *agobie de espaldas*: "hunch your shoulders."
   [35] *siempre ... caída*: "we are always down and out."
   [36] *ese ... tornillo*: "that snout, twist it [i.e., into a grimace]."
   [37] gerida ... harro: as with "Jevilla," pronunciation typical of the lower
classes of Andalusia. ("Pahería"—"Pajería," the name of a street in Seville.)
   [38] *alfanje*: "scimitar."
   [39] *de ... suyo*: "out of moderation."
   [40] *azumbre*: a liquid measure equal to four pints.
   [41] *vaharada*: "breath" (i.e., with wine on it).
   [42] *atolondrado*: "bewildered," "confused."
   [43] *cuatro ... caras*: since those suffering from gout have painful swelling
of the feet and cannot stand pressure being applied to them, Pablos is
probably referring to a type of special oversized shoe worn by them at the
time. Thus, the thugs" faces were leathery and large (perhaps from bloating
caused by drink).
   [44] *andando ... columpio*: i.e., "swaying back and forth as they walked."
   [45] *fajados ... lomos*: "wrapped around their loins."
   [46] *altas ... diademas*: "the front brims turned up so that they looked like
diadems" (i.e., the solid halo seen around the heads of saints, etc.).
   [47] *conteras*: "chapes" (i.e., the protective metal piece at the end of a
scabbard). The fact that they are "en conversación con el calcañar derecho"
emphasizes their length.
   [48] *los ojos ... fuerte*: "their eyes turned down, their look, hard."

a lo cuerno,⁴⁹ y barbas turcas, como caballos.⁵⁰

Hiciéronnos un gesto con la boca, y luego a mi amigo le dijeron, con voces mohínas,⁵¹ sisando palabras:⁵² —"Seidor."⁵³ —"So⁵⁴ compadre," respondió mi ayo.⁵⁵ Sentáronse; y para preguntar quíen era yo, no hablaron palabra, sino el uno miró a Matorrales, y, abriendo la boca y empujando hacia mí el labio de abajo, me señaló. A lo cual mi maestro de novicios⁵⁶ satisfizo empuñando la barba y mirando hacia abajo. Y con esto, se levantaron todos y me abrazaron, y yo a ellos, que fue lo mismo que si catara cuatro diferentes vinos.⁵⁷

Llegó la hora de cenar; vinieron a servir unos pícaros, que los bravos⁵⁸ llaman "cañones."⁵⁹ Sentámonos a la mesa; aparecióse luego el alcaparrón;⁶⁰ empezaron, por bienvenido, a beber a mi honra, que yo, hasta que la vi beber, no entendí que tenía tanta. Vino pescado y carne, y todo con apetitos de sed.⁶¹ Estaba una artesa⁶² en el suelo llena de vino, y allí se echaba de buces⁶³ el que quería hacer la

⁴⁹ *bigotes ... cuerno*: "pointed moustaches turned up like horns."

⁵⁰ *barbas ... caballos*: there is confusion as to the phrase "como caballos." While "barbas turcas" would seem to refer simply to ample, bushy beards (or perhaps pointed ones), "como caballos" would appear to indicate that there is something more involved. Castro feels that he resolved the confusion he felt on first annotating the text (see p. 264) on discovering a document which suggests that it is "una pieza del arreo del caballo, al parecer una clase de freno" (p. VIII)—an interpretation which Ife accepts (see p. 285). Alcina Franch says that it is a "forma de llevar la barba que es desconocida" (p. 288), although Ynduráin seems to have hit upon an important lead in texts by Vicente Espinel and Gutierre Cetina which refer, ostensibly, to the contemporary Turkish practice of wearing a horse's tail as an ornamental beard (see p. 279).

⁵¹ *voces mohínas*: "gloomy-sounding voices."

⁵² *sisando palabras*: "dropping words," "swallowing words" ("sisar"— "filch") (see the words that follow, in which syllables are dropped).

⁵³ *Seidor*: i.e., *Servidor* ("Your servant"), again, pronunciation typical of the milieu.

⁵⁴ *So: Señor.*

⁵⁵ *mi ayo*: "my tutor" (i.e., Matorral).

⁵⁶ *maestro de novicios*: "preceptor," "master of apprentices."

⁵⁷ *que fue ... vinos*: "which was the same as if I had sampled four different wines."

⁵⁸ *bravos*: "toughs," "thugs."

⁵⁹ *cañones*: "pícaros" who serve as collaborators of the underworld types (as seen in the milieu described in Cervantes's *Rinconete y Cortadillo*).

⁶⁰ *alcaparrón*: "dish of large capers."

⁶¹ *apetitos de sed*: "thirst-provoking aperitifs."

⁶² *artesa*: "kneading trough."

⁶³ *se ... buces: se echaba de bruces* ("laid face downwards").

razón;[64] contentóme la penadilla;[65] a dos veces, no hubo hombre que conociese al otro.

Empezaron pláticas de guerra; menudeábanse los juramentos; murieron, de brindis a brindis, veinte o treinta sin confesión; recetáronsele al asistente mil puñaladas.[66] Tratóse de la buena memoria de Domingo Tiznado, y Gayón;[67] derramóse vino en cantidad al ánima de Escamilla;[68] los que las cogieron tristes,[69] lloraron tiernamente al mal logrado Alonso Alvarez.[70] Y a mi compañero, con estas cosas, se le desconcertó el reloj de la cabeza, y dijo, algo ronco, tomando un pan con las dos manos y mirando a la luz: —"Por ésta, que es la cara de Dios,[71] y por aquella luz que salió por la boca del ángel, que si vucedes quieren, que esta noche hemos de dar al corchete que siguió al pobre Tuerto".[72] Levantóse entre ellos alarido disforme, y desnudando las dagas, lo juraron; poniendo las manos cada uno en un borde de la artesa, y echándose sobre ella de hocicos, dijeron: —"Así como bebemos este vino, hemos de beberle la sangre a todo acechador."[73] —"¿Quién es este Alonso Alvarez"—pregunté—"que tanto se ha sentido su muerte?" —"Mancebito" —dijo el uno— "lidiador ahigadado,[74] mozo de manos[75] y buen compañero. ¡Vamos, que me retientan los demonios!"[76]

Con esto, salimos de casa a montería de corchetes.[77] Yo, como iba

---

[64] *hacer la razón*: see Book I, Chapt. III, n. 37.

[65] *penadilla*: a narrow-mouthed drinking vessel (an ironical way of referring to the trough full of wine).

[66] *recetáronsele ... puñaladas*: "they prescribed a thousand stabs for the magistrate."

[67] *Domingo Tiznado, y Gayón*: both members of the Sevillian underworld.

[68] *Escamilla*: Pero Vázquez de Escamilla, a Sevillian thug who was executed by hanging.

[69] *los ... tristes*: roughly, "those that were overcome by sadness" ("las" is an indefinite feminine pronoun, as found in many set-phrases in Spanish).

[70] *Alonso Alvarez*: Alonso Alvarez de Soria, a member of the underworld and a poet as well. He was executed in 1604 as a result of the machinations of Don Bernardino de Avellaneda, a Sevillian magistrate, apparently for having pinned on him a rather insulting nickname. He developed into a kind of legendary figure, celebrated by fellow members of the criminal world.

[71] *la cara de Dios*: a colloquial expression for bread (see also the *Tratado segundo* of *Lazarillo de Tormes*, p. 118).

[72] *Tuerto*: the nickname of Alonso Alvarez.

[73] *acechador*: "police spy."

[74] *ahigadado*: "strong-livered" (i.e., "courageous").

[75] *de manos*: see Book I, Chapt. I, n. 26.

[76] *que ... demonios*: "the devils are coming back at me again."

[77] *a montería de corchetes*: "to go cop-hunting."

entregado al vino y había renunciado en su poder mis sentidos, no advertí al riesgo que me ponía. Llegamos a la calle de la Mar, donde encaró con nosotros la ronda. No bien la columbraron, cuando, sacando las espadas, la embistieron. Yo hice lo mismo, y limpiamos dos cuerpos de corchetes de sus malditas ánimas, al primer encuentro. El alguacil puso la justicia en sus pies,[78] y apeló[79] por la calle arriba dando voces. No lo pudimos seguir, por haber cargado delantero.[80] Y, al fin, nos acogimos a la Iglesia Mayor,[81] donde nos amparamos del rigor de la justicia, y dormimos lo necesario para espumar el vino que hervía en los cascos.[82] Y vueltos ya en nuestro acuerdo, me espantaba yo de ver que hubiese perdido la justicia dos corchetes, y huido el alguacil de un racimo de uvas,[83] que entonces lo éramos nosotros.

Pasábamoslo en la iglesia notablemente, porque, al olor de los retraídos,[84] vinieron ninfas, desnudándose para vestirnos.[85] Aficionóseme la Grajales; vistióme de nuevo de sus colores.[86] Súpome bien y mejor que todas esta vida; y así, propuse de navegar en ansias[87] con la Grajal hasta morir. Estudié la jacarandina,[88] y en pocos días era

78 *El ... pies:* "The sheriff relegated justice to his feet."

79 *apeló:* Castro accepts the Santander manuscript version, i.e., "apeldó" ("huyó") (see p. 267). Lázaro Carreter, however, points out that "apelar" and "apeldar" were often used interchangeably, and that to remove it breaks up the chain of wordplay between "justicia," "apeló" and "dando voces" (see p. 279).

80 *por ... delantero:* "because of his headstart."

81 *nos ... Mayor:* the police could not arrest anyone in churches, thereby converting them into sanctuaries for criminals (see Book I, Chapt. I, n. 28).

82 *espumar ... cascos:* "to remove the froth from the wine that was boiling in our noggins" (i.e., to sober up).

83 *racimo de uvas:* the colloquial expression, "hecho una uva," means "to be very drunk."

84 *retraídos:* "fugitives."

85 *desnudándose para vestirnos:* i.e., the prostitutes ("nymphs," as Pablos calls them) sustained them with the money earned by the exercise of their profession. (See Castro's extensive note on this rather curious situation, p. 267).

86 *vistióme ... colores:* "she favored me from the start" ("de nuevo"—"from the beginning").

87 *navegar en ansias:* Castro's long note on this phrase makes it clear that "Pablos se propone pasar con ella fatigas y afanes de amor" (p. 268). Within the slang of the underworld "navegar" means "'cursar,' pasar afanes y peligros"; "ansias," besides referring to physical torture, alludes to "los lances de amor a lo rufo" (ibid.).

88 *jacarandina:* the body of music constituted by the "jácaras," a type of sung poem dealing with picaresque and other off-color subjects. In view of

rabí de los otros rufianes.⁸⁹

La justicia no se descuidaba de buscarnos; rondábanos la puerta, pero, con todo, de media noche abajo,⁹⁰ rondábamos disfrazados. Yo que vi que duraba mucho este negocio, y más la fortuna en perseguirme, no de escarmentado —que no soy tan cuerdo—, sino de cansado, como obstinado pecador, determiné, consultándolo primero con la Grajal, de pasarme a Indias con ella, a ver si, mudando mundo y tierra, mejoraría mi suerte. Y fueme peor, como v. m. verá en la segunda parte, pues nunca mejora su estado quien muda solamente de lugar, y no de vida y costumbres.⁹¹

the rest of the sentence, it also probably refers to the "art" of being a "jaque" (from which "jácara" derives), i.e., a "ruffian" or "pimp."

⁸⁹ *rabí ... rufianes*: "rabbi (i.e., 'chief,' 'boss') of the other pimps."

⁹⁰ *de ... abajo*: "from midnight on."

⁹¹ *pues ... costumbres*: for the classical antecedents of this phrase, see Dale Randall's "The Classical Ending of Quevedo's *Buscón*," pp. 101-08; see also Anthony Zahareas's interpretation of it as Stoic ideology in his "Quevedo's *Buscón*: Structure and Ideology," in *Homenaje a Julio Caro Baroja*, (Madrid: Centro de Investigaciones Sociológicas, 1978), pp. 1070-71. It should be noted that Edmond Cros argues that "estado" refers to a superior economic class, not to a superior moral condition (see *L'Aristocrate*, p. 25).